教職教養講座 第3巻
臨床教育学

京都大学大学院教育学研究科教授
矢野 智司・西平 直 編著

高見 茂・田中 耕治・矢野 智司・稲垣 恭子 監修

協同出版

刊行の趣旨

　『新・教職教養シリーズ』が、和田修二先生、柴野昌山先生、高木英明先生の監修で刊行されて以来、早や4半世紀が経とうとしています。まだ駆け出しの研究者であった私達は、先生方のご指導の下、シリーズ刊行のお手伝いをさせて頂いたことを昨日の如く鮮明に記憶しています。

　この間わが国の教育は、国際環境の変化、国内の経済・産業構造や人口動態の変化、児童・生徒の興味・関心や父母の教育要求の多様化等、従来には見られなかったダイナミックな変化に晒され、同時多面的な対応を迫られて参りました。こうした実情に対応すべく、教育行政、学校教育、教育課程、教員養成等の改革・改善を志向する教育政策が矢継ぎ早に打ち出されました。

　何れの時代においても、教育界の基幹的任務は人間の育成であります。取り分け変化が激しく先行きの見通しが不透明な今日、変化を的確に捉え時代の要請に柔軟に応答できる人間の育成が求められています。そのためには、現職の教員もまた生涯学び続ける能力の獲得が重要となると考えられます。同じ基準の下、国民全般にわたって広く人間の育成を担うのは、学校教育現場の教員であり、教員自身の資質・能力の向上が今ほど求められている時代はありません。最先端の知見を吸収し、日常の教育指導実践に活かせることが大切です。

　今回刊行される『教職教養講座』全15巻は、『新・教職教養シリーズ』の継嗣に当たるもので、京都大学大学院教育学研究科・教育学部の現職スタッフが中心となり、教職課程の教科書として編まれたものです。編集方針としては、京都帝国大学文科大学の「教育学教授法講座」以来の伝統を受け継ぎ、人間・心・社会と教育の関係を軸に、教職に関わる最先端の研究成果と教職の在り方を全国に発信・提案することをねらいとしています。本講座が読者の知的好奇心を満たし、今後の糧となり道標になることを祈って止みません。

京都大学白眉センター特任教授　　高見　茂
京都大学名誉教授　　田中 耕治
京都大学大学院教育学研究科教授　　矢野 智司
京都大学大学院教育学研究科長・教授　　稲垣 恭子

まえがき

【地図を作ること】

　本書は、臨床教育学をはじめて学ぼうとする人たちには、入門書の役割をはたすが、すでに臨床教育学について知識のある読者にも読むに値するだけの新たな思考の展開がなされており、たんなる教科書ではなく、教科書の姿をとった研究書でもある。

　人間についての知は、哲学や歴史学や社会学、教育学や心理学や人類学、生物学や医学といったように、多数の学問領域に分化し専門化している。しかし、この学問の細分化と専門化とは、人間の教育を考えるときには問題が多い。なにより具体的で実践的なかかわりをともなう教育では、専門的垣根を超えて人間をトータルにとらえることが求めているからだ。このように考えると、「人間の教育」こそが、こうして細分化され専門化した知を実践的見地からふたたび結びあわせる結節点となるのではないかと考えられる。そして「臨床－教育－学」という用語間のうちにのっぴきならない緊張をはらんだ名称を戴く学問は、こうした知の結節点としての役割をさらに尖鋭化させる領域となるだろう。「臨床教育学」は、人間の教育にかかわる課題が人間の知にとって極限として突出してくるクリティカル・ポイントに当たるといえよう。本書は、こうした人間の教育にかかわる知の課題を、自覚的に受けとめようとしている。

　まず本書の目次を見てみよう。「動物」「ライフサイクル」「語りえないもの」に、「身体」「芸術」「教師のタクト」に、「現象学」「仏教」そして「パトスの知」である。この雑多にも見える多様な広がりが臨床教育学にとって意味を持つ。表面上の多様さとは裏腹に、これらの論考はたがいに緊密につながっている。この論考のあいだには、領域横断的にまた主題横断的に、内的な地下通路が網の目のように何本も走っている。そのことによって各論考はたがいに響きあい新たな意味を生みだしてもいる。しかもその通路の数は潜在的には無数である。その通路のなかから私が重要だと考える道をいくつかをここで示しておこう。しかしこれは私に発見された不十分な案内地図にしかならない。「まえがき」は、

本来その書物世界の簡単な概略（地図）を描きだし、これからこの書物世界を分け入ろうとする人に道案内をするためにあるのだが、むしろこのまえがきは、地図の描き方についての「指南書（ガイドブック）」といったものになる。

【演劇という迷路】
　その地下通路はたとえば「演劇」である。西平論文のシュタイナー学校での演劇の話は、当然井谷論文の即興演劇の練習とつながっている。**西平論文「ライフサイクルと臨床教育学―タイムスパンを長くとる・短くとる」**は、シュタイナー学校での教育とその卒業生たちのその後を明らかにすることで、教育を「短くとるタイムスパン」と「長くとるタイムスパン」でとらえるときに見えてくる「子どもの幸せ」について論じている。このなかで西平は、演劇について細かに論じているわけではないが、シュタイナー学校での演劇体験によって子どもたちに大きな変化が起こることを指摘している。そのあとで、西平は世阿弥の稽古論についても論じており、「型」の稽古という観点からも演劇の教育学的意義について考えることができる。**井谷論文「教師のタクトと即興演劇の知―機知と機転の臨床教育学序説」**は、教師に求められる即興の技量（タクト）と即興演劇の役者に求められる技量の原理を読み解き、現代の教育実践を解明しようとしたものである。教師の資質として高い即興の資質の必要性から授業の在り方を論じた、本書のなかでの授業論・教師論・教師養成論の中心的論考である。そのなかで井谷は、即興演劇の稽古によって、周囲の人からの評価といった「自分が抱いている怖れ」を自覚し、その恐れから解放されるといった教育的意義について論じている。この二つの論考は、「演劇」が臨床教育学にとってたまたま出会った主題などではなく、人が文字通り「変身」し、新たな存在へと変容するうえで不可欠な仕掛け（メディア）であることを明示している。
　ここに「身体」の問題群を入れると、「演劇」の主題はさらなる奥行きをもってとらえることが可能となるだろう。「演劇」の主題は、**奥井論文「身体と臨床教育学―変容というドラマの舞台裏」**とつながっている。奥井論文はフランスのサーカス学校での参与観察をもとに、現象学の身体論の知見を取り入れな

がら、新たなわざの習得のプロセスを鮮やかに描きだすことで、臨床教育学的意味を探求しようとするものである。「身体」というあまりに当たり前のものの、新たな意味にひらかれる瞬間に立ち会うことになる。奥井論文を先の二つの論考に重ね合わすことで、臨床教育学の観点に立つ「演劇」論はさらにここから問い直すことができるだろう。そして「身体」の観点を学んだならば、各論考において表面に身体が主題化されていなくとも、その主題のうちに「身体」が背後で論じられていることに気がつくはずである。

　さらに「芸術」と結びあわせるとどうだろうか。「芸術」は小松論文「芸術体験と臨床教育学—ABR（芸術的省察による研究）の可能性」の中心主題である。小松論文は、「芸術的省察による研究（ABR）」という芸術制作者の思考様式を探求の様式として活用することで、制作者と鑑賞者の芸術体験をとらえ、そこからさらに臨床教育学をとらえ直そうとするものである。マルセル・デュシャンがレディメイドの便器を美術展に出品したふるまいは、「芸術とは何か」という概念を強く揺さぶったが、そうした斬新な「出来事」が美術／非美術にかかわる既存の知の枠組みを破裂させ、そこから「真なる学び」が促進されるのだという（ここではあとに見るように、境界線の変更にかかわる具体的実践が提起されてもいる）。こうした議論は、西平論文や井谷論文の「演劇」、あるいは奥井論文での新たなわざの習得の考察とつながってくる。演劇の実践を制作者の思考様式という観点からとらえ直すことが可能となるだろう。

【生命の謎】

　もうひとつの地下通路は「動物」である。「動物」の観点から見れば、一見すると矢野論文「境界線に生起する臨床教育学—人間／動物を手がかりにして」だけが動物について論じているように見えるが、実はそうではない。矢野論文は、これまでの人間学が、人間／非人間、人間／動物の二項対立において、「人間の固有性」（人間とは何か）の答えを生みだしてきたことを手がかりに、人間と動物・自然との関係を問い直し、人間と動物との境界線の在り方を問うということのうちに、臨床教育学的な知の課題を探求しようとした論考である。西平論文のなかでも、シュタイナー学校の卒業生は、「動物実験に際して、動

物に苦痛がないか気にとめていた」と語られている。なぜシュタイナー学校の卒業生は動物の苦痛にまで思い至ることができるのか。シュタイナー教育に生命界と深くつながる原理があるのではないか。矢野論文からなぜそうなのかを問うことができる。あるいは小野論文のなかで、『苦海浄土』の作者として知られる石牟礼道子が、「(人の悲しみを自分の悲しみとして悶える人たちは、)自分いちにんや、人間のみのことならず、牛・馬・犬・猫・狐・狸の世界や、目に見えぬ精霊たちの世界のこと、天変地異、つまりはこの世の無常の一切について、悶え悲しむ」と述べているのはなぜかと問うことができる。さらになぜこうした「パトス(受苦)の知」をもつ人たちが、人間と動物の種を隔てる境界線を超えてまで考えることができるのか、そしてそのことが「臨床の知」という在り方とどう結びついているのかを問うことができる。

　人間と動物の境界線を考えることは、生命を考えることである。そして生命の問いは「死」を考えることにおいて尖鋭化する。「死」は坂井論文「仏教と臨床教育学──学校の現場に『死者』が訪れるとき」の大きな主題のひとつである。著者の坂井祐円はスクールカウンセラーであると共に僧侶である。あるいは僧侶であると共にスクールカウンセラーである。仏教は「死」を問題にし、教育は「生」を問題にするという。坂井は、「『人間は死んだら終わりでしょ。死後の世界なんてあるわけがない』と、現代人の多くは考えている。だけど、それは、はっきり言ってしまうが、迷信である」と喝破し、学校という生の現場においても、死者が生者の傍らに立ち、確かに強くよりそっていることを明らかにしようとする。カウンセリングの事例を通して「死者からのケア」が静かに語られる。このようにして臨床教育学をつうじて、「供養」や「仏の大悲」、あるいは「縁起」や「因縁」や「業縁」や「無縁」といった言葉が生みだされた、仏教が本来語ろうとしてきた人間の根源的な弱さや悲哀の現場に立ちもどることになる。

　「死」について語っている論考は実は坂井の論考だけではない。「死」の主題は本書の思想世界のどの論考にもその細部にわたるまで深く浸透しているのである。西平論文のライフサイクルやタイムスパンは「死」を背景にもつ課題ではないか？「この世の無常の一切について」思いをよせる小野論文でも、語

りえない「不幸」を語る池田論文でも、そうである。それというのも、教育は本来的に「死」によって駆動されてもいるからである。なにより人間が死ぬ存在であるばかりか、そのときがいつか確実に来ることを知っている存在でもあるからこそ、教育が人間の「生」の課題となるのだ（……と教育人間学では、「人間の固有性」としてまとめたくなるが、こうした思考法こそが動物 – 人間学として一度括弧に入れられなければならない）。

【逆説の世界】
　本書の全論考が結ばれるもっとも重要な地下通路は、まちがいなく「言葉」である。池田論文「語りえないものと臨床教育学──語りえないものの語り直し」では、臨床教育学のこれまでの成果のひとつである「語り直しの技法」をあらためて問い直し、フランスの思想家シモーヌ・ヴェイユの思想を手がかりにしながら、語りえないものとしての「不幸」の語りえないという事態に真正面から取り組んでいる。そうすることで、臨床教育学の「語り直しの技法」をさらに深めようとする論考である。不幸においては、人は表現を奪われ沈黙に陥って「声にならない叫び」「沈黙の叫び」そのものだという。このような不幸の人を前に、私たちの日常の人間関係で用いているような共感といったことは不可能であるという。ここで求められている不幸に触れる方法とは、「沈黙に耳をすますこと、見えないものを見ること」といわれる。「逆説」がここに登場していることに注意しておこう。逆説についてはあとで述べる。ヴェイユはこうした方法を「注意」と呼んでいる。そしてヴェイユは恐るべき繊細さでもってこの「注意」の在り方について論考を深めていく。「言葉」ということでとりわけこの論考が重要なのは、ヴェイユが不幸という語りえないものを語るときの言葉と、その言葉を理解しようとするときの池田の言葉への注意深いかかわり方そのものにある。池田論文は、臨床教育学がどこまでも「言葉」を大切にしなければならない理由を解き明かしている。

　「言葉」に着目するのはこうした理由ばかりではない。たとえば、西平論文では、シュタイナー学校が体験重視なのか言葉重視なのかを論じるなかで、「逆説を際立たせてみれば、〈言葉にならない深み〉を大切にするために〈言葉〉

を大切にし、逆に、〈言葉〉を大切にするために〈言葉にならない深み〉を大切にしている」といった文章に出会う。こうした文章を読むとき、文体に着目することも必要だが、それ以上にその文体を構成している論理に着目することが重要だ。なぜ二項がたがいに入れ替わり肯定と否定とが繰り返されるのだろうか。あるいは矢野論文には、人間／動物、文化／自然、生／死といったスラッシュで表現された事態が多く登場する。一見するとこうしたものは、二項対立的に切り離されて対立しているものの表現ととらえられるかもしれないが、そうではない。スラッシュによって両者は切り離されていると共に結びあわされてもいる。両者は単純に否定対立関係にあるわけではなく、むしろここでは、両者を区切ることと区切らないこととの関係が問われてもいる。臨床教育学はこうした世界の区切り方、境界線の引き方に、さらに区切られたもの同士の関係の論理に大きな関心を払っている。

　田端論文「**現象学と臨床教育学——科学技術への新たな架け橋**」において、現象学で取りあげている問題も無関係ではない。田端論文は現象学の簡潔で明快な紹介と、現代科学の成果と架橋しつつ、その現象学によって世界をとらえるときに、自身と世界がどのようにこれまでと異なって現れるかを明らかにした論考である。現象学は「常識的な前提のスイッチを切って、改めて私たちの日常を見直して」みようとする。このとき「常識的な前提」とは、日常の慣習的になされているような世界の区切り方にほかならない。坂井論文に登場する「人間は死んだら終わりでしょ。死後の世界なんてあるわけがない」も、そうした「常識的な前提」のひとつだ。生／死の境界線こそ「常識的な前提」のスイッチを切って問うべき課題にほかならない。そして、その境界線で区切られる二項の関係はしばしば「逆説」となって表現される。「逆説」は池田論文・西平論文に見られるだけではない。

　その「逆説」が主題化されているのは小野論文である。**小野論文「パトスの知と臨床教育学——ひとりで在ることと共苦すること」**は、他者の苦悩や悲哀によりそう臨床教育学におけるパトスの知の在り方を、水俣病という受苦の経験を手がかりに、考察した論考である。この論考には「逆説」が繰り返し登場する。「『もっとも遠い目標』がもっとも近くに現われるという、逆接的なできご

とを可能にする祈りとは何か」、「たった『ひとりで在る』からこそ他者にひらかれてゆく可能性」、「つながりなしにつながる」……。これらは言葉の遊びではない。私たちがこの世界の根本的な事態に近づけば近づくほどに、論理学の矛盾律の論理では表現することのできない、矛盾した事態にいたる。矛盾した事態にとどまることは葛藤と苦痛とを引きおこすので、私たちはつい単純に割りきり、慣習的な境界線を引いてしまいたくなる。こうして事態は切りつめられ単純化されることになる。臨床教育学は、こうしたさまざまな境界線の作られ方を問い直し、事態の矛盾を矛盾として受けとめ、その事態の在り方を「言葉」によってさらに考え抜こうとする。そのとき、「それにもかかわらず」といった「逆接」の言葉こそが、事態をそしてその事態にかかわる人間の在り方を、正確に言い表す論理となる。

　このように考えていくと、実はこの境界線をめぐる問題が、人が生きていくうえで新たな観念を学んだり、新しいわざを習得したり、これまでの世界観を変えたり、といった自己変容の課題そのものであることに気がつくだろう。本書では、人名や専門用語や概念を学ぶことは、それほど重要な目標ではない。それよりも論考の主題ひとつひとつを、自分の問題、自分の課題として考えることが求められる。そして、その矛盾した事態に身を置くことが求められている。つまりは本書を自己変容の仕掛け（メディア）として利用することが求められている。臨床教育学を学ぶとはそういうことである。

　この本の読み方は、一度さらっと通読し、もう一度この「まえがき」に戻ってきて、それから大きな紙を取りだして、そこにキーワードを手がかりに論考のあいだをつなぐ未開の通路を描きこんでいき、それについてのあなた自身のコメントをメモし、その思想地図を作成しながらゆっくりと再読することである。できあがったその地図が、形の定まらぬ臨床教育学の世界を、あなた用にカスタマイズした姿である。それは、本書世界の主題の発見であると共に、あなたの人間や世界への関心や課題によって描きだされた、あなた自身が生きている世界の再発見でもある。

2017年8月

編著者　矢野智司

教職教養講座　第3巻　臨床教育学
目　　次

まえがき・1

第1章　境界線に生起する臨床教育学―人間／動物を手がかりにして …… 13
　はじめに・13
　　第1節　人類史の根本課題としての人間／動物という問題・14
　　第2節　近代教育学における野生児をめぐる動物－人間学・17
　　第3節　教育人間学における人間／動物問題・20
　　第4節　人間／動物の境界線をめぐる新たな問い方・24
　　第5節　人間／動物の境界線に生起する臨床教育学の課題・28

第2章　ライフサイクルと臨床教育学―タイムスパンを長くとる・短くとる …… 37
　はじめに・37
　　第1節　授業の中で「内側」が動き出す―子どもたちが活躍するための仕掛け・38
　　第2節　言葉を大切にすること・言葉にならない深みを大切にすること
　　　　　　　　　　　　　　　　　　　　―型の思想と重ねてみる・44
　　第3節　教育の「成果」を問うということ―卒業生調査をめぐって・51
　結び・57

第3章　語りえないものと臨床教育学―語りえないものの語り直し …… 63
　はじめに―語り直しの技法と臨床教育学・63
　　第1節　深淵に臨む―語りえないものの諸相・66
　　第2節　語りえないものと臨床教育学・75

第4章　身体と臨床教育学―変容というドラマの舞台裏 ……………… 87
　はじめに・87
　　第1節　身体の変容を記述する・89
　　第2節　サーカス学校について・93
　　第3節　宙を舞う身体・96
　　第4節　変わることのドラマ・104
　おわりに・108

第 5 章　教師のタクトと即興演劇の知——機知と機転の臨床教育学序説 …… 113
　　第 1 節　教師に求められる即興の技量・113
　　第 2 節　教師の即興の技量としてのタクト・114
　　第 3 節　即興演劇の役者に求められる資質・119
　　第 4 節　即興演劇の役者のための稽古方法・124
　　第 5 節　授業に活きる即興演劇の知・130
　　第 6 節　教師のタクトと即興演劇の知・134

第 6 章　芸術体験と臨床教育学——ABR（芸術的省察による研究）の可能性 …… 139
　　第 1 節　芸術体験の主題化・139
　　第 2 節　ABR とは何か・140
　　第 3 節　ABR をめぐる議論・143
　　第 4 節　芸術の要件・145
　　第 5 節　解放の芸術教育・149
　　第 6 節　ABR と臨床教育学・153

第 7 章　現象学と臨床教育学——科学技術への新たな架け橋 ………… 161
　　第 1 節　現象学とは何か？——謎めいた広がりと深み・161
　　第 2 節　フェノメノロジーとは何か？——フェノメーンとロゴス・163
　　第 3 節　事柄とは何か？——フッサールとハイデガー・165
　　第 4 節　現象学と臨床教育学・169
　　第 5 節　現象学と科学・172
　　第 6 節　現象学的臨床教育学と現代物理学の「偶然の一致」——観察者問題・175

第 8 章　仏教と臨床教育学——学校の現場に「死者」が訪れるとき …… 183
　　第 1 節　お坊さんであり、スクールカウンセラーでもある・183
　　第 2 節　仏教と教育・184
　　第 3 節　いのちと死者・186
　　第 4 節　傍らにいて、共に悲しむ・189
　　第 5 節　死者からのケア・200

第 9 章　パトスの知と臨床教育学——ひとりで在ることと共苦すること …… 203
　　第 1 節　受苦的経験と臨床教育学・203
　　第 2 節　同行同苦の底において新生する臨床教育学・206

　　　　　　　　　　　　　　　　　　　　　　　　目　次

第3節　水俣病という受苦的経験からの示唆・212
第4節　残された課題、あるいはこれから考えるべきこと・223

あとがき・229

索引・231

第1章

境界線に生起する臨床教育学
――人間／動物を手がかりにして

「しかし私は、思考を欠いた人間を思い描くことはできない。そんなものがあるとすれば、石ころか獣だろう。」(パスカル『パンセ』より)[1]

はじめに

　思考する人間を、他の存在とは切断された、固有の存在として捉える見方は根強い。しかし、近年、生命論(生態学)的転回と関わるポスト・ヒューマニズムは、このような人間中心主義・ロゴス中心主義に疑問を投げかけ、人間と非人間(人間でないもの)との接続に焦点化して捉えることで、人間と非人間との関わりをダイナミックにトータルに捉え直し、伝統的な人間／非人間そして人間／動物の二項対立を、これまでとは異なる形で表現しようとする。人間／動物の二項対立は、文化／自然と同様に、教育を考えるときの教育学的思考のもっとも重要な枠組みを提供してきた。本章は、人間／動物がどのように教育と教育学とを根拠づけ、また教育の目的を創出してきたかについて、その歴史をシンプルに概観し、今日問い直されている人間と動物との境界線上に、どのような臨床教育学の課題が生まれるかを明らかにする。
　ところで、ギリシア神話のオイディプス物語のなかに、顔は人間で体はライオンの半人半獣のスフィンクスが、オイディプスに「朝は4本足、昼は2本足、夜は3本足になるものは何か」というなぞなぞをだす場面がある。その答えはすでによく知られている。「人間」である。それにしても4本足・3本足のとき、それは人間なのだろうか。またなぞなぞを与えるスフィンクスは、なぜ人間と動物とのキメラなのだろうか。答えることができなければキメラの怪物に食べ

られてしまう命を賭けたなぞなぞ、ここには人間／動物の境界線をめぐる課題の特質が凝縮されているのではないだろうか。

第1節　人類史の根本課題としての人間／動物という問題

　教育学的思考は、古代より動物との関係のなかで人間を考え、人間形成についての思考を深めてきた。家畜は、人間とともに暮らし、食料や衣服の材料や使役のための有益な所有物であったが、ライオンやジャガーのように、野生の動物の獰猛(どうもう)さは恐れを抱かせるとともに、敏捷(びんしょう)さや優美さをそなえた動物は畏怖すべき他者であった。狩猟採集を糧としていた人々にとって、人間についての知とは、動物との関係がその思考の枠組みを規定する「動物－人間学」であった。そして、その具体的な内容は神話として語られている。神話は、動物や植物といった具体的な自然物をとおして、宇宙や自然や人間について体系的に考えた「はじまりの哲学」と言えるものであるが[2]、そのなかで、人間と動物とのつながりが深い共感をもって語られている。通過儀礼（入社式）は組織的な意図的教育のはじまりとして考えられてきたが、そこで子どもが大人の仲間入りをするときに教えられたのは、この宇宙と自然と人間の謎や秘密を明かす神話であった。その神話では、たとえば、自分たちは実は熊の子孫であること、そのため熊を狩るときには敬意を払わなければならないことが語られたりする。しかし、このような分離された動物との間に回路を開く対称性の教えは、一神教の成立の後には別のものに代わる。

　ユダヤ教・キリスト教・イスラム教の教えのように、超越的で絶対的な唯一の神を信仰する一神教は、神の姿をイメージすること自体を否定し、古代エジプトや古代ギリシアの神話に登場する動物や半人半獣の姿をした神々のイメージを一掃した。旧約聖書にしたがうなら、この一神教の世界では、人間も動物も神の被造物だが、人間だけが神の似姿として創られ、他の動物たちはその人間の手段として創られ、人間は動物の管理を神から委ねられているとされる。失楽園以後のノアの箱舟の物語は、原罪以前のアダムが動物たちに名前を与える物語や動物供犠の物語とならんで、人間中心主義に基づく生命の位階秩序の

根拠を語る、旧約の動物 − 人間学の要をなす物語である。

　重要なことは、一神教においては、人間と動物とが截然と区別されていることである。人間と動物との間には、跳び越しがたい絶対的な境界線があり、人間が動物になることも、また動物が越境して人間になることも考えられない（許されない）ことである。こうして特権を有する「人間」という在り方が、自然（動物を含む）から際立った形で象られることになる。それでも自然とのつながりが濃密だった前近代の人間にとっては、生活感情としては、依然として動物への共感に満ちた感情が生きつづけていく。しかし、原理的には動物との対称性の絆は断ち切られることになる。

　それにたいして、ギリシア哲学では、魂の輪廻転生を神話として保存しており、一神教ほどに人間／動物の境界線が明確に引かれているわけではない。たとえば、プラトン（Πλάτων）の『パイドロス』のなかでは、かつては人間であったものが蝉へと生まれかわることについての物語を語ったり、あるいは『国家』では、人間だったものが死後に動物に生まれかわる転生の物語について語っている。ソクラテス（Σωκράτης）は議論の相手から思考を麻痺させる「シビレエイ」と呼ばれたり（『メノン』）、自分のことをアテネ市民を目覚めさせるために刺す「虻」と称したりもしている（『ソクラテスの弁明』）。しかし、それでも動物との境界線は、人間に関わる定義において示されることになる。たとえば、代表的なところでは、動物にも霊魂を認めていたアリストテレス（Ἀριστοτέλης）は、「人間は政治的動物である」という。人間は理性やロゴスをもとに考えられてはいるが動物とのつながりを残してもいる。このような人間の定義の仕方は、以後繰り返し人間を考えるときに立ちもどってくる定義の雛型であった。さらにキリスト教と結びついて以後は、哲学は西欧の動物 − 人間学を方向づけるうえで大きな力を発揮した。

　哲学の動物 − 人間学は、「人間の固有性」「人間の条件」すなわち人間と非人間とを画する境界線の原理を明らかにする営みであった。とりわけ重要だったのは動物との間の境界線である。その動物との差異は、人間のみが理性・精神・意識あるいは責任＝応答可能性をもつことに求められた。「人間は理性的動物（animal rationale）である」、あるいは「人間は言語をもつ動物である」といっ

たように、「人間は（だけが）〇〇できる動物である」ことが語られた。反対に、動物にはこれらの能力が欠如している、あるいは奪われている、と解された（アリストテレスの「ステレーシス（欠如・剥奪）」の論理）。これらの人間の定義は、人間中心主義・ロゴス中心主義人間学に基づいたものであるが、人間を動物から切りはなしつつもつなげる二重の作用のある論理表現と言えるだろう。

　しかし、近代哲学の祖というべきデカルト（René Descartes）は、コギトによって、動物とつながる痕跡を全面的に消去しようとした。デカルトは「人間は理性的動物である」という定義を中断し「理性的動物」を括弧に入れて、「私はある」から「私は考える」へと思索を進めていく。ちなみにデカルト主義者たち（デカルトではない）は、自我あるいは自己が欠落しどのような反省もなさない動物とはただの機械であるとし（動物機械論）、自動機械にすぎない動物にはどのような容赦も必要ないと考えた。いずれにしても、近代の哲学においては、動物たちはロゴスをもたないものとして、言葉を話さないものとして、思考や反省のないものとして、応答がなく責任＝応答可能性がないものとして、つまりは重要な能力が欠如したものとして、人間にたいして絶対的な劣位におかれ、ここから人間／動物の支配／被支配の関係が正当化されてきたのである。

　このような動物–人間学の伝統をもつ西欧の思想圏において、動物との生物学的連続性の立場から人間を捉える進化論の出現が、宗教的のみならず哲学的にどれほど大きな衝撃を与えたかは、繰り返す必要もないことであろう。進化論以降の科学的な人間理解では、人間と動物との差異は、本質的なものではなく相対的なものと見なされるようになる。人間は動物の一種にすぎない。生命や動物についての新たな発見、霊長類の知能研究の進展、人間についての経験科学の手法で明らかとなる実証的知見の爆発的な蓄積は、西欧の伝統的な人間観を根底から揺さぶることになるが、そこからあらためて自覚的な問いとして「人間とは何か」という問いを生みだすことになる。20世紀の人間学・人間存在論はこうして誕生する。

第1章　境界線に生起する臨床教育学―人間／動物を手がかりにして

第2節　近代教育学における野生児をめぐる動物−人間学

　西欧の動物−人間学の歴史を、古代から進化論の出現までを簡潔にスケッチしてみた。私たちに重要なのは、この近代哲学の人間／動物の差異の原理が、近代教育学の根拠を作りだし、また教育の目的をも決めていたことである。つまり動物と比較することによって明らかにされた「人間の固有性」が、人間への未熟な新参者（具体的には子ども）にたいして、体罰も含めて肉体的精神的に働きかける教育の必要性・正当性を保証し、動物性（その内容が具体的に何を意味するかは、あらかじめ確定されているわけではない）を否定し、人間性を実現することとして教育を特徴づけるとともに、同時に教育の向かうべき目的を決めていた。子どもは、「未開人」や「野蛮人」と同じく、未だ十分には人間性を実現させてはいないその分だけ動物性に占められた存在と見なされていた。

　近代教育学が成立するとき、初期の教育思想家は、教育をまったく受けることのなかった「人間」の衝撃的なイメージを発見する。それは「野生児」と呼ばれているものたちである。野生児というのは、何らかの理由で、人間による養育・教育を受けることのなかった子どもたちで、そのなかには動物に育てられたとするものも少なくないが、言葉を話さず4足歩行することを特徴としている。この野生児は、人間と動物との境界線に出現する不確定な存在で、人間／動物の境界線を揺さぶりつづける。リンネ（Carl von Linné）は『自然の体系』（1758年）の第10版において、人類をホモ・サピエンスと名づけ、そのなかに「ヨーロッパ人」や「アメリカ人」などとならべて「野生人」を分類しているが、教育思想家の野生児への関心はその100年も前からある（野生児の系譜はもっと古く、ローマ建国神話では狼に育てられた兄弟が建国の始祖である）。デカルトやパスカルと同時代を生きたチェコの宗教者・教育思想家コメニウス（Johannes Amos Comenius）の『大教授学』（1657年）には野生児が次のように登場する。

特筆するべき例によれば、幼い頃に猛獣にさらわれその間で育てられた人間は、猛獣以外のことはなにも知りません。いや、今一度人々と暫くの間交わらなければ、口のきき方も手足の動かし方も、動物と少しも変わらないのであります。1、2の例をあげましょう。1540年頃、ヘッセンのある森の中の村で、両親の不注意から、3歳になる幼児がゆくえ不明になったことがあります。なん年かののち村人たちは、狼と一緒に走っている、ある異形の動物を見ました。4つ足ですが、顔つきは人間に近いのです。……（やがて生け捕りにされる）太守の命令で、人々の間で世話されたところから、次第におとなしくなり、やがて後ろ足で立ち、2本足で歩き、最後には人語を話して、つまり人間になり始めたわけです。思い出せる限りの話では、狼にさらわれ、狼の乳をもらい、いつも狼と一緒に獲物をつかまえに行った、ということであります[3]。

　人間性を失った野生児の事例を導き入れ、ここからコメニウスは、「以上のことは皆、すべての人に教育が必要なことを物語っております」と結論づける。野生児のトピックは、以後の教育思想のテクストにも繰り返し登場することになるだろう。そして、野生児と同様に、動物たちの影が近代教育学のテクストをいつも横切ることになる。たとえば、カント（Immanuel Kant）の『教育学講義』（1803年）では、動物と比較するなかで、動物性は克服され人間性へと変えていくべきものとして捉えられている。カントは博学な地理的人類学的知識と透徹した人間観察をもとに、教育がどのようなものであるべきかを描きだしている。冒頭の箇所を引用しておこう。

　人間は教育されなければならぬ唯一の被造物である。言いかえれば、教育とはここでは養護（扶養、保育）と訓練（訓育）と教授ならびに陶冶との意味に解されるのであるが、これに従って人間は乳児であり——生徒であり——そして学生であるのである。……中略……訓練または訓育は動物性を人間性へと変えてゆく。動物はその本能だけですでに一切であり、ある他の理性がすでに動物のためにすべてを世話しておいたのである。ところが人間は自分自身の理性を必要とする。人間は動物のような本能をもたず、自分で自分の行動の計画を立てなければならない。しかも人間は生まれると直ぐからそうすることができるというわけではなく、むしろ自然のままで世に出てくるのであるから、他の人々が代ってそれをし

てやらなければならぬのである。／人類は人間性のそなえる一切の素質を自己自身の努力によって自分のうちから漸次に表してゆくようにすべきものである⁽⁴⁾。

「人間は教育されなければならぬ唯一の被造物である」という文章は、後にオランダの教育人間学者ランゲフェルト（Martinus Jan Langeveld）によって、人間学的に別の言葉で定式化されることになるだろう。いずれにしても、教育の語りは動物との比較からはじまり、人間の固有の特質が示され、教育の必要性が述べられる。近代教育学のテクストは、こうしたカントの論述を原曲とした多様な変奏曲として理解することができるだろう。そして教育学のテクストとは、人間の内なる粗野な自然性としての動物性を克服し、人間に固有のものを実現していくための指南書である。動物性はそれ自体は悪ではないが悪とつながるものだから、教育（啓蒙）によって克服されなければならない。

人間の動物性が具体的な姿をとるのが野生児である。野生児が本当に動物によって育てられたのかどうかは、ここでは問題ではない。野生児は精神的な障害をもった子どもだという解釈もあるが、むしろ戦争や自然災害によって親を失った孤児や捨て子たちの姿だった可能性が大きい。近代教育学に大きな影響を与えたスイスの教育者ペスタロッチ（Johann Heinrich Pestalozzi）が、社会改革者から教育者へと大きく転換させるきっかけの一つは、ナポレオン戦争によって生まれた戦争孤児たちとの出会いであった。ペスタロッチは、非人間的状態＝動物状態にいる戦争孤児たちの人間性を回復し、さらにより高く人間性を実現しようとすることによって、教育の思想と実践を象っていく。このとき戦争孤児たちは人間的な姿を剥奪された「野生児」である。教育学は、こうした戦争孤児という野生児を前にして、自らの理論を深化させていくことになる。

しかし、前項で述べたように、進化論が論じるように人間が動物と連続しており、人間に固有なるものが不確かであるときには、教育はその人間学的な根拠と目的の正当性とを見失い、子どもにたいして意図的にときには強制的に関与することができなくなる。根拠もなく本人が望むこともなく教育を課することは、ただの暴力とどこが異なるのか説明がつかなくなる。人間学・人間存在論の思考は、20世紀の教育学的思考にとっても大きな意味をもっていた。

第3節　教育人間学における人間／動物問題

　進化論は人間を動物の延長で連続して捉える見方を可能にした。人間についての科学的手法による研究は、人間を動物として捉える科学としてますます発展する。そのようななかで、ポルトマン（Adolf Portmann）の生理的早産説やボルク（Lodewijk Bolk）のネオテニー（幼形成熟）説といった、生物学や動物学の最新の成果を手がかりにして、そこからあらためて「人間の固有性」を見つけだすという哲学的な試みがなされるようになる。なかでも哲学的人間学が注目したのは、カント主義の認識論に立つ動物学者ユクスキュル（Jakob von Uexküll）の環境世界論であった。環境世界論は後に「動物行動学」へと発展するのだが、人間学にとっては、「人間とは何か」という問いにたいする新たな答え方を方向づけるものであった。

　動物は、その動物にそなえられた知覚器官の種類や能力その数、そして配置の場所によって、それぞれの種に固有の環境である「環境世界（Umwelt）」に生まれながらに緊密につながっているという。たとえば、ダニは光を感じる知覚、獲物が近づいたことを知る酪酸の臭いを感ずる嗅覚、獲物に触れたことがわかる触覚、そして獲物の皮膚の方向を知る温度知覚の4種類の知覚器官によって切り取られた、とてもシンプルな環境世界のうちに生きている。ダニにとって、その4種類の知覚器官に関わらないモノやコトは意味をもたない。しかし、ダニはその単純な知覚器官によって、まちがうことなく確実に枝の下を歩く獲物を発見し、その獲物の体のうえに着地し、吸血し、地面に落ちて土のなかに産卵して、子孫を残して寿命を終えることができる。このようにして動物は、種それぞれに生まれながらにして異なる環境世界を生きているという。蜜蜂は蜜蜂の、梟は梟の、そして犬は犬の環境世界を、それぞれに生きているのだ。もちろん人間も同様である[5]。

　哲学的人間学のシェーラー（Max Scheler）は、『宇宙における人間の地位』（1928年）において、ユクスキュルの理論を承けることで、動物との間に新たな差異の原理を見いだし、「世界開在性（Weltoffenheit）」という用語でもって「精

神」の思想史にこれまでにない息吹を吹き込んだ。動物は環境世界に繋縛されているのにたいして（環境世界緊縛性）、精神を有する人間だけが世界に開かれていると。たしかに人間もまた動物ではあるが、人間は動物のように生得的に決められた環境世界をもたない。人間にも知覚器官に規定された環境世界はあるが、動物的な感情衝迫や本能にたいして人間は「否」ということができる。人間は自身を対象化することで環境世界の外部に立ち、そのことによって人間にだけ「環境世界」ではなく「世界」が開かれる。この世界は環境世界のように確定されてはおらず、人間とともにどこまでも変わりゆくものである。人間は世界を作りかえ、それによって反対に人間自身が作りかえられてもいく。シェーラー自身の言葉を借りれば、「人間とは、無制限に『世界開在的』に行動しうるところのXである」[6]。つまり精神を有する人間は確定しえないXであって、たんなる動物ではないのだ。

　ユクスキュルからヒントを得て、あらためて「人間の固有性」の探究を試みたのはシェーラーだけではない。同時期、新カント学派のカッシーラ（Ernst Cassirer）も、『シンボル形式の哲学』（1923-1929年）において、ユクスキュルの説を手がかりにして、人間を端的に「シンボルを操る動物（animal symbolicum）」と定義している。またメルロ＝ポンティ（Maurice Merleau=Ponty）もユクスキュルの動物学に大きな影響を受けたものの一人である。そのような哲学者のなかでも、本論において特に重要なのはハイデガーである。

　ハイデガー（Martin Heidegger）は、彼の存在論における世界内存在の思想の成立において、ユクスキュルの環境世界論がヒントを与えたことはよく知られている。シェーラーのテクストが出版された翌年の1929年-30年の講義『形而上学の根本諸概念』（出版は1983年）において、ハイデガーは石と動物と人間とを世界との関係において論じて、次の三つのテーゼとして命題化し、それぞれの差異を明確にしている。すなわち、「石には世界がない」、「動物は世界に貧しい」、それにたいして「人間は世界形成的である」。このとき動物の「世界貧乏性」とは、たんに量的な「少」が言われているのではなく、「欠如」を意味している。つまり、ここで一端は動物も世界を生きるものとして人間ともつながっているように見せながら、存在様式として動物には世界が欠如してい

ると論じることで、動物と人間との絶対的な切断を図るのである。つまり動物は生きてはいるが存在しているわけではない。動物と人間とは無限の深淵を隔てて異なっているのだ。こうしてハイデガーは動物との比較のなかから、比較自体の不可能性を導きだし、人間を動物とは本質的に異なる世界形成的な存在者として捉え、さらにその存在論的考察を練りあげていく(7)。

　さらにハイデガーは、『形而上学入門』(1953年) において、「人間とは何か」という人間学では見慣れた問いの形式がもつ問題性を指摘している。この問いは、人間を動物として捉えており、その回答を「動物学的な定義」としているというのだ。ハイデガーはパルメニデスに立ち返り、「人間とは何か」という問いは、存在について問うことのなかでのみ問われうるものであるという。そして「人間とは何か」に代えて、存在はどうなっているのかという問いとの本質的な連関において、「人間とは誰か」と問うべきだという。つまりハイデガーは、動物を参照項にして「人間の固有性」を考えてきた哲学の伝統を不十分なものとし、ソクラテス以前のイオニアの思想にまで遡ることで、あらためて存在論から人間を問い直そうというのである。参照項にすることからも動物の痕跡を取りのぞき、人間を現存在として存在論において論じようとする。

　『形而上学の根本諸概念』が重要なのは、こうした動物学的定義を形而上学から排除する過程で、ハイデガーがユクスキュルらの動物学をくぐり抜ける思索の歩みを知ることができるところにある。このテクストは、テクストの成り立ち自体の問題がこれまで指摘されてきたが、この動物と関わるハイデガーの論考が、次節で見るように、ポスト構造主義の思想家たちによって集中的に論難されることになる。しかし、その議論に入る前に、シェーラーやハイデガーの動物－人間学の成果を、教育人間学が教育の思想としてどのように発展させたかを簡単に見ておこう。

　シェーラーらの哲学的人間学やハイデガーの人間存在論の哲学は、ドイツやオランダを中心にして教育人間学のなかで教育の思想として読み換えられ、それまで教育学では顧慮されなかった教育の出来事への関心を深めた。このとき教育人間学の研究者にとって重要だったことの一つは、「子ども」という在り方への新たな知見が開かれたことであった。教育人間学が導きだした結論は、

第1章　境界線に生起する臨床教育学——人間／動物を手がかりにして

人間の子どもは不十分ではあってもすでに人間に固有な在り方をしていることの発見であった。哲学者は人間について問うとき、すでに意識をもち言葉を話し、2足歩行ができることを自明なこととして捉えている。そうして考えられた「人間の固有性」が、子どもに当てはめられるとき、「人間の固有性」を子どもが十分に満たしていないことは明らかだ。しかし、人間の子どもはすでに最初から動物とは異なる固有性を有する人間として生きているのではないだろうか。そのさい、ユクスキュルの環境世界論だけでなく、先に述べた生理的早産説やネオテニー（幼形成熟）説などが援用されたりした。

ランゲフェルトの「子どもの人間学」は、その意味で画期的な意味をもっていた。ランゲフェルトは、哲学者が子どもという存在についてこれまで真剣に考えてこなかったことを鋭く指摘し、あらためて子どもという存在を問う「子どもの人間学」を提唱した。ランゲフェルトは、ユクスキュルが動物種の固有の世界を明らかにしたように、子どもにとっての身体や空間や時間がどのようなものとして生きられているのかを、子どもの生活世界の解釈学的現象学研究に基づき解明した。このように、子どもの生きている生活世界を解明することによって、ランゲフェルトは、あらためて「人間は教育されなければならない動物であり、また教育する動物なのである（animal educandum et educans）」と人間を定義することになった[8]。つまり、「教育されなければならない動物」というように教育を必要とするだけでなく、教育をすることも「人間の固有性」として捉えられることになった。この定義は教育人間学の大きな成果といってよい。そしてこの教育人間学の定義も、アマラとカマラという狼に育てられた野生児を事例とすることで拡がったことも付け加えておこう。

こうして教育人間学は、人間学・人間存在論の動向と連動しながら、人間／動物の新たな境界線の作り方を模索し、教育の思想へと発展させてきた。そこでは、子どもは「動物」としてではなく大人とは異なる生活世界を生きる「人間」として論じられることになった。しかし、ここにきて人間／動物の境界線を揺さぶる自然観・生命観の地殻変動がはじまっている。その知の変動は、新たに境界線の引き方をどうするかという問いにとどまってはいない。そこではこの二項対立の思考自体が問われている。

第4節　人間／動物の境界線をめぐる新たな問い方

　人間学・人間存在論は動物との切断を計ってきたが、ここで厳密に論じられた動物との差異から、亀裂や齟齬（そご）もなく純粋に「人間の固有性」を導きだし論じることができたのだろうか。近年、人間と動物たちとの関係を再検討する重要なテクストが数多く出版されるようになっている。こうした再検討が進められている理由を、一概に確定することは困難であるが、次のような問題関心が考えられよう。まず地球規模となった環境破壊に対するエコロジーへの関心の高まり、それと連なる遺伝子組み換えやクローンなどの生命技術への批判的反省、動物実験での虐待、家畜の薬漬けの飼育法や屠殺にたいする動物愛護の立場からの問題指摘、動物の道徳的地位を認め動物の解放を目指すトム・リーガン（Tom Regan）やピーター・シンガー（Peter Singer）らの「動物の権利・福祉」を提唱する倫理学の拡がり、あるいは人間／非人間を横断するブルーノ・ラトゥール（Bruno Latour）らの技術的媒介の哲学、その影響を受けた多自然主義に立つ文化人類学者ヴィヴェイロス・デ・カストロ（Viveiros de Castro）らによる西欧とは異なる地域での動物－人間学研究の発展、フーコー（Michel Foucault）に由来する生政治学との関係など、さまざまな思想的潮流と問題関心とが交錯し、複雑にリンクしているといえる。

　しかし、そのなかでも、ポストモダン状況において顕（あら）わとなった西欧の人間に関わる思想の諸前提（私・主体・思考・言語・法・主権……）が、動物との関係の作られ方から問い直されている事態がもつ意味は重要である。なかでもポスト構造主義の議論で、先に見たハイデガーの『形而上学の根本諸概念』における「動物は世界に貧しい」というテーゼを詳細に検討することで、ハイデガーの存在論の成立の影で隠蔽されている動物思想を明るみにだし、存在論自体が問い直されていることは見逃すことができないことの一つである。こうした新たな思想課題の出現は、ハイデガーの人間存在論のみならず、「人間とは何か」を主題的に論じてきた哲学的人間学、そしてそれらに強く影響を受けて人間と教育との関係を論じてきた教育人間学にとっても、無関心ではありえな

第1章　境界線に生起する臨床教育学——人間／動物を手がかりにして

いはずだ。

　ポスト構造主義の議論のなかで、動物についてもっとも重要な議論はデリダ（Jacques Derrida）によってなされたものである。デリダの動物の問いに関わるまとまったテクストは、1997年の講演をもとにした『動物を追う、ゆえに私は（動物で）ある』（2006年）である。いかにもデリダ的というべき奇妙なタイトルのテクストにおいて、デリダはデカルト、カント、ハイデガー、レヴィナス（Emmanuel Lévinas）、ラカン（Jacques Lacan）らを召喚し、「人間の固有性」をめぐるさいの彼らの動物についての思考を吟味する。彼らはその思想の違いにもかかわらず、いずれも動物たちを応答性＝責任性がなく、「私」が欠落しているものとして捉えている点において共通しており、また「動物たち」の間の差異を考慮することなく「動物なるもの」動物一般としてひとまとめに捉え、さらに動物たちの性差にも無頓着である点などで共通しているという。そして、動物たちへの暴力を容認する彼らの動物‐人間学を論難する。たとえば、レヴィナスは動物たちをけっして「他者」としては認めない。つまり「殺すなかれ」は「顔がない」とする蛇のような動物には適用されないのだ。そうすることで、デリダは動物との比較で描かれ「確証」されてきた彼らの人間の捉え方（人間中心主義・ロゴス中心主義）を批判している。

　猫の眼差しによって自身の裸の姿を恥じることからはじまったデリダの人間／動物をめぐる思索は、「生けるものたちの異質的な多数性」をもとにした、動物たちと人間との新たな関係を語る言葉と文法を見いだそうとする試みである。その語りの実践が、この奇妙なタイトル『動物を追う、ゆえに私は（動物で）ある L'animal que donc je suis』に集約されている。ここでは、デカルト以来の哲学における動物たちについての語り方を批判的に問い直すことで、人間／動物の境界線を区切る行為自体を宙吊り（決定不可能）にすると同時に、「私は……」として語りはじめるきわめて人間的営みと見なされてきた「自伝」の語り方自体を、宙吊りにするようにもなっている。デリダのテクストがすべてそうであるように、デリダのここでの議論を要約的にまとめたところで、このテクストによってもたらされる、人間／動物に関わる常識的な思考が揺さぶられ、動物たちから見つめられていることへの奇妙な居心地悪さとともに、新た

に再び動物たちと連なることの不思議な快感を伴う読書体験を、正確に伝えることはできない。しかし、読者は、このテクストでは西欧の哲学という思考の系譜のなかで、「動物たち」がそしてそれを語ってきた「人間」が、その両者の関係の在り方が、新たな問いの次元へと押し上げられていることに気がつくことだろう。動物たちからの眼差しが、私たちを動揺させ、「私は……」の同一性なるものを強く揺さぶるのである。

　この講演の後、2001年から2002年にかけて再び動物と関係する連続セミナーがなされる。この連続セミナーの講義記録が『獣と主権者』（出版は2008年）である。これはデリダ最期の講義記録でもある。デリダは主権に関わるところで動物について論じている。正確には、『動物を追う、ゆえに私は（動物で）ある』で取りあげられた「動物（animal）」ではなく、動物のみならず虫や怪獣・怪物などをも意味する「獣（bête）」である。このセミナーでは、フランス語の「獣（bête）」をめぐる用語法に着目しながら論を展開していくので、「動物」でなされた議論と交叉しながらも、用語上「獣（bête）」と連なる「愚かさ（bêtise）」の探究や、ホッブス（Thomas Hobbes）のリヴァイアサンへの言及など、動物とは異なる論点を拓いていく[9]。

　この講義の内容は多岐にわたるもので、要約すること自体意味をなさないが、動物たちとの関係なしには人間の主権もまた論じることはできないことを示している点が、動物たちと同様に応答し責任をもつことのできないとされる子ども観と関係しており、教育学にとっても重要である。デリダによれば、近代の政治主体の成立自体が、そして自由や責任や権利主体といった近代の政治学を形成している主要な観念の成立自体が、人間／動物の分割に負って「人間の固有性」を定義づけることによって、つまり動物たちを排除することによって成立しているというのである。このデリダの理論を教育へとつなげて考えるなら、「人間の固有性」つまり人間性を未だ十分に実現していない子どもに教育を強いる正当性も、また同様の原理によってなされているのではないだろうか。動物はどこまでも動物にとどまりつづけるが、人間の子どもは人間性を実現することによって、応答し責任をもつ主権者になることができる。教育が調教＝躾とつながりつつそれ以上のものとして意味づけられる根拠を、こうした動物を

排除しつつ確立されていく近代の主権論と結びつけて理解することができるだろう。その意味で言えば、近代の教育学は人間／動物の境界線上の典型的な存在として野生児を必要としているのだ。

　さらにデリダの論に、ドゥルーズ（Gilles Deleuze）の「生成変化の哲学」における一連の動物論を付け加えるなら、本章での人間／動物に関わる問題提起がたんなる個人的な関心によるものではなく、人間に関わる知の巨大な地殻変動が、動物との関わりで起こっていることがわかるだろう（もっとも「動物」とは一体「誰」のこと・「何」のことを指しているのかについては、注意を払う必要がある）。あるいは、私たちは自然観・生命観をめぐる人類史上の歴史的転回時に遭遇しているといい直してもよいだろう。しかも、ここでドゥルーズが取りあげるのも、ほかならぬユクスキュルのダニであり、そのダニの世界の「貧しさ」なのだが、スピノザやライプニッツの哲学をへてドゥルーズが描きだすダニは、ハイデガーの論とは異なり、「世界をもっている」というのだ。「『ダニ』を見るのだ、この動物を賞賛するのだ、ダニは３つの情動（光覚と嗅覚と触覚に対応する情動）によって規定される、それはダニを合成する諸々の関係＝比に応じてダニに可能となるすべてのものだ、三極の世界、そしてそれがすべてだ！」(10)。

　ダニの有限の情動とその情動と結びついた有限の世界とを、ドゥルーズは賞賛してやまない。ここでは、ハイデガーの『形而上学の根本諸概念』が直接的に言及されているわけではないが、ドゥルーズがこのテクストでのハイデガーの議論を念頭においてダニを賞賛していることはまちがいない。『アンチ・オイディプス』（1973年）において「動物への生成変化」を論じたドゥルーズにとって、この動物への言及は思想を生気づけるためのたんなるエピソードといったものではなく、また無制限な接続過剰による一体化を批判するドゥルーズにとって、この切断され区別され分離された有限の世界を生きるダニへの賞賛は本気なのだ。

　デリダとドゥルーズの動物をめぐる議論をたどってみて明らかなように、この人間／動物の境界線に関わる問題提起は、多様な論点を孕んでおり、動物のみならず生命的自然、そしてモノをも含む非人間全体と関わる広範囲な問題圏

と結びついている。これらの思想家の思考をふまえて、あらためて従来の人間学・人間存在論とは異なる観点から、動物－人間学を再考する必要がある。ポスト・ヒューマニズムの議論は、教育思想にたいして直接向けられた議論ではないが、人間／動物への根本的な反省は、存立構造から考えても教育思想の根底を揺さぶらないではおかないだろう。人間と動物たちとの境界線の作り方のうちから、人間の教育という領域を捉え直す必要がある。しかも、大事な点はこの問題提起がたんに教育思想といった学問領域での思想的課題にとどまらず、きわめて実践的な課題でもあることである。

第5節　人間／動物の境界線に生起する臨床教育学の課題

第1項　人間／動物の境界線で例外者を生みだす人間学機械

　生命論的転回によるポスト・ヒューマニズムにおいて、人間中心主義・ロゴス中心主義が批判的に吟味されるようになり、あらためて人間学・人間存在論と教育学との共犯関係が明らかになってきた。こうして人間中心主義・ロゴス中心主義に立つ人間学・人間存在論が問い直され、動物との差異において「人間の固有性」を考えるのではなく、動物たちとの差異と連続性とのはざまにおいて人間／動物の境界線の原理を考えるときに、いったい教育の原理はどのように考えられるのだろうか。教育学的思考はここから先にどのような次元を開くことができるのだろうか。

　人間／動物の境界線の問題が、どのような実践的な課題とつながっているかをまず考察しよう。人間／動物への問いを問うたアガンベン（Giorgio Agamben）の『開かれ—人間と動物』（2002年）を手がかりに、政治学的な次元での具体的課題を見てみよう（このテクストで、アガンベンもまたデリダやドゥルーズと同様に、ユクスキュルのダニに言及し、ハイデガーの『形而上学の根本諸概念』を批判的に論じているのだが、そのことについてここでは深入りすることはできない。ただハイデガーの存在論も人間学機械の一部をなしていることを心にとどめておこう）。私たちにとっては、アガンベンの「人間学（人

類学）機械（macchina antropologica）」論が重要である。アガンベンは、人間／動物の境界線を生みだす思想や規範を「人間学機械」と呼んでいる。問題は人間と動物との境界性が常識で考えられているほど自明ではないところにある。そのため人間学機械が発動したときには、人間でもあり動物でもあるような、あるいは人間でもなく動物でもない、例外状態をこの境界線上に生みだしてしまうことにある。そしてこの例外状態にあるものが差別と排除の対象となる。

アガンベンは、排除と包摂という用語でもって、この例外的なものの生起を次のようにいっている。「人間学機械は、一種の例外状態、つまり外部が内部の排除でしかなく内部が外部の包摂でしかないような未確定の領域を現実に生み出すのである」[11]。アガンベンは、この人間学機械として、「古代人の人間学機械」と「近代人の人間学機械」の二つの形をあげている。「古代人の人間学機械」では内部が外部の包摂によって獲得されるという。たとえば、他者を「異民族」や「野蛮人」として括り、人間の姿をした動物と見なし家畜と同様の奴隷として扱う。それにたいして、「近代人の人間学機械」では内部を排除することによって外部が生みだされるという。ある特徴をもとに特定の人間たちを動物化し人間の枠から外部へと排除するのである。こうした人間学機械の発動の延長線上に強制収容所が生まれる。強制収容所では、名前を奪い番号に代え、服をはぎ取り個性を奪い、「人間の条件」をことごとく剥奪することで、人間を動物として処理することが可能となる。このように人間を動物へと変えることは、人間の尊厳を奪い暴力的に排除するときの常套手段である。

人間学機械は、「動物の権利」問題とも深く関わっていることがわかるだろう。「人間的だから」という理由で霊長類を人間に包摂し人権を与えるといった思考法では、人間学機械を問い直す契機を失うことになるだろう。動物たちの解放は、同時に、人間中心主義・ロゴス中心主義に閉ざされた人間自身の解放でもあって、この人間学機械の在り方自体の変革でなければならない。野生児は当然のことながらこの人間学機械のもとでは例外状態に属することになる。野生児は、人間的な姿をした動物か、あるいは動物的な姿をした人間である。人間として包摂されようと、動物として排除されようと、野生児がいることによって「人間」の同一性は強化され、動物たちとの交通の回路は固く閉じられるこ

とになる。教育学は、野生児によって教育の境界線を象るだろうが、同時にその境界線上にさまざまな問題を生起させることになるだろう。またこのマシーンの発動は身近なものである。学校での暴力事象には、生徒から教師への校内暴力や、教師から生徒への体罰や、生徒同士の喧嘩・いじめといったことがあるが、なかでもいじめは同級生を「動物」や「モノ」へと変えることで、暴力的な仕打ちをしても、良心の痛みを感じなくてもすむようになる。

　人間学機械は、人間／動物の境界線というだけでなく、人間／非人間の境界線の問題ともなる。このように境界画定をめぐる問題は、人権に関わる哲学的政治的課題であると共に、生／死に関わる医学的そして倫理的宗教的課題でもあり、簡単には判断することのできない臨床的課題であることがわかる。しかし、この課題に応える方向が、境界線のなし崩し的な消去でないことは明らかだ。それは制限のない暴力の蔓延をもたらすことになるだろう。人間／動物画定の決定不可能性のなかにあっても、それでもなお特定のコンテクストの前では、私たちは境界線を吟味するだけでなく決断を下さなければならない。そのとき境界線への根本的な態度変更、文字通り「転回」が求められているのだ。この境界線の原理自体を宙吊りにしつつ、視線を人間中心主義にしたがって中心から外部に向けるのではなく、転回して外部から中心に向き直すとき、つまり外部の沈黙する動物たちからの視線に自身の視線を合わせるとき、風景は一新し生命の位階秩序はこれまで見たことのないものとなるだろう。このとき私たちの視線はデリダの猫の眼差しとつながるのだ（ハイデガーにしたがえば動物たちは人間を見てはいないというだろうが）。

第２項　人間学機械を超えて世界市民の形成へ

　従来の人間学機械が生みだしてきたのは、結局のところ、人間が動物たちを支配するという、対称性とのつながりを欠いた非対称関係であった。さらにこの境界線の作り方は、動物たちのみならず「動物」と呼ばれた人たち（子ども・女性・ユダヤ人・黒人・障碍者・貧民・移民・難民・未開人・野蛮人……このリストはどこまでも続く）への暴力を呼び込み、その暴力を正当化するものであった。いまここでは、分離する非対称性と分離を乗り超える対称性との間の、

第1章 境界線に生起する臨床教育学—人間／動物を手がかりにして

新たな原理を求める生命論的転回が不可欠である。その転回の契機となるのが対称性の体験である。

　対称性の体験とは、すなわち「人間が動物になること」と同時に「動物が人間になること」であり、非対称性の分離を乗り超えて互いに種の境界線を横断する体験のことである。「精神の生態学」を唱えるベイトソン（Gregory Bateson）によれば、人間と動物たちとの接続という種横断的な回路は、多様かつ多重な形で開かれており、思考とは人間の器官内にとどまらず人間を超えたネットワークの全体がなすことである。このように思考を捉えるならば、潜在的には、私たちの生はいつもすでに境界線を乗り超えているとも言える。それだけではない。子ども時代には、こうした異種との接続は異常な事態などではなく、むしろ日常的なことであって、「動物になること」は遊びというメディアをとおしてしばしば実現されることである。犬や猫といった動物たちは、子どもの信頼できる友人であり、生命世界へと誘う優れた媒介者でもある。このことは、絵本やあるいは児童文学などにおいて、動物たちが頻繁に登場することからも理解することができる。そして、その動物たちの物語の主題が、一切の見返りを求めない純粋な贈与や、異種の動物たちを無条件に迎え入れる歓待であることも同様である[12]。こうした子どものための文学は、作品の性格にもよるが、一方で「人間の固有性」を捉え人間化への途を方向づけるとともに、他方で、子どもの思考を広く「他者としての動物」へ、そして生命世界へと開き、人間を超えた自然とともに考えるネットワークを作りだしもする。

　生命世界へと開く物語において、作品構成における技法の眼目は擬人法にある。通常、擬人法は他者である動物の動物性を括弧に入れて希釈し、人間に理解可能な存在に変えて、人間世界の仲間へと取りいれることを可能にする。しかし、擬人法には人間化をもたらすものだけではなく、動物世界の側へと脱人間化＝世界化する技法もある。宮澤賢治が心象スケッチで描いた世界への回路の開き方がこうした擬人法の典型例だが、この擬人法は通常の擬人法と反対の作用をもつことから、私は「逆擬人法」と呼んでいる。作品で言えば『なめとこ山の熊』や『鹿踊りのはじまり』などがそうだ。後者では、一見すると鹿が擬人化されているように見えるが、実はそうではなく、鹿たちの踊りを見てい

る人間が鹿の姿に魅せられて鹿化しているのだ。人間‐鹿あるいは鹿‐人間の出現。その鹿とのエロス的接続の比類ない歓喜の体験が、「鹿踊り」という芸能（芸術）の起源となるという物語だ。こうした異種との接続の体験は文学作品にとどまらない。「鹿踊り」がそうであるように身体活動や芸術活動などでも実現される。遊びや造形活動のように自己が溶解し脱人間化する逆擬人法と同等の体験をもたらす技法は、教育にも内蔵されており、これまでにもその力を発揮してきた。とりわけ幼児教育はこうした脱人間化を実現する技法の宝庫でさえある(13)。

　しかし、教育は一般に社会的に有能な労働者の育成と国民の教育として機能しており、人生の最初期に開かれた人間を超えた生命世界から、人間の集団へと思考の通路の境界領域を縮小させていく傾向が強い。また近代教育は同様に近代的な意味での主観＝主体＝私に思考の領域を内閉化していく傾向が強い。いずれにしても、動物たちへのそして生命世界への回路は貧しく限定的なものへと変えられてしまう。近代社会においては、このような貧困化によって、つまり子ども的生の特徴である対称性から、大人的生の特徴である非対称性へと変わることによって、人間中心主義・ロゴス中心主義は力を発揮するのだが、そのことによって大人は人間を超えたものとのつながりを失い、境界線は固定され強化されて、その結果、自己も同一性へと回収され止めどもなく貧しいものとなる。大人は他者としての動物たちを迎え入れる歓待の作法とはいったいどのようなものかも忘れてしまうのだ。

　こうした人間／動物の境界線に関わる問いが、教育の現実とは無関係な思想遊戯と見なされるとしたら、それは排外的な民族主義やナショナリズムに限らず差別や偏見の克服という課題と結びついた、国民でも市民でもない世界市民の形成という理念への関心を、私たちが見失ってしまっているからだ。国民形成や市民形成として教育を考えるときには、人間性＝「人間の固有性」を明らかにしようとする人間／動物の考察は必要ではなく、教育の根拠も目的も、社会や国家の機能として自足的に導きだすことができ、制度的に現実化することができるように思えるかもしれない。しかし、本当に社会や国家の必要性という論理でもって、教育を根拠づけ方向づけることができるのだろうか。

第1章　境界線に生起する臨床教育学──人間／動物を手がかりにして

　人間／動物の境界線をめぐる課題は、現生人類の誕生以来の根本課題であり、そのためその境界線の理解とともにその境界線を侵犯して越境する課題は、教育の根本課題である。私たちは人間化を目指して境界線の作られ方を理解するだけではなく、脱人間化へと越境を体験しなければならない。私たちが「人間」を非人間から切りはなされた固有の課題として捉え、その課題にのみ専心するときには、結果として私たち自身をも深く損なうことになる。この境界線の閉じ方（画定の仕方）と開き方（侵犯の仕方）の正しい技法の伝達こそ、人類史の立場から見たときの教育の課題である。人間学機械を発動させ境界づけることによって立ち現れる「我々」の範囲は、同胞としての我々（家族・近隣・国民）にとどまるのか、あるいは同胞愛を超えて人類愛へと開くのか、さらには種の壁を超え種横断的な回路を見いだし生命世界へと開きうるのか、……世界市民の形成において、人間／動物の境界線の作り方がその試金石となる。

　まちがえれば食べられてしまうスフィンクスからの謎、それは人間／動物の境界線上から人間か動物か確定不能な半人半獣によって贈られる謎であり、その答えは「それは人間だ！」である。正しく答えることができなければ、つまり正しく境界線を引くことで切り結ばなければ呑み込まれかねない、「底なしの」ポジティブな言葉で言い直せば「無限の」野生の力と、人間は日々向かいあっている。4本足（動物）であり、2本足（人間）であり、3本足（人間＋モノ）でもある人間は、非人間とりわけ動物たちとの危険なそれだからこそ代替不能な大切な関わりをとおして、自己の理解を深め、自己の形成を図ってきた。それと同時に、自己を開き多様で多重な生命世界との接続のうちに生成してきた。自己形成・生成の手立ては、いつもすでに非人間とのインターフェイスの局面の作り方にあり、人間の生の課題も豊かな可能性もまたその接続面から生まれてくる。

〈注〉
（1）パスカル、ブレーズ（塩川徹也訳）『パンセ』上巻、岩波文庫、2015年、133頁。
（2）中沢新一『人類最初の哲学　カイエ・ソバージュ（1）』講談社、2002年。

（3）コメニュウス、ヨハン・アモス（鈴木秀勇訳）『大教授学』第1巻、明治図書、1962年、84頁、丸括弧内と傍点は筆者。
（4）カント、イマニエル（清水清訳）『人間学・教育学』玉川大学出版部、1959年、331-332頁、傍点は筆者。
（5）ユクスキュル、ヤーコプ・フォン（前野佳彦訳）『動物の環境と内的世界』みすず書房、2012年。
（6）シェーラー、マックス（亀井裕・山本達訳）『宇宙における人間の地位』白水社、1977年、51頁。
（7）ハイデガー、マルティン（川原栄峰・セヴェリン・ミュラー訳）『形而上学の根本諸概念──世界－有限性－孤独』『ハイデッガー全集』第29/30巻、創文社、1998年。
（8）ランゲフェルト、マルティヌス・ヤン（和田修二監訳）『教育の理論と現実』未来社、1972年、161-162頁。
（9）デリダにおける動物と子どもとの類比的関係については、すでに鵜飼哲『ジャッキー・デリダの墓』みすず書房、2014年、また郷原佳以「L'enfant que donc je suis、あるいは、猫のエピソードはなぜ『自伝的』なのか」『現代思想　デリダ』青土社、2015年、に指摘がある。デリダの動物－人間学については、デリダ、ジャック（鵜飼哲訳）「『正しく食べなくてはならない』あるいは主体の計算──ジャン＝リュック・ナンシーとの対話」ジャン＝リュック・ナンシー『主体の後に誰が来るのか？』現代企画室、1996年／デリダ、ジャック、マリ＝ルイーズ・マレ編（鵜飼哲訳）『動物を追う、ゆえに私は（動物で）ある』筑摩書房、2014年／デリダ、ジャック（西山雄二ほか訳）『獣と主権者［Ⅰ］［Ⅱ］』白水社、2014年・2016年、を参照。
（10）ドゥルーズ、ジルとパルネ、クレール（江川隆男・増田靖彦訳）『ディアローグ──ドゥルーズの思想』河出文庫、2011年、105頁、丸括弧内は筆者。
（11）アガンベン、ジョルジョ（岡田温司・多賀健太郎訳）『開かれ──人間と動物』平凡社、2004年、59頁。ただし訳文の「人類学機械（macchina antropologica）」は「人間学機械」に変更している。
（12）筆者は、矢野智司『動物絵本をめぐる冒険──動物－人間学のレッスン』（勁草書房、2002年）において、主にバタイユの動物論を手がかりとして、構造主義以降の人類学やユクスキュルの動物学の成果を参照し、絵本に描かれた動物の絵と物語について考察した。
（13）矢野智司「子ども論の生命論的転回のほうへ──対称性の知性を育む生成－発達論」佐藤学ほか編『変貌する子どもの関係』岩波書店、2016年、を参照。

第 1 章　境界線に生起する臨床教育学——人間／動物を手がかりにして

〈推薦図書〉

Buchanan, Brett, *Onto-Ethologies: The Animal Environments of Uexküll, Heidegger, Merleau-Ponty, and Deleuze*, Albany: State University of New York Press, 2008.

ド・フォントネ、エリザベート（石田和男ほか訳）『動物たちの沈黙——《動物性》をめぐる哲学試論』彩流社、2008年。

矢野智司『贈与と交換の教育学——漱石、賢治と純粋贈与のレッスン』東京大学出版会、2008年。

第2章
ライフサイクルと臨床教育学
―タイムスパンを長くとる・短くとる

はじめに

　教育は時間が掛かる、急いては事を仕損じる。植物を育てるに似て育つ側の摂理に合わせて時間を掛けないことには、実を結ばない。私たちはこうした話を何度も聴いてきた。にもかかわらず、実社会における教育は「急ぐ」話ばかりである。早く成果を出すこと、早くアピールすること。タイムスパンを短くとって、その枠内で、効率的に成果を出すこと。なかには、子どもの教育を「情報のインストール」のように考える人もいて、技術革新によって「インストール時間」を短縮してきたのだから、子どもの教育も効率的な技術を開発すべしという。

　本章は教育を「ライフサイクル」の地平で考えようとする。人の一生という長いタイムスパンの中で考えようとする。しかし短いタイムスパンも大切にする。効率よく成績を上げるという発想と（葛藤しながらも）付き合おうとする。タイムスパンを長くとると同時に、タイムスパンを短くとる。その両者の狭間に生じる葛藤を引き受けようとする。

　どちらが子どものためになるのか、その問いに答えを出したいのではない。むしろその問いを「問い」として設定すること、それを目標とする。タイムスパンを長くとった時の子どもの幸せと、短くとった時の子どもの幸せと、その両者の違いを確認しつつ、何とか折り合いをつけようとする。

　しかし本章はその問題を一般論としては語らない。具体的な教育場面に話を絞る。私が約40年間（距離を取りつつ）関わり続けてきた特殊な学校、「シュ

タイナー学校」と呼ばれる学校である⁽¹⁾。

　もちろんその紹介ではない。ましてその宣伝や推奨ではない。そうではなくて、私がその学校を訪ねるたびに感じる疑問や批判を踏み台にして、〈タイムスパンを長くとった時の子どもの幸せ〉と〈短くとった時の子どもの幸せ〉の違いを確認する。そして何が子どものためになるのか、どうすることが子どもの幸せになるのか、その問いを問いとして設定しようとする。

　私を刺激し続ける「その教育」。以後「シュタイナー」の名は出さない。毎回その創始者の名が登場することに食傷気味であると共に、本章の考察の中心が「シュタイナーの思想とその教育」ではなく、あくまで私が出会ってきた具体的な「その学校」、あるいは「そこで出会った人たち」であり、そこで感じた疑問に焦点をあてようとするためである⁽²⁾。

第1節　授業の中で「内側」が動き出す
　　　　──子どもたちが活躍するための仕掛け

第1項　なぜこれほど時間を掛けるのか

　大学のクラスでこの学校の話をすると、多くの学生たちは「楽しそう」と書き、でも「こんなことしていて大丈夫なのか」と続く。私も同じだった。最初にこの学校の話を聴いた時、まるで遊んでいるように感じた。

　たとえば（といって例を挙げ始めると長くなるので一つだけ）、私たちが馴染んだ算数の授業は「5＋7＝　　」「6＋6＝　　」という計算問題に答えを探すことが課題であった。ひとつの正解に素早くたどり着く練習。それに対して、この学校の子どもたちは「12＝　　」「12＝　　」「12＝　　」という課題を与えられ、「12＝1＋2＋9」、「12＝1＋3＋8」…と、たくさんの組み合わせを考えてゆく。ひとつの正解を求めるのとまったく逆に、たくさんの組み合わせを探し出し、たくさんの可能性に開かれてゆくことを体験するというのである。

　しかも違った色で書いてゆくから、子どもたちのノートはカラフルな数字の

色模様になる。「数で遊んでいる」という以外の言葉を私は思いつかなかった。もちろん数学教育の理論としてはたくさんの議論が必要なのだが、ここで問題にしたいのは、こうやって時間を掛けることの意味である。

　計算問題に正解を出すだけなら、これでは効率が悪い。「ドリル練習」を繰り返す方が短時間で効率よく習得できるはずである。にもかかわらず、なぜこの学校ではこれほど時間を掛けるのか。計算問題に答えを出すだけではない、それ以外の何を期待しているのか。

　そうした問いが積み重なって疑問が出てくる。「受験は大丈夫なのか」。ゆっくり時間を掛けるのは賛成だが、現実には試験がある、評価され振り分けられることに対応できるのか。

　実はこの学校には試験がない。試験（ペーパーテスト）で測定できる能力を目指すのではない。試験などでは測ることのできない「本当に自分の中に入れたもの」を大切にする。仮にそれらを「基礎・基本・土台」と理解してみれば、基礎が身に付いていると、試験問題には（いずれ）対応できるようになると考えるのである。「数の法則」という土台の感覚が身に付いていれば、計算問題は、時が来れば、対応できるようになる。それに対して、急場しのぎに「基礎・基本・土台」を身に付けることはできない。

　ある学生の喩えを借りれば、「大人のピアノレッスン」ではなく、「基礎からしっかり時間をかけたレッスン」に近い。大人のピアノレッスンはともかく曲を弾くことが目的であり、いわば即戦力を求めているのに対して、「基礎からしっかり」のレッスンは「指を置く」・「音を聴く」から始まって基本の繰り返しにたっぷり時間を掛ける。そしてその学生の経験では、基本の繰り返しは大変だったが、それがあったからこそ後の豊かな「表現」が可能になる。

　この学校も同じではないか。様々な話を総合すると、およそ次のように考えられている。まず、この学校では子どもたちの「内側」が重視される。子どもたちが「内側を働かせる」こと。たとえば、「感情と共に」、「からだを通して」、あるいは、「驚くこと」、「不思議と感じること」。そうした内側の動きなしに知識だけが増えてゆくことをこの学校は警戒する。それでは本当の意味で「身に付いた」ことにならないと考えるのである。

それに対してある学生は反論した。この学校は子どもたちから「一夜漬け」の試験勉強の機会を奪っている。試験前の緊張感の中で無理やり「詰め込む」ことも大切ではないかというのである。確かにその側面は否めない。しかし私の理解では、この学校は、一夜漬けの機会を犠牲にしても、「そうした勉強方法に慣れてしまうことの弊害」を警戒している。試験に対応する勉強に慣れてしまうと、内側から学ぶセンスが育たない。内側を働かせながら新しい知識を自分のからだに馴染ませてゆく感覚、あるいは「学ぶことを学ぶ」感覚が麻痺してしまう。それを警戒するために、ゆっくり時間を掛ける。自分で試し自分で体験し、「手ごたえ」をもって身に付けてゆく機会を大切にしているように思われるのである。

　第二に、この学校は、「知識ができてゆくプロセスを体験する」時間を大切にする。正確には、でき上がった知識の習得と、知識ができてゆくプロセスの体験とを、同じ比重で大切にしている。当然、プロセスを学ぶためには時間が掛かる。しかし時間は限られているから、たくさんの知識を学ぶことはできない。その代わり、知識の量は少なくても、習得した知識に関しては、その知識ができてゆくプロセスまで含めて身に付けている。体験を通して納得している、あるいは、法則が感覚として身に付き、からだで憶えている（「型が身に付いている」との関連は後述）。そしてそれ故に「ゼロから出発する自信」があるという。たとえ今はわからなくても、順に積み重ねてゆけば、できるようになる。試行錯誤しながら答えを探り当ててゆくトレーニングを積み重ねていることになる。

第2項　「内側」とはどういうことか

　しかし「内側」とは何か。実は、この「内側」は「個人の内に限定された内側」ではない。この教育が語る「内側」は「外側」と強いつながりを持っている。「内側」を大切にするとは、閉鎖的に閉じこもることではなくて、まったく逆に、「外側」と響き合うことなのである。

　確かにこの教育は、内側が空虚になることを警戒する。外からの評価ばかりを気にして、ひたすら情報を取り込む、それは危険である、ますます「内側」

を枯渇させることになる。しかしだからといって「外界」を遮断し、内に閉じこもるのではない。それでは「内と外」が響き合わない。ということは、「内と外が響き合うこと」が大切、そのために、内も大切、外も大切。両方とも大切にするのである。

　しかし〈内に向かうこと〉と〈外に向かうこと〉は逆方向である。ということは、この教育は、二つの逆ベクトルが交差する出来事を大切にしていることになる。そこで次のように語られることもある。「内を知りたいなら外を見なさい。外を知りたいなら内を見なさい」。

　内側は大切なのだが、内側だけ見ていても見えてこない。むしろ外に出てゆくことによって初めて内側が見えてくる。逆に、外側を見るためには、内に入ることが必要になる。その「往復」、あるいは、両者の響き合い。

　その最たる場面が「攪拌(かくはん)」と呼ばれるプロセスである。たとえば、洗濯機が途中で反転する動き。反転することによって、よじれ・もつれ・絡み合い、それによって摩擦が生じる。洗濯機の場合は、それによって互いが互いの汚れを落とすことになるのだが、一般化すれば「エネルギーが加わる」ということである。同じ方向に進んでいるだけならば摩擦が生じない（馴れ合いになる）、エネルギーが生じない。反対方向に逆転するという「渦」が生じる時、最もエネルギーが加わる。教育の場面においても「渦」が生じる時、子どもたちは最も成長すると考えるのである。

　ところがその場合、「内側」が育っていなかったら、渦は生じない。外側が流れ込んでくるだけでは攪拌が生じない。外側からの流れと、内側からの流れと、その両者が対流を起こし、初めて渦になる。

　むろんそれはしばしば「葛藤」として体験されるのだが、しかしただ葛藤を生じさせたいのではない。教師たちは、子どもたちの「内側」が動き出すのを待ち、然(しか)るべき時を見計らって「外側」から流れを与える。そして然るべき間隔を置いて「内側」が新たに動き出し、「渦」が沸き起こるのを待つ。

　授業で言えば、子どもたちは、新しい知識（外側）を取り入れる機会と、自分の内側を動かす機会と、その両方を（時に応じてバランスよく）必要とする。「食べること」と「咀嚼すること」に喩えて言えば、食べるとは外側の知識を

取り込むこと。たくさん「口の中に入れる」だけなら、咀嚼の時間など必要ない。それに対して、この教育は「咀嚼」を重視する。傍から見たら「休んでいる」だけに見えるのだが、からだの内側では、その時間にこそ、栄養素をからだに染み渡らせている。

加えてもう一つ「味わう」ことを大切にする。ただ食べるのではなく、味わう、味わって食べる。それは「楽しむ」ということでもあるのだろう。味わいながら食べてこそ、初めて「本当の意味で自分の中に入れる」と考える。あるいは、味わいながら食べなかったら本当の意味では身に付かないと考えるのである[(3)]。

食べること、咀嚼すること、そして、味わうこと。この学校の先生たちは、そうした意味において「本当の意味で自分の中に入れる」ことを大切にしている。子どもたちが学んだことを「本当の意味で身に付けること」を望んでいるのである。

第3項 「仕掛け」と活躍する機会

ところで、誤解されると困るのだが、この学校は「フリースクール」ではない。子どもたちの好奇心を優先し「勉強したいこと」を自分で決めるのではない。カリキュラムは教師が作る。教師がその年齢で学ぶべきことを注意深く選んで子どもたちに提供する。そして「一斉授業」である。先生が説明し子どもたちはじっと聴く。宿題もある。行事も多い。

実はそうした話を聴いて失望する人も多いのだという。のみならず、時には「教師中心」と批判され、「子どもの自主性」を抑圧していると批判されることもあるという。しかしこの学校は、「最初からすべてを子どもたちに任せる」ことはしない。むしろ、それぞれの年齢の子どもたちが考え・感じ始めるために相応しい「仕掛け」を教師が用意する。子どもたちが自発的に動き出したくなるように、教師の側から、働きかける。最初から子どもの自発性に任せるのではない。子どもたちが自発性を発揮したくなるような機会を設定するのである。

私はそれを「仕掛け」と理解する。「仕掛け」という言葉が馴染まないなら、

「働きかけのアート」である。この教育が「教育は芸術である」と語る場合、その「芸術」はこうした意味における「アート（artificialに近い人為的な）」と理解されなければならない。働きかけのアート、しかも、子どもたちが自発性を発揮したくなるような、ということは、然るべき時に、然るべき仕方で、この状況において最も適切な道をそのつど探り当てながら実践されるアート（わざ）なのである。

第4項 「演劇体験」の事例

その「仕掛け」の一つに「演劇」がある。この学校では八年生（初等部終了）と十二年生（高等部修了）に「卒業演劇」を行う。クラス全員で一つの演劇を作り上げることになっている。「やりたくない」は通用しない。全員がやらなければならない。その代り、台本も舞台設定も、すべて子どもたちに任される。衣装も、音響も、クラス全員で決めてゆく。大変な時間と労力をかけて、みんなで作ってゆく。

むろん、そうした仕組みを強制的と批判することは可能である。しかしこの学校は譲らない。この年齢でクラス全員が一つの目標に向かうことを必要不可欠と考える。そしてこれまでの経験の蓄積から、それが子どもたちのためになると考えている（もし「子どものため」という言い方が大人の傲慢に聞こえるならば、「時に適って美しい」と考えている）。

そうした意味において、この演劇体験は、この学校の象徴である。やらなくてもよいのではない、必ずやる。むろんすべての生徒が喜んで始めるわけではない。逃げ腰の子もいれば、怖じ気づく子もいる。しかしそれを越えてゆく。この体験は人生のこの段階に必要である。この学校はそう考えてみんなで応援する。小さな子どもたちは期待して待ち、大人たちはハラハラしながら見守る[4]。

約1年を掛けたそうした体験の中で彼らが何を体験しているのか。外から見ただけではわからない。しかしその演劇が終わると彼らは「変わる」。私が知っているのは十二年生だけなのだが、とにかく「変わる」。人によってその変化は違うのだろうが、私の印象では、大仕事を終えた後の、ある種の諦めを内に

秘めた達成感。逃げ腰だった生徒が、仲間から批判され「ヤケッパチになって」稽古に取り組み、猛然と舞台を務め終えた後の立ち姿。

そうした意味で、彼らには「活躍する場」が用意されている。しかしそれを自分で演じ切ってゆく。ゆかねばならない。もしこの演劇体験を作り事の「仮の体験（フィクション）」などと考えたら、それはまったく違う。演劇体験がいかに真剣勝負であるか。舞台を間近に控えた彼らがどれほど真剣な顔になるか。失敗したら立ち直れないかもしれない、その恐怖と闘いながら、日常生活よりも何倍も濃密な時間を体験する。

この学校はそうした「活躍する機会」を「仕掛け」として用意する。その代わり、それを演じ切るかどうか、それは子どもたちに任せていることになる。

第2節　言葉を大切にすること・言葉にならない深みを大切にすること——型の思想と重ねてみる

第1項　体験重視なのか、言葉重視なのか

この学校はしばしば「芸術的」と形容される。芸術を大切にする学校、知識より芸術的な体験を重視する学校。確かに誤解ではないのだが、しかしそれは一面にすぎない。実はこの学校は驚くほど「言葉」を大切にしている。もしこの学校を「言葉」より「体験」を重視する教育と理解するなら、今度は、完全な誤解である。

確かにこの学校は芸術的な雰囲気をもっている。教室は色彩に満ち学校は音楽に包まれ、子どもたちには毎日様々な場面で自らを表現する機会が与えられている。しかも言葉による授業ではない、木工や手芸の体験学習、農業やパン作りの実地体験と、言語の学習より体験による学習に注目が集まりがちなのである。

ところがこの学校の原点は、むしろ「言語学習」である。しかし（逆説的なのだが）、言語だけが大切なのではない。あるいは、言語も大切、体験も大切などという簡単な話でもない。この学校が〈言語は大切〉と言う時、それは、

逆説に逆説を重ねたような重層的なダイナミズムの上に初めて成り立つことなのである。

　言葉を大切にするのだが、しかし言葉だけを大切にするのではない、むしろこの学校は、〈言葉にならない深み〉を大切にする。語り得ぬもの、言葉になる前の実際的な体験。そうした原体験こそが、言葉に先立つと考えている。

　しかし、その原体験だけが大切なのではない。むしろ原体験に留まることなく、言語を学び、言語によって表現する、その重要性を強調する。

　ということは、逆説を際立たせてみれば、〈言葉にならない深み〉を大切にするために〈言葉〉を大切にし、逆に、〈言葉〉を大切にするために〈言葉にならない深み〉を大切にしていることになる。

　たとえば、この学校では、新しい言葉（知識）を学び始めるに際して、しばしば実際の体験を並行させる。あるいは、低学年ではお話を聴く。知識の説明を聞く前に、お話（物語・ストーリー）に耳を傾ける。悪い王様がいて、たくさんの馬を持っているのに、貧しい少年が大切にしていた馬を奪ってしまう……。そうした話に耳を傾け、その話の中で「王様」という文字を習う。

　文字だけを情報として学ぶのではない。子どもたちは、そのお話に彩られた心の揺れの中で、言葉に出会う。そしてお話の中で言葉を学ぶ。いわば、〈言葉ができてゆく瞬間〉に立ち会うということである（前節の用語では「知識ができてゆくプロセスを体験する」）。

　しかし言葉の内にその体験の全てが納まるわけではない。言葉はいわば氷山の一角である。体験の厚み全体から見れば、その表面が、少しばかり固まったにすぎない。

　ということは、この学校は、子どもたちに言葉を学ばせながら、同時に言葉の背後に〈言葉によってはすくい取ることのできない体験の厚み〉を予感させていることになる。言葉がすべてなのではない。その背後に、言葉に納まりきらない、たくさんの体験が潜んでいる。言葉として固まってしまう前の、柔らかい流体的な体験の位相。

　この学校が、そうした柔らかい流体的な位相を大切にしていることは間違いない。しかし、それはこの学校の半面に過ぎない。この学校は、同じだけ、言

葉を重視する。知識や理論を重視している。

　例えば、悪い王様の話から「王様」という言葉を学んだ子どもたちは、今度は「悪い王様」だけが「王様」なのではないことも教えてもらう。優しい王様も「王様」である。日照りに苦しむ人々のために自分の倉庫に溜めておいたすべての小麦を分け与えたやさしい王様も、「王様」と言う。

　では「王様」とはどういうことか、その定義は何か……、と低学年のクラスで語られることはないのだろうが、話が向かってゆく先はそういうことである。言葉を習うとは、定義を明確にすること（言語哲学で言えば「意味分節単位」を明確に規定してゆくこと）。

　こうしてこの学校は、言葉を大切にし知識を大切にすると同時に、言葉が全てであると思い誤ることを常に警戒している。言葉は大切である、しかし言葉がすべてではない。あるいは、知識は大切である、しかし知識が全てではない。

　そのことを、この学校は、子どもたちに、体験的に（情報としてではなく、いわば身体感覚の位相において）伝えようとしている。

第2項　「型」の思想との対話

　ところで、漠然とそうしたことを考えていた頃、私はこの教育の中に「稽古(けいこ)」に近いものを感じ始めた。日本の伝統的な稽古、とりわけ、「型」の思想に似ているのではないか。

　たとえば、この学校を訪ねると、子どもたちが先生の話にじっと耳を傾けている場面に出くわす。子どもたちは、次に何が始まるのか待ち構えるように、じっと見ている（それだけ先生たちが工夫を凝らしているということである）。むろんその集中が持続するわけではないのだが、ところどころに、そうした、集中の高まった、教室の空気の密度が一挙に濃くなったような瞬間が用意されている。

　それと同じように、子どもたちが、真剣な顔をして、先生の動きを真似ようとする場面に出会った時、私は「型の稽古」に似ていると感じた。この学校の子どもたちは、繰り返し、文化の「型」を学んでいるのではないか。先生の示す模範に倣って体を使い、絵の具を使い、粘土を使い、楽器を使い、文化の「型」

を習得している。

　むろん「型」の定義から始まって話は簡単ではないのだが、しかし最も基本的な構図として、この学校では先生が模範を示す。子どもたちは教師から与えられた「内容」を学ぶ。型の稽古においても子どもたちは与えられた「型」を習得する。その「型」は子どもたちの内側から出てきたものではない。外から（師匠から・伝統から）既に決められたものとして、子どもたちに課される。ということは、この場面に限ってみれば、「型」は、子どもの自由な動きを制限し、「型に入れる」働きをしていることになる。

　ところが、型がそのまま「押し付けられた規範」に留まる限り、型を身に付けたことにはならない。型の稽古は、子どもたちが型を「自らの内側からの動き」として体験することを目指している。そこで反復が大切になる。繰り返すことによって型を身に付け、型が身に付いた時、その動きは、身体の内側から自然に生じるように体験される。その時、型は自然な動きを押しとどめない。むしろ内側からの動きを促し、いわば「水路づけ」のように、自然な流れを助ける働きをする。

　つまり（ややこしいのだが）型は、習い始めにおいては、自由な動きを制約する規範として機能するのだが、習得された後には、むしろ身体の内側からの動きを促進する機能として体験される。

　この学校も同様である。子どもたちは先生の話を聴く。その内容は教師が決める（学習指導要領によって決められているのではない、教師がそのクラスの子どもたちを見ながら決める）。重要なのは、子どもたちが自発的に決めるわけではない、という点である。そして教師は用意した内容が子どもたちの「身に付く」ことを願う。型の稽古において子どもが型を身に付け「自らの内側からの動き」として体験することを目指したように、この学校でも、学んだことを子どもたちが「自らの内側からの動き」として体験することを目指している。子どもたちが自分の思いを表現したいと思った時、その表現を内側から支える「型」となることを願っている[5]。

　日本の伝統は「型なし」を嫌う。「型」を身に付けることなく自分の思いを表出しようとしても、内側から湧き起るエネルギーに振り回されるだけである。

それでは「道」を進むことにならない。

第3項 「器」と「曲」

さて、その後、世阿弥の思想に親しむようになった私は、その教えの中で、「器」と「曲」という興味深い言葉に出会った[6]。

まず、「器」という言葉は、現代日本語の「基礎・基本・土台」に対応する。世阿弥は「器の上に芸を盛る」という。器が小さいと、いかに稽古を積んでも、その芸の「器量」は小さい。

しかも世阿弥は、芸を習い始めた後には、この「器」を大きくすることができないという。芸を習い始めると小細工や器用な技に目が向いてしまい、土台となる「器」を大きくすることができない。必ず芸を習い始める前に、器を大きくすべしというのである。

これは「早期教育」批判に近い。早くから花を咲かせてしまうと後々芸が伸びない。世阿弥はこの点を繰り返し強調した。しかしこれは裏から見れば、然るべき時に然るべき教育を行うことへの勧めでもある。世阿弥は自由放任など勧めない。むしろその時代（中世日本）においては例外的に、意図的・計画的に次世代育成を構想した。その世阿弥が、芸を習う前に「器」を大きくすべきことを説き、芸を習い始めてしまうと「器」を大きくすることができないと警告したのである。

この点もこの学校の指針と重なる。この学校も子どもたちが先を急ぐことを警戒する。早くから文字が読めるようになり、すぐに答えが分かってしまうと、それによって素通りしてしまうことがある。世阿弥で言えば「器」を広げる機会を失ってしまうということである。

もうひとつ、「曲」という言葉は、「節(ふし)」と対になって用いられる。世阿弥によれば「曲」は習うことができない。習うことができるのは「節」のみである。舞台において最も大切なのは「曲（固有の雰囲気・趣き）」であるのだが、師匠はその「曲」を教えることができない。なぜなら「曲」は「節」のように分節化する（例えば「楽譜」に書き写す）ことができないからである。名人の独特の雰囲気は教授不可能・伝達不可能であり、学ぶ側から言えば、師匠は一番

大切なことを教えてくれないことになる。

　その代わり、弟子たちは「節」を習うことができる。そして「節」を習い窮める時（本当の意味で身に付けた時）、曲が、おのずから香り出す。世阿弥はこの「おのずから」を強調する。直接ねらってはいけない。「節」の稽古を積み重ねた後に（正確には、節を習得し、そこから離れる時に）、あくまで間接的に、おのずから香り出す。意図的に表現するのではない、恵みのように「おのずから」香り立つ。それが「曲」の位相である。

　ということは、稽古を強調した世阿弥は、同時に、稽古の限界を見極めていたことになる。稽古の及ばぬ地平。習うことも教えることもできない、ただ稽古を極めた者の内側から、おのずから、生じてくるという仕方でのみ「香り出す」。

　この教育もそうした限界を認識している。同時に、その限界を超えた位相を大切にしている。しかも特定領域（特定の技芸）の話ではない。子どもたちがどの領域に進んでゆこうと、それぞれの領域における「曲」を大切にすることを願う。しかし最初から「曲」を求めることはない。伝達可能な「節」をゆっくり丁寧に学びつつ、しかもそれがすべてであると思い誤ることがないよう、その先へと向かう眼を育てようとしている。

　この教育の目標は「自由」である。「自由への教育」である。しかしそれは「自由な教育」ではない。初めから「自由に（やりたいことを好き勝手に）」させるのではない。むしろ繰り返し「型」を学ぶ。それは、最終的に「型」が身に付いた時に、その内側から「曲」が、おのずから、香り立つことを願うためである。最も自由に（自在に）、最もその人らしい「曲」。しかし決して初めからそれを狙うことはない。

　そうした意味において、この教育は、型の思想と似たところを持つように思われるのである。

第4項　言葉を大切にすること―言葉がすべてではないこと

　さて、あらためて「言葉」の問題に戻る。この教育における「言葉」は、型の思想における「型」に近いのではないか。

重要なのは、この型の習得が最終目的ではないという点である。むしろ（見てきたように）、その型を越え出ることが求められている。あるいは、その学習は「脱学習 unlearn」を含んでいる。型に束縛されない、いわば、型から離れやすいような型の習得、型に入ることによって固定してしまうことのない工夫を含んでいるということである。

　言葉を大切にするのだが、しかし言葉だけを重視するのではない。この学校は、〈言葉にならない深み〉を大切にする。語り得ぬもの、言葉になる前の実際的な体験を大切にする。

　にもかかわらず（あるいは、だからこそ）、言語の学習を大切にする。言語を大切にするために体験を大切にし、体験を大切にするために言語を大切にする。あるいは、実際の体験の中から言葉が出てくる場面に立ち会わせる。〈言葉ができてゆく瞬間〉（知識ができてゆくプロセス）を体験する。体験が「言葉になる」。しかしその体験のすべてではない。体験の厚み全体から見れば、言葉は、いわば、その一角に過ぎない。

　ということは、この学校は、子どもたちに、言語を学ばせながら、同時に、言葉の背後に目を向けさせていることになる。言葉の背後に、〈言葉によってはすくい取ることのできなかった体験の厚み〉を感じ取る感性。「節」を習得しながら、そのつど「節」に納まりきらない「曲」が生じてくることを待つセンス。少なくとも、「節」がすべてであると思い誤ることがないように、先生たちは細心の工夫を凝らしていることになる[7]。

　ここでタイムスパンの話を重ねてみれば、タイムスパンを短くとった時には〈言葉〉が大切な成果となり、タイムスパンを長くとった時には〈言葉によってはすくい取ることのできなかった体験の厚み〉が大切な意味を持つ。そしてその両者をワンセットに考えるとは、この学校が、タイムスパンを短くとることと長くとることを切り離して考えないということを示しているように思われるのである。

第3節　教育の「成果」を問うということ—卒業生調査をめぐって

第1項　卒業生

ところで、この学校の卒業生たちは、その後、どういう生き方をしているのか。これも私を悩ませ続けてきた課題である。ある学生は「こうした特殊な学校を卒業した人たちは社会に適応できるのか」と質問した。別の学生は「この教育は、卒業生の人生に、どういう影響を与えているのか」と尋ねた。

むろん話はこの学校に限らない。すべての学校について問われてよいのだが、とりわけこうした「特殊」な学校の場合、この問題が鮮明に浮き彫りになってくるということである。

まず簡単に「統計調査」を見ておく。欧米を中心に、この学校の卒業生に関する大規模な調査が実施されているのである。その内の三件について紹介があるから、それを参考に「客観的なデータ」を少しだけ見る[8]。

（1）北米で行われた調査（2004年）は、27校のシュタイナー学校から、2,776名の卒業生に関する進路情報を得て実施された。卒業生の進学先は特定の大学に偏らず多様である。リベラルアーツが多い。専攻は、芸術・人文学（39.8％）、社会科学・行動科学（29.9％）、生命科学（9.9％）、物理・数学（2.8％）、エンジニアリング（1.8％）など。興味深いことに、この調査には、こうした卒業生を指導した大学教員のコメントの欄が付いていて、それによると、彼ら（卒業生たち）は、「時代の変化に左右されることが少ない」、「人々に対して心を砕く」、「自分なりの価値観を持ちユニークな発言をする」。また「動物実験に際して、動物に苦痛がないか気に留めていた」という記述も紹介されている。大学教員の側から見たこの学校の卒業生の特徴ということになる。

職業選択で特徴的なのは、大学に進学せずそのまま就職した卒業生の9割近くが、現在の仕事に満足している点である。日本で言えば「高卒」の就職者のほとんどが現在の仕事に誇りを持っていることになる。この学校から受けた影響については「創造的能力」、「言語的表現」、「学習への愛」、「他者に見解を述

べる力」、「自信」などの項目が上位を占めている。学校生活を回想する欄は、表現は多様であっても「感謝」や「尊敬」が中心であり、それは、学校に批判的なコメントを述べた卒業生の場合にも、共通しているという[9]。

（2）ドイツ語圏で実施された調査を見ると、卒業生の職業先は、教師（15.5%）、エンジニア（10.5%）、精神科学と自然科学の職業（10.1%）、その他の健康関連の職業（9.2%）、医師・薬剤師（8.2%）、芸術家（7.7%）など。職業選択において重視した点は「自分の傾向性に適した職業、職場の雰囲気」、「自分の責任で仕事ができる」、「自分の業績が認められる」など。逆に、重視しなかったのは、「一般的に尊敬されている仕事」、「収入」、「昇進の見込み」などであったという。

また、この学校の最も評価すべき点として卒業生が挙げたのは、「公立学校で失敗する生徒もこの学校では授業を受けている」という項目であり、その他、「エポック授業」、「8年間担任一貫制」などが評価されている。また、「自分は教師から真剣に扱われた（84.5%）」、「学校で教師から認めてもらっていた（82.7%）」などと回想する卒業生が多い。

（3）スウェーデンの調査（2002年から3年間）については、市民道徳能力を、公立学校の生徒と比較するという特徴的な項目のみ見る。それによると、この学校の生徒たちは、公立学校の生徒と比較して「より社会的責任を感じ」、「人種差別主義などを制限する方法について考え」、「肯定的な自己イメージを持つ」と共に、「人間の尊厳・平等を重要と感じている」という結果が得られたという。

以上、3件の調査を整理しながら、今井は、この教育（欧米のシュタイナー学校）について、次のような特徴を指摘している。1、大学への準備教育としては優れた成果を上げている。2、職業選択においては、（給与や世間的評価より）自分のやりがいや興味を優先させる傾向がある。3、理系に進む者が少ないわけではない。4、自己信頼感が強い。5、共感や思いやりが強い。6、学校生活に良い思い出を持っている。7、自分の子どもにも同じ教育を受けさせたいと思っている。

肯定的評価に偏していると聞こえてしまうと困るのだが、実は、こうした傾向は、私自身が行った聞き取り調査の印象とかなりの程度重なっていたのである。

第2章　ライフサイクルと臨床教育学—タイムスパンを長くとる・短くとる

第2項　卒業生へのインタビュー調査—その挫折

　私も卒業生の調査を行ったことがある。当時はまだ日本に「卒業生」がいなかったからドイツや米国を訪ね歩いた。とても面白い経験ではあったのだが、私は途中で研究を断念してしまった。彼らが話してくれなかったのではない。人の「生き方」を聴くということの「深さ」や「恐ろしさ」を感じ、安易に聴かせてもらえると思い込んでいた我が身の愚かさを痛感して、調査を続けられなくなってしまったのである。この点は「聞き取り調査」という研究手法の根幹にもかかわる問題であるから、少し立ち入って見ることにする。

　私は「客観的データ（質問紙などによる量的研究）」では満足できなかった。単なる「データ」ではない、具体的な一人ひとりの内面の位相においてこの教育がどれほど深く影響しているのか（いないのか）、それを直接、感じとってみたいと思ったのである。そして数人の卒業生に出会い、話を聴くことができた。

　その一人、南ドイツ（ボーデン湖畔の街コンスタンツ）で紹介されたカトリーナという卒業生は、5ヶ月の長女を抱きながら、ゆっくりと静かなドイツ語で話をしてくれた。

　幼稚園から高校卒業までずっとシュタイナー教育を受けてきた。両親はこの教育のことを何も知らないまま、友人の勧めに従って幼稚園を選んだという。学校を卒業してから1年間海外を旅した後、5年間「からだの治療（Physiotheraphie）」の仕事をしていた。今は結婚し、子育てが楽しくて仕方がない。

　学校の話もしてくれたが、話はやはり赤ちゃんのことになる。ふと思い出したようにこんな話をしてくれた。彼女は自宅出産を選んだ。事前に何回か助産婦さんから講習を受ける。その初日10分ほど話をしていたら、突然、助産婦さんが「あなたはヴァルドルフ学校（シュタイナー学校）の出身か」と聞く。「どうしてわかるのか」と問い返したら、「私も行っていたから」と笑ったというのである。なぜ分かるのか、何が違うのか、何が共有されているのか……。カトリーナも、どうしてだろう、不思議なのだけど、と笑った。

53

彼女の夫の父親によると、この学校の関係者は「ausgelichner(アウスゲリヒナー)」と感じられるという。辞書によると「円満な・動じない・バランスのとれた」とある。それは一般的な評価と考えてよいかという問いに、彼女は肩をすくめ、何とも言えない、でも、私はあの学校で「Lebensweisheit(レーベンスヴァイスハイト)(生活の知恵・人生の智恵・生きた賢さ)」を学んだと答えた。それに続けて、でも「アントロポゾーフ(シュタイナーの思想を生きる人たち)」の中には、自分たちだけが絶対に正しいと主張する人もいて残念だ、とも付け加えた。

メモによると、彼女の語りには「Leben(生・人生・生活)」という言葉が繰り返し登場している。あるいは、「lebendig(レベンディッヒ)生きて働く・生き生きしている」と形を変えながら、「trocken(トロッケン)乾いた・干からびた」という言葉に抵抗するように使われた。たとえば、化学肥料で量産された野菜を「プラスチックな野菜」と呼び、それは干からびているという。「今はこの赤ちゃんが、何が本当のLebenであるか教えてくれる」とも語った。

それを聞きながら私は「エコロジー」の流れを思い出した。シュタイナー教育に関わりのある層と、エコロジーに関心をもつ社会層は重なっているのではないか。その問いに、彼女は、身近な人たちで言えばたしかに重なっていると答えながら、今まで気がつかなかった、と不思議そうな顔をした。あるいは、彼女の育ったフライブルクという大学街全体が、そうしたオールタナティヴな(市場経済優先とは異なる)価値観を共有していたのかもしれない。「子どもたちを大切にすること」は「地球を大切にすること」。そのためには、今の大人の生活スタイルを変えてゆく必要がある。しかしそれが現代社会の主流ではないことはよく知っている。

彼女は、同級生たちの話をしながら、私たちに共通しているのは「Industrie(インドゥストリー) Nicht(ニヒト)」と笑った。日本の社会で言えば、「(サラリーマンとして)就職することを望まない」とか、「経済効率優先の産業社会の論理に巻き込まれたくない」とか、いわゆる社会のメインストリームから外れているということである。

こうした話を聴きながら、私は話題を「学校の影響」というところに戻すことができずにいた。正確には、戻したくなかった。「卒業生は社会に適応できるのか」などという問いがまるで浅薄に感じられた。そしてこの人の「生き方」

を調査の一つの「サンプル」にすることがとても失礼なことに感じられたのである[10]。

第3項　調査の挫折の中で

　もう一人、思い出すのは、ホノルルで出会ったクリスティンという卒業生である。私は「企業人」や「ビジネスマン」の卒業生の話を聴きたいと思い、やっとのことで紹介してもらえたのがこの女性だった。東南アジアの孤児たちを北米の家庭に養子縁組させる「会社」という。話を聞くと限りなくボランティアに近いのだが、彼女はビジネスと言って譲らなかった。

　彼女は、忙しい仕事の合間をとって、1時間だけ、私をオフィスに招いてくれた。自分はずっとシュタイナー学校にいたから他の学校のことは分からない、だから他の学校と比べてこの教育の特徴を語ることはできない。そう前置きしながら、実務家らしい口調で、テキパキと、いろいろな話を聞かせてくれた。

　あの学校は子どもたちに「なんでもやればできる」という自信を与える。それが徒(あだ)となって自信過剰に陥り、まじめな努力を怠る危険もある。彼女自身は大学に進んだ時、周囲への適応困難を感じた。その時は「他のみんなが知っている秘密を自分だけ知らない」と不安を感じていた。

　自分の受けた教育が「みんなと違う」という意味かと尋ねると、それは既に子どもの頃から気が付いていたという。そうではなくて、自分が育ってきた環境は狭かったのではないかという不安、それまで守られ過ぎていたのかもしれないという漠然とした疑問……、と、そう語りながら彼女は早口になったり、突然止まったり、「実務家らしからぬ」話し方になった。

　そして思い出したようにこんな話をしてくれた。現代のアメリカ人は三つの特徴を持っている。「fast　急ぎ過ぎる」、「superficial　うわべを大事にする」、「material　物質中心である」。急いで先に進むことばかり考え、ゆっくり丁寧に味わうことがない。表面的なことにばかり目を向けて、その奥にある大切なことを見ようとしない。目に見える物質的なものばかり大事にして、精神的・霊的なことには関心がない（material, not spiritual）。

　それに対して、シュタイナー教育は正反対である。量は少なくても、一つひ

とつ丁寧にゆっくり味わうこと。目に見える結果だけが大切なのではなくて、結果に至るまでに徐々に内側に積み重なってゆくことが大事であること……。

そうした話に私は惹(ひ)き込まれていった。共感するとか、同意するとか、そんなレベルではなくて、異国の地でこうした話を聞いている自分が不思議に感じられると言ったらよいのか、話の中に包まれてしまって、オフィスごと（シャガールの絵のように）宙に浮いてしまったような意識状態だった。この人は生きている。こうした思いを内に秘めながら現実社会から逃げるのではなく、しかし巻き込まれるのでもなく、現実社会との葛藤を我が身に引き受けながら、生きている。

そう思いながら話を聞いていたら、聞き取り調査のことはどうでもよくなってきた。こういう人に会う。こうやって生きている一つの魂に出会う。出会うことによって、自分も一つの魂であったことを思い出す。それ以上何が必要なのだろう。地上を旅する感覚を取り戻すその出会いの瞬間のほかに、何が必要なのだろう。そう思ったら胸が熱くなってきて、言葉が出なくなった。せっかくの機会なのにという思いが消えたわけではなかったのだが、この満ち足りた沈黙を壊して手に入れる情報にどんな意味があるのだろうかと、そんなことを感じながら、礼を言ってオフィスを出た。

それが転機だった。私はそれを最後に「卒業生調査」を諦めてしまった。研究として成り立たない、というより、研究にしたくなくなってしまったのである。こうした出会いの相手を「研究対象」とすることに言い様のない違和感を覚えてしまったということである。

もちろん、フィールドで調査をしている人たちは、みんなこの葛藤に引き裂かれながら仕事を続けている。その葛藤を理由に研究を放棄したのでは研究者として失格である。今はそう思うのだが、あの時はそうした自分を受け入れることができなかったのである。

こうして私の卒業生調査は中断されてしまった。したがって私には語る資格がないのだが、調査を深めてゆくといかなる問題に巻き込まれるかという、その困難はよく分かる。

この教育が働きかけている深み（どこか内面でゆっくり時間をかけて育まれ

てゆく位相）に触れようとする場合、卒業生たちも初めから「正解」を持っているわけではない。むしろ「語る」中で初めて姿を現す。「聴き手」がいて初めて「答え」が現れるということである。あるいは、聴き手との共同作業の中で初めて「答え」が誕生する。

　ということは、言い換えれば、「調査者」が試されるということである。質問がどれだけ深いところを見ているか、その目が話の深さを決めてしまう。深い目には深い姿が現われ、浅い目には浅い姿しか映らない。正確には、二人の共同作業をうまく深めてゆかれるかどうか、それが鍵になる。この学校の卒業生調査は、そうした方法論的困難を鮮明に私たちに突き付けている[11]。

　この学校の卒業生たちはどういう生き方をしているのか。教育の「成果」を尋ねるこの問いは、簡単に答えを得ることができないどころか、私たちに大変困難な課題を自覚させることになってしまうのである。

結び

　この学校を訪ねるたびに感じてきた疑問、あるいは、この学校を訪ねるたびに、そこから逆に問い返されてしまう問い。それらの問いをめぐって、学生たちと議論していると、ますます話が混乱し、答えが出せなくなる代わりに、教育という営みの根元的な問題に直面することになる。

　たとえば、この学校の「特殊性」について議論したときのこと。その「特殊」の中身もさることながら、むしろ「ふつう」とは何かという問いに、私たちは押し返されてしまったのである。

　卒業生調査で言えば、こうした調査が行われるのはこの学校が「特殊」であるためであって、「ふつう」の学校の場合にはその教育の影響など問われることはない。むしろ公立学校は「特徴を持たない」ことに意味がある。特別な教育を施すのではない、全国どこでも通用する「ふつう」の教育。親たちも、子どもの将来に大きな影響を与えてほしいなどとは期待していない。「まあそこそこ」、次のステップに進むのに支障がなければ、それで満足なのではないか。

　ここで意見が分かれる。それは違う、やはり個々の学校が明確な指針を持ち、

個性を持つべきだ。いや、特別な理念を持たないからこそ安心して子どもを預けることができるのではないか。

　では一体、「ふつう」とは何か。何ら特別な理念もなく「ふつう」に子どもを教育するとはどういうことか。それは結局、時流に流され、世間の評価に従うということなのか。

　そう思ってみれば、学校を選ぶのは親である。子どもではない。ということは、親（保護者）が何を期待するか、子どもは親の選択に従うしかないことになる。親があの学校（シュタイナー学校）を選んだ（選んでしまった・選んでくれた）子どもは、気が付いた時には、その「特殊」な道を歩くしかない。いずれどこかの時点で、本当にこれが「自分の道」なのか迷い始め、あらためて拒否する（あるいは選び直す）時が来るのだろうが、さしあたりは、親の選択に従うしかない。極論すれば、親の勝手な願望を押し付けられて「特殊」な道を歩んでいるだけではないか。

　しかしそれを言うなら、「ふつう」の学校も同じではないか。ただ「ふつう」の学校の場合は、その関係性（暴力性）が見えにくい。実は、「ふつう」の学校の場合も、時流に流された「ふつう」の道を歩くように、親が押し付けているのではないか……。

　では一体、「押し付け」ではない教育は可能なのか。それともすべての教育は何らかの意味で「押し付け」なのか。とすれば、これは「パターナリズム」の問題である。「強い立場にある者」が「弱い立場にある者」の利益になるように（たとえ相手の意志に反しても）相手の行動に介入する構図。では、「強いhardパターナリズム」と「弱いsoftパターナリズム」の区別は、教育の場合にも有効か。自己決定する能力があるにもかかわらず介入するのと、自己決定する能力がないから介入することの違い。しかし相手が子どもの場合、「自己決定する能力」があるか（ないか）、誰がいかに判断したらよいか。あるいは、大人が「物言わぬ子ども（インファンス）」に成り代わって代弁するということは、いかなる条件がそろう時、許されることなのか。

　もう一つ、授業の成果をめぐる議論の場面を思い出す。この学校は大切なテーマについてはゆっくり時間を掛けるのだが、その分「情報量」は限られる。い

第2章　ライフサイクルと臨床教育学―タイムスパンを長くとる・短くとる

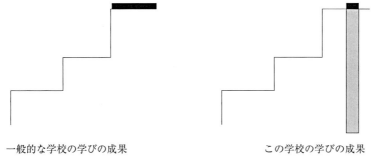

一般的な学校の学びの成果　　　　　この学校の学びの成果
図2-1　「学びの成果」の質の違い

わば、広く全体を網羅することはしない代わりに、重要なポイントだけは深く身に付けさせようとしていることになる。

　具体的には、「ふつう」の学校の高校3年生とこの学校の12年生を比べた場合、受験科目の「知識」としては、この学校の生徒たちの学んだ「量」は少ない。その代わり、彼らの「知識」は、その内側を伴っている。単なる知識ではない。内側を働かせ、その知識ができてゆくプロセスを体験し、からだを通して、身に付けている（図2-1）。

　そうした話を確認したうえで、学生たちは考え始める。この「内側」は何か。本当に「内側」に意味があるのか、あるいは、本当にそれが育っていると言えるのか。試験で測ることのできる知識は、結果がはっきり目に見えるが、こうした「内側」の場合は、その成果がなかなか見えない。本当に育っているのかどうか、何の保証もないではないか。

　しかもその成果は後になって現れるという。本当にそんなことが言えるのか。たとえ先人たちが経験則として、「内側」を耕すと後々伸びると語ったとしても、時代も状況も違う中で、それを信じてよいのか。

　しかしそうなると、教育の成果は、いつ、誰が、どうやって、測ればよいのか。すぐに成果が出る領域だけが教育の仕事なのか。むしろ教育は先を見越した営みではないのか。現在の課題に即座に対応してゆく政治や経済とは違って、十年先の将来を見越して、将来世代のために基礎体力を育てる課題を背負うのが、教育の仕事ではないのか。

しかしそれでは説明責任が果たせない。今現在の困難に答えよという周囲からの圧力が強まる中では、やはり即戦力として、その仕事の成果を出す必要があるのではないか。いや、それを始めたら、相手の土俵に乗ってしまう。そんなことはない、相手の土俵に乗りつつ、その土俵の「外」を示すことに意味がある……。
　こうして私たちはいつも同じ問いに連れ戻される。タイムスパンを長くとるのか、短くとるのか。いや、その両者を併せ持ち、あるいは、その葛藤を抱え続けるのか。
　臨床教育学はこうした葛藤を抱え続ける営みでありたいと考えているのである。

〈注〉
（1）シュタイナー教育に関する参考文献は多い。実践的な報告も充実しているが、今日、若手の教育研究者による本格的な研究が続いている。たとえば、柴山英樹『シュタイナーの教育思想―その人間観と芸術論』（勁草書房、2011年）、広瀬綾子『演劇教育の理論と実践の研究―自由ヴァルドルフ学校の演劇教育』（東信堂、2011年）、井藤元『シュタイナー「自由」への遍歴―ゲーテ・シラー・ニーチェとの邂逅』（京都大学学術出版会、2012年）など。
（2）私自身のこの学校との出会い、またそれ以来三十年を超すかかわりについては、京田辺シュタイナー学校における授業担当の体験も含めて別に書いたことがある。西平直「連載・巡礼としてのシュタイナー教育・第一回―第四回」（『真夜中』創刊号―第4号、リトルモア、2008年）。
（3）シュタイナー教育では、「芸術として体験すると子どもたちは論理的に考え始め、論理的に考え始めると、それは倫理的な力になる」と語られる。
（4）安易に「通過儀礼」という言葉を使いたくはないのだが、一人では「わたる」ことのできない若者に、周囲がその機会を用意し、逃げ先を示しつつ、後戻りを禁じるという点、あるいは、その出来事を年下の者たちが毎年見上げながら、いずれやってくる自分の時を待つという点など、その関連は丁寧に検討される必要がある。
（5）型の稽古における「師匠」とこの学校における「教師」とを比べてみると、「師匠」は「伝統」に規定され自由に型の中身を変更することは想定されないのに対して、こ

第 2 章　ライフサイクルと臨床教育学——タイムスパンを長くとる・短くとる

の学校の教師は、子どもとの関係性の中で、ゆるやかにその内容や順序を変更することが可能であり、その柔軟性が期待されている。
（６）世阿弥については、西平直『世阿弥の稽古哲学』（東京大学出版会、2009年）参照。
（７）当然ながら「曲」を「ペーパーテスト」で測定することはできない。「節」の先に「曲」があるなどという「厄介な」感覚を身に付けたこの学校の子どもたちは、「節」だけを評価する「ペーパーテスト」には馴染みにくい。昨今のAO入試が「節」だけではないその周辺、例えば「曲」の潜在性（開花可能性）にも視野を広げたことは、この学校の生徒たちにとっては朗報である。しかし当事者（この学校の生徒たち）の感覚としては、現在の日本の大学入試、とりわけセンター試験は、立ちはだかる巨大な壁である。
（８）今井重孝「三つのシュタイナー学校卒業生調査の主要結果について」『教育人間科学紀要』第1号、青山学院大学、2010年。
（９）筆者の調査においても、この学校の体験を完全に「否定」する卒業生に出会うことはなかった。唯一、父親の転勤に伴い2年間だけこの学校に通い、再び公立学校に戻ってきた8年生が、「あの学校は遊んでばかりいる」と断じ、あの学校で勉強したことは何の役にも立たないと語っていた。公立学校の授業とは内容があまりに違うため、公立学校に戻ってきてずいぶん苦労している様子であった。
（10）この教育が長いタイムスパンのもとに構想されているならば、かなり年配の卒業生たちを調査しなければ、本当の意味でその「成果」の全体像は見えてこないのではないか。最終的には「縦断的研究」が必要になる。一人の卒業生について数十年間、調査し続ける、あるいは、せめて老年期に入った卒業生に「回想」してもらう課題。カタリーナともそうした話をした。
（11）中断に至ったもう一つの要因は、「学校からの影響」と「親からの影響」を区別することが困難という点である。卒業生の話を聴いていると確かに特有の「ものの見方」が見えてくる。しかしそれは〈この学校〉から学んだことなのか、それとも、〈この学校に子どもを通わせることを願った親〉から学んだことなのか。もし親の影響の方が強いとしたら、別の学校で学んだとしても、この親の下で育つ限り、やはり今と同じような「ものの見方」をしていたのではないか。卒業生を「学校教育の成果」と見てよいものか、疑わしくなってしまったのである。

〈推薦図書〉
NPO法人・京田辺シュタイナー学校編『小学生と思春期のためのシュタイナー教育』Gakken、2006年。

学校法人シュタイナー学園編『シュタイナー学園のエポック授業―12年間の学びの成り立ち』せせらぎ出版、2012年。
R・シュタイナー『オックスフォード教育講座―教育の根底を支える精神的心意的な諸力』新田義之訳、イザラ書房、2002年。
R・シュタイナー『教育の基礎となる一般人間学』新田義之訳、イザラ書房、2003年。

第3章

語りえないものと臨床教育学
――語りえないものの語り直し

はじめに――語り直しの技法と臨床教育学

　臨床教育学の立場から教育事象をとらえるとは、どのような試みなのだろうか。あるいは、臨床教育学とは何を研究課題とし、どのような方法論に基づいてその課題にアプローチする学問なのだろうか。「何をいまさら」と不思議に思う向きもあるかもしれない。けれども、本題に入る前にこのように問うこと自体が、臨床教育学のスタイル、つまり、それがどのような意味において臨床的であるのかを物語っているとも言える。

　たとえば、臨床教育学の立場から現職教師の再教育に取り組んできた皇紀夫は、臨床教育学の主題について、「『問題』の語り直しの技法の開発」[1]であると端的に述べている。ある事象を「問題」として語るとき、その背景には必ずそれを「問題」として捉える枠組みが存在する。「『問題』の語り直し」とは、その枠組みを改めて問い直し、私たちが「自明化している（教育に関する）認識の仕組みに反省と変換」を促すとともに[2]、「制度的に一義化された教育意味を差異化して多義性へと開放する」[3]試みなのだ、と。

　国内に限っても、臨床教育学とは何かという問いに対しては、今もなお確定した定義はないとの見方もあるが[4]、少なくとも皇の提示する「語り直しの技法」というコンセプトに見出される、（1）「問題」を単純に排除すべきものとして捉えるのではなく契機として捉える側面、及び（2）「語り直し」に関わる語り手及び聴き手の判断や解釈をも含めたリフレクション（内省、自己内対話）のプロセスを含むという側面は、臨床を冠する諸学に共通の、「個々の

場所や時間の中で、対象の多義性を十分考慮に入れながら、それとの交流の中で事象を捉える方法」(5)の実践と見なすことができ、その意味において〈臨床の知〉に基づく典型的なアプローチの一つと言えるだろう。

　こうした「語り直し」の技法を支える理論的背景には、20世紀後半における人間理解の方法の変革の流れ、すなわち言語論的展開の中で登場してきた、物語論やレトリック論の成果があるわけだが、当然のことながら、自明化した既存の教育観を語り直すことは、言うほど易しいことではない。少なくともセルフリフレクションには限界がある。そこで採用される具体的手法の一つに教育相談（以下、コンサルテーションと呼ぶ）がある。臨床教育学にとってコンサルテーションとは、「『問題』においてそして『問題』を通して、教育の意味を語り合い語り直す、発見と探究のための共同作業の場」であり、「解釈の技法を工夫創作する現場」(6)であると皇は言う。つまり、来談者（主に現職教師）とコンサルタント（臨床教育学を専門とする者）との対話的関係を通じて、既存の教育観が対象化され、「問題」の語り直し、すなわち教育意味の（再）発見が生じるというのである(7)。

　しかるに、ここで素朴な疑問が生じる。「語り直し」とは言うが、すでに語られたものが存在しなければ、語り直すという行為は成立しないのではないか。臨床教育学が「語り直しの技法の開発」を課題とするとすれば、それは語られなかったもの、語りえないものについて、どのように扱うことを意味しているのだろうか。

　実はこの問いは、1970年代から80年代にかけて登場してきた「物語」及び「ナラティヴ」をキーワードに事象を捉えようとする流れ、すなわちナラティヴ・アプローチに対して向けられる問いと重なるものでもある。物語論及び社会構成主義（social constructionism）を理論的背景にもつこのアプローチにおいては、人は誰しも自分の経験や自分自身の存在を意味づける「物語」をもって生きていると考える。「物語」の中には自ら語るものもあれば、他人によって語られたものもあるが、通常はそうした「物語」が自分や他人の存在を理解し、出来事の意味を捉える上での有効な枠組み（筋立て）として機能している。ところが、中にはその人が生きる現実を十分には説明できていない「物語」もある。

第3章 語りえないものと臨床教育学―語りえないものの語り直し

しかも、そうであるにもかかわらず、それが当人にとってあまりにも強固なものとなっていて、そこから逸脱することができないとき、その「物語」はその人が抱える問題の原因となっている。

　自分自身を呪縛し抑圧している強固な「物語」の支配から、人はいかにして逃れうるのか。ナラティヴ・アプローチはそのためのユニークな技法を数多く開発してきた。たとえば、心理療法場面におけるナラティヴ・アプローチの実践としてのナラティヴ・セラピーにおいて、このような「物語」は「ドミナント・ストーリー（dominant story）」と呼ばれ、その呪縛・支配からの解放と、「オルタナティヴ・ストーリー（alternative story）」の獲得が目指される[8]。

　ただし、このアプローチの場合には、明らかに語られたものとしての「ドミナント・ストーリー」の存在が前提とされている。たとえば、「ドミナント・ストーリー」の中に整合性を欠く語りや不自然に軽視（もしくは重視）されている要素があれば、聴き手であるセラピストがそれらに注意を促すことを通じて、固定化した「ドミナント・ストーリー」を揺さぶっていくといったやり方は、ナラティヴ・セラピーの典型的な技法の一つだが、手がかりはあくまでも語られたこと、言葉として表現されたものの中に求められるのであって、言葉に尽くせない経験、語ることがはばかられるような出来事、つまり語りえないものについては、射程外にあると見ることもできるのである[9]。

　本章では、この素朴な疑問を出発点に、臨床教育学と語りえないものとの関係について考察し、それを通じて臨床教育学における「語り直しの技法」がもつ可能性について検討したい。まず、以下に続く第1節では、「語り直し」というアプローチにおいて、語りえないものはどのように位置づけられるのかという観点から、語りえないものの諸相について整理する。具体的には、（1）物語論における語りえないもの、（2）言葉になりにくい特徴をもつトラウマ、（3）トラウマと同様、当事者を沈黙の淵へと追いやってしまうものとして、フランスの思想家シモーヌ・ヴェイユ（Simone Weil）が注目した「不幸（malheur）」、という三つの観点から、語りえないものの特徴を確認するとともに、それらが語りえない理由を探っていく。その議論を踏まえて、第2節では、臨床教育学にとって語りえないものとは何を意味するのか、また、語りえない

ものに注目することは臨床教育学に何をもたらすのかについて、ヴェイユの思想を手がかりに探究し、語りえないものへのアプローチがもつ臨床的意義を明らかにしたい。

第1節　深淵に臨む─語りえないものの諸相

第1項　語りえないものとは何か─物語論の視座から

はじめにの末尾で述べたとおり、本節では語りえないものについて、いくつかの観点から切り取り、そのありようを明らかにすることを試みる。まず本項では語りえないという事態に含まれる二つの側面を区別することから始めたい。

社会学者の浅野智彦は、物語論の視座から自己概念を探究した著書の中で、「語り尽くせない」という事態と「物語りえない」という事態とを区別することの重要性に触れている[10]。考えてみれば確かに、事象のすべてを語り尽くすことができないということと、どのようにしても語ることができないことがあるというのとでは、問題にしている語りえなさの性質が異なることは明らかである。

浅野によれば、語り尽くせないものが、すでに語られた「物語の外側（まだ語られていないもの）」に位置するものとしてイメージされる[11]のに対して、物語りえないものとはすでに語られた物語の内側に位置し、その物語が「達成しようとする一貫性や完結性を内側からつき崩してしまうようなもの」として作用するものだと言う[12]。後者について、さしあたり分かりやすい例で言えば、ある語りの中に出現する矛盾や逸脱、論理の飛躍など、既存の語りの中にうまく収まりきっていない語り、語りの筋からはみ出したりしっくりこなかったりする要素などをイメージすれば良いだろうか。それらは一見すると語られているようでいて十分には語られていない何かであり、それらに注目することは、すでに語られたものの信ぴょう性を揺るがし、その意味を無効にしてしまうことさえある。

しかも、この意味での語りえなさは、ときに文字通りの沈黙、語りの完全に

欠落した状態として姿を現す。語られない空白地帯としての沈黙である。そのような沈黙を、再び語ることの側へと折り返すことは容易ではない。たとえば、大災害や事故、凶悪犯罪、紛争やテロなどの出来事は、こうした沈黙を引き起こす最たる例だが、そのとき人は語る価値がないから語らないのではない。表現のしようがない、言葉に尽くせない。だから沈黙するしかないのである。そうした沈黙に対して、外部から別の語りの可能性を提示することで、それに意味を付与しようとしてもどこか違和感の拭えない感じが生まれるであろうことは想像に難くない。それはまさに語ることの不可能性、語りの限界点を指し示している。

したがって、浅野が指摘する語り尽くせなさと物語りえなさとの違いとは、私たちがすでに語られたものの外側を問題にするのか、内側を問題にするのかというアプローチにおける違いとして理解することができる。前者のアプローチは、現在の語りの中から切り捨てられた出来事や、零れ落ちたり語り残されたりした部分に注目することにつながり、そうすることを通じて「物語の複数性や相対性といった議論、あるいはそれら複数の物語のうちあるものを優勢な位置に置き、別のものを周辺化する権力の働きといった議論など」(13) を引き起こす。そうした議論が「語り直し」につながることも十分にありうるだろう。

それに対して後者のアプローチは、語られたことの内側からその語りを成立させているものを問い直すものである。それは、そもそも人が何かについて語るという行為はいかにして可能となるのかを根本から問うことにもつながっている。ゆえに、このアプローチは語るという行為やすでに語られたものの自明性を問い直す議論を引き起こす。それは語ることの不可能性、語りの限界点を問題としながら、それでもなお、語り聞くことのほうへと立ち戻ろうとする試みと捉えることができる。

以上のことから、一口に語りえないものに目を向けるとは言っても、前者と後者とではアプローチの仕方が異なっていることが分かる。そして本章で、臨床教育学との関係において問題にしたい語りえないものとは、後者の意味での語りえなさを伴うものである。次項では、語ることの限界点において立ち現れてくる沈黙のありようについて、トラウマ概念を補助線に、さらに考察を深め

たい。

第2項　中心にある「沈黙」―トラウマについて

　前項では、語りえなさについて、物語論の視座から考察した。それを通じて、語り尽くすことができないというのとは別の意味における語りえなさ、すなわち、語りの限界点における語りの完全な欠落としての沈黙というものがありうることを確認した。前項ではそれを引き起こす最たる例として、大災害や事故などの例を挙げたが、そのことからもわかるように、実はこの沈黙は、トラウマをめぐる沈黙に酷似している。

　トラウマとは、一般に「過去の出来事によって心が耐えられないほどの衝撃を受け、それが同じような恐怖や不快感をもたらし続け、現在まで影響を及ぼし続ける状態」[14]のことを言うとされ、具体的には、（1）過去のトラウマ体験（外傷体験、外傷的事件、トラウマティックな出来事などという呼び方もある）、（2）トラウマ反応（PTSDなどに代表される外傷反応）、（3）トラウマ体験とトラウマ反応の間の因果関係という三つの要素が含まれるものである[15]と言う。

　本項において注目したいのは、このトラウマが「目にも見えず、言葉にもなりにくい」という性質をもつ[17]点である。しかも、ある人にとってはトラウマになりうる出来事が、別の人にとってはそうではない場合もあるなど、実は何がトラウマで何がトラウマではないのかについての線引きは容易ではない[18]。客観的に認めることが難しい、極めて主観的な体験であると同時に、当事者にとって語ることが非常に困難な事象でもあるトラウマは、結果として「目にも見えず、言葉にもなりにくい」状況に置かれることになる。この意味においてトラウマは沈黙しているのである。

　精神科医で医療人類学を専門とする宮地尚子は、こうしたトラウマの沈黙について、「トラウマをめぐる語りや表象は、中空構造をしている」と指摘し、それを「真ん中に沈黙の〈内海〉がある、ドーナツ型をした島」の図、すなわち「環状島モデル」として図式化し提示した（図3-1）[19]。宮地の「環状島モデル」によれば、トラウマを語る力はトラウマ的出来事への近さ（当事者性）と

第3章　語りえないものと臨床教育学――語りえないものの語り直し

は必ずしも比例しない。なぜなら、トラウマが重すぎれば、当事者はそれを抱えきれず、最悪の場合は死に至るなど、言語化することが物理的に不可能な状態に陥ってしまったり、トラウマ反応や症状（PTSD や解離症状、抑うつ症状など）が強く出て、声をあげる力や余裕が奪われてしまったりするからである[20]。「沈黙の〈内海〉」には「トラウマについて語ることのできない犠牲者や、かろうじて生き延びたけれど声を出す余力のない人たち」が沈んでいるとされる[21]。

　宮地が「環状島モデル」を使って示したトラウマをめぐる中空構造は、トラ

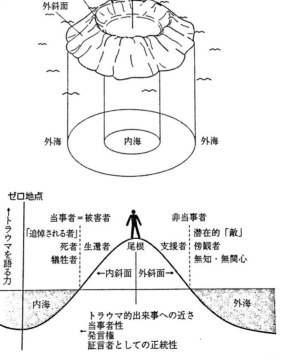

図3-1　宮地（2013）による環状島の構造と断面図[16]

69

ウマが置かれている独特の沈黙のありようを鮮やかに示している。それは、語られるべき事象の最も近くにいる者が、同時に、それについて語ることに最も困難を抱えている者でもあるという、トラウマ特有の事情に由来する沈黙なのだ[22]。

しかも、その沈黙はそれ自身の存在を自ら隠すように作用する。つまり、ここでトラウマはあえて沈黙を守ることにより、言葉以上の何かを伝えようとしているのではない。そうではなくて、沈黙すればするほどに、トラウマは周囲の人からだけでなく当の本人からも見えなくなっていく。もしもこの沈黙が語りの中断として捉えられるなら、次の言葉が継がれるまで待つことは、常識的な振る舞いの範疇と言えるだろう。けれども、問題はこの沈黙が不在そのものだということなのである。私たちはそれに対して、始めから何もなかったかのように素通りしてしまう。つまり、聞き逃すのではなく、そもそも聞くことができないのだ。トラウマの沈黙は、見えるもの、語られたものを手がかりにすることではたどり着けない不在の場所にある。だからこそ、それは直接的なトラウマ体験の当事者にとってだけではなく、その周辺にいる者も含めた社会全体にとっても、語りえない空白地帯となっているのである。

このように宮地の「環状島モデル」は、トラウマと沈黙をめぐる事象の全体像を理解する上で示唆に富む。ただし、その語りえなさについての分析は、あくまでも医学的見地からなされたものであるという点には留意する必要がある[23]。それに対して、文学批評の立場からカルース（Cathy Caruth）が展開している議論は、トラウマの沈黙を「他者性」と関連づけて捉えているものとして興味深い。

まずカルースは「トラウマ的体験」を「他者性の謎」[24]、「同化・吸収できない特性」をもつもの[25]と定義する。宮地が中空構造の中心として描いた沈黙は、カルースにおいては自己の中の他者として捉えられているのである。カルースは以下のように述べる。

　　完全に自分のものではありえない過去というものにとりつかれるという点から
　　記述すれば、トラウマは、個人の体験を、それを超えた何かとして記述している

第3章　語りえないものと臨床教育学―語りえないものの語り直し

ことになるだろう。トラウマは、個のもつ知識と出来事を支配することとの亀裂を個人の体験内に持ち込んだのである[26]。

　つまり、語りえないという事態の中には、「私」の体験であるはずのことを、他ならぬ「私」自身が語りえないという意味合いが含まれており、だからこそ、その語りえなさは、私たちをこれほどまでに当惑させるのである。知っているはずのことについて口にすることがなぜこんなにも難しいのか。その答えは当の「私」自身からも隠されている。それゆえのすわりの悪さ。不気味さ。言い換えるなら、「私」の中にある「私」に同化・吸収できない要素、「私」の同一性を破るものとの出会いが、語りを停止させ沈黙をもたらすのである。カルースの議論は語りえないものの沈黙が、自己の内側に亀裂をもたらし、その一貫性や完結性を揺さぶるものであることを解き明かす。
　その上で、カルースは述べている。「トラウマという現象は、外に向けて叫び声を発する場であり、それ以外の方法では伝えることのできない現象や真実をわれわれに語ろうとする試みそのものである」[27]と。カルースは、〈語りえないものは聞かれない〉という結論に満足していない。とはいえ、実際に語りえなさのただ中にいる当事者にとっては、それはあくまでも意図した沈黙ではなく、強いられた沈黙である。彼らは聞かれないこと、気づかれないことを戦略的に選んでいるわけではない。それどころか、自らの体験を語り、他者にそれを共有することを欲する気持ちは、トラウマの当事者にとって、自覚の有無にかかわらず、切実である。にもかかわらず、カルースがあえてそれを「試み」と見なすのはなぜか。それは、この不在の沈黙が、姿は見えないままで私たちに影響を及ぼし、もっと言えば、私たちの言動を方向づけてすらいると考えるからである。「トラウマの社会的影響とは、そういった語られないまま歪みをもたらし続ける磁場のようなもの」[28]かもしれないと宮地もまた述べている。そもそも、語られたものだから聞かれている（知られている）とは言えないのだ。人には「物を見ていてもそれが何であるかを分からずにいることがある」[29]ものだから。
　沈黙の声を聴く。そのためには、語られたもの、目に見えるものを手がかり

にすることとは別様の、語られないことを聞き、不在のものを見るための方法が必要である。

第3項　語りえない「不幸」―シモーヌ・ヴェイユの「不幸」論

　目にも見えず、言葉にもならない、語りえないもの。その独特の不在性と沈黙に触れるための回路をいかにして開くのか。あるいは、そもそもそのようなことが可能なのか。この問いに生涯をかけて取り組んだ思想家の一人に、シモーヌ・ヴェイユがいる。その思想の核心をなす概念の一つである「不幸」は、ヴェイユ独自の使用法において用いられた術語と見なしうるものであり、その解明に彼女はほとんどとりつかれていたと言っていい。

　単なる「痛み (douleur)」や「苦しみ (souffrance)」とはまるで異なる「不幸」。しかも、「不幸」は自らを表現する手段（とりわけ、言葉）をもたないものとされ、それがもとで、独特の不在性（見えなさ、聞こえなさ）を伴う点に特徴がある。つまり、「不幸」とは、本節冒頭より考察してきた語りえないもののヴァリエーションの一つと見なすことができ、ゆえに、本章にとってヴェイユの「不幸」をめぐる考察は有力な手がかりとなりうるのである。「不幸」とは何で、それと共にある生とはいかなるものなのか。本項では、「不幸」をめぐるヴェイユの思索をたどることで、本節における語りえないものについての考察の結びとしたい。

　ヴェイユはその34年の生涯において、「不幸」についての体系的な著作を完成させることはなかったし、生前未発表に終わった遺稿の中にも、はっきりと不幸論と銘打ったものは存在しない[30]。けれども、他の何ものにもたとえようのない、「不幸」固有の性質について、ヴェイユが言葉を尽くして語ろうとしたことは確かである[31]。たとえば、ヴェイユは論文「神への愛と不幸」[32]の中で、「不幸」について以下のように述べている。

　　苦しみの領域において、不幸は特別なものであり、固有のものであり、乗り越えがたいものである。不幸は単なる苦しみとはまったく別のものである。不幸は、たましいを鷲掴みにし、たましいの奥底にまで、不幸にしか属さぬ印、奴隷の印

第3章　語りえないものと臨床教育学―語りえないものの語り直し

をきざみつける(33)。

　また、「不幸」と単なる「痛み」や「苦しみ」との違いについては、次の一節からも読み取ることができるだろう。

　　不幸は人をかたくなにし、絶望させる。というのも、不幸はたましいの奥底にまで、焼きごてで烙印を押すように、自己自身に対するさげすみや嫌悪感、激しい反発、本来なら罪によって引き起こされるはずの罪悪感や汚辱感を刻みつけるからである(34)。

　この罪びとのような意識により、「不幸」に陥った人は周囲の者から傷つけられるだけではなく、自分で自分自身を痛めつけることになる。ヴェイユが「本当に不幸が存在すると言えるのは、人生を引っつかみ、根だやしにするような出来事が起こって、直接にか間接にか、とにかく社会的、心理的、肉体的に、その人生のありとあらゆる部分をいためつける場合だけである」(35)と言うのは、「不幸」の置かれたこの疎外状況のことを意味しているのである。そこに差し伸べられる手は限りなく少なく、その手をとる力を残した者もまた、限りなく少ない。その孤立の仕方は、前項で宮地の「環状島モデル」を引いて明らかにした、トラウマの疎外状況に酷似している。

　ヴェイユによれば、「不幸」に見舞われた人々は、「自分たちの身に起こった事柄を言い表すに足る言葉」を持たないし、また、それに一度も触れたことのない人たちにとって、それは「まったく思い及ぶことができない」ようなものである(36)。努力すれば、意識を高くもてば、想像できる。思いやりがあれば気がつくことができる。そのような次元に「不幸」はないのだ。また、周囲にとっては意識的にせよ無意識的にせよ、知らぬままでいたほうが都合がよいと感じられるようなものが「不幸」であるとも言えるかもしれない。

　しかも、ヴェイユは、「不幸な人」自身が「不幸」(な自分)に慣れきってしまい、「自分ではそうするつもりがなくても、解放される道をのがれたり、避けたりするようなところにまで」押しやられてしまうことがあることをも見抜

いていた[37]。こうなると、周囲の者にとって「不幸」に手を差し伸べることは、いっそう困難である。さらには、「不幸のために自分自身が傷ついている人たちは、[「不幸」の何たるかを知っていたとしても] ほかのだれに対しても救いを差し伸べることのできる状態にはいない」[38] と言うのだから、結果としてこの「不幸」は「不幸な人」本人からも、「不幸な人々」の集団からも、それを取り巻く周辺の者たちからも、幾重にもわたって隠されてしまうのである。

　そこに見出されるのは、無音としての沈黙（silence）というよりもむしろ、ある種の病いとしての緘黙状態（mutisme）である。要するに、語り（あるいは、言葉）という観点から言えば、「不幸」とは表現を奪われ、沈黙に陥っている「声にならない叫び」、「沈黙の叫び」そのものなのだ。沈黙は「不幸」を前にした言葉の無力さを表している。ごく稀にではあるだろうが、「不幸」の最中に、その断片的な印象を、切れ切れの言葉にして絞り出すように伝えることのできる者もいるかもしれない。しかし、おそらくそれは聞く人を信じさせるに足るものとはならないだろう。語るべきことの核心に決して届かない（ように聞こえる）、支離滅裂で意味不明な語りや堂々巡りの冗長な語りには、次第に耳を傾ける者がいなくなる。つまり、「不幸」とは、言葉にすることを意図的に避けられているのではなく、それ自体では言葉にならないもの、その意味において、語りえないものなのである。

　そして、この語りえなさを理由に、ヴェイユは次のように断ずる。「不幸な人々に対して共感することは、不可能であるといってもよい」[39] と。「不可能」という表現には率直に言って違和感を覚える向きもあるだろう。けれども、ここでは「不幸」を前にしての言葉の無力さと同時に、努力や熱意、想像力、思いやり、優しさといった、私たちが人間関係において日常的に用いているやり方が、「不幸」に対してはまるで通用しないということが含意されているのである。では、そうではないやり方とは何なのか。私たちはここにおいてようやく語りえないものと関係を結ぶ方法を検討する地点に立ったのである。

第2節　語りえないものと臨床教育学

第1項　方法としての「注意」―「不幸」の内側から

　前節では、語りえないものがどのような意味において沈黙しているのか、物語論、トラウマ研究、そしてヴェイユの「不幸」論を参照しながら明らかにした。とりわけ、ヴェイユの「不幸」とトラウマとを関連づけることにより、語りえないものの語りえなさ、その緘黙症的な沈黙のありようがより立体的に浮かび上がってきたと言えるのではないだろうか。それを踏まえて本節では、臨床教育学にとって語りえないものとは何を意味するのかについて、臨床教育学における「語り直し」の技法がもつ可能性という観点から探究し、本章のまとめとしたい。

　語られたことではなく、語りえないもののほうへと向き直ること。それを方法として選択するということは、私たちが語ることの限界において、いかにして語りえないものに触れうるのかという問いを引き受けることに等しい。そこにおいて、沈黙に耳をすますこと、見えないものを見ること、トラウマに寄り添うこと、「不幸」への「共感（compassion）」。これらはすべて同じ一つのこと、すなわち、語りえないものとの関係を形成するための方法を意味するものとなる。

　たとえば、シモーヌ・ヴェイユは、沈黙する「不幸」の叫びに耳をすますための方法として「注意（attention）」という独自の認識のあり方を提示してみせた。「創造的注意とは、存在しないものに現実に注意を向けることである」[(40)]と彼女は言う。ここで言われている「存在しないもの」とは、「不幸」のことである。自らの存在を証するための表現手段をもたず、沈黙に沈むしかない「不幸」は、まるでこの世には「存在しないもの」であるかのように扱われていると言うのだ。同じ人間として認められず、苦しみもがいていても差し伸べられる手もなく、いわれなき罪の意識に苛まれながら、他人からなされるがままになっているしかないような人たち。彼らの不在性、つまり何の意味も発見する

ことのできない空白を前に、それでもなお足を止めさせることができるものがあるとすれば、それは「存在しないもの」に向けられる方法としての「注意」をおいて他にないとヴェイユは言う。そして、彼女は「注意」する力を育成することを、教育における唯一の課題と述べたのであった[41]。言わばそれは存在するものに対して関心を寄せるという意味での注意とはまるで異なる、「存在しないもの」への「注意」を育む教育である。

　この注意が生じるとき、注意とは放棄することである。少なくとも、その注意が純粋なものならば。より小さくなることを受容する人間は、エネルギーを費やすことに専念する。自分の権限を拡大するためではなくて、他の存在、すなわち自分とはまったく別個の存在を、存在させるためだけにそうするのだ[42]。

　この件から見てとれるのは、語りえないものに「注意」を向けることは、自己の知識や経験を拡充していく方向とは真逆の、「放棄（renoncement）」の働きをもつということである。また、ヴェイユはそれを「他者の陥っている無機物のような状態に与ること」[43]とも捉えていた。要するに、それは「我」であること（主体性や能動性）を手放して別のありようへと移行することなのだ。
　しかも、これまでの議論を念頭に置くなら、彼女がここで言及している「共感」が、通常の意味でのそれとは別様のものであることは、すでに明らかだろう。親近感をもって同調することや、思いやりや同情心によっては、他者に触れることはできない。そうではない仕方で語りえないものについて語るために、ヴェイユはその沈黙の暗然たる深淵をのぞき込むにとどまらず、そのまま沈黙の内海へと身を投じ、その水底深くにおいて他者に出会う仕方を模索する。つまり、彼女の「共感」とは文字通り、苦しみ（passion）を共に（com-）することであり、他者の不在性を認識し（connaître）、その沈黙のただ中に、共に（co-）生まれる（naître）ことなのである[44]。
　「『思いやり』『やさしさ』といった平坦な回路」[45]とはまるで異なる、方法としての「注意」による「不幸」との接触。「不幸」の置かれた状況の特殊さを考慮すれば、それに触れる方法も、それについて語るための言葉も、同様に

第3章　語りえないものと臨床教育学—語りえないものの語り直し

特殊なものとならざるをえないのは当然のことだが、ここで特に留意したいのは、このようにして「不幸」及び「注意」について語るヴェイユの立脚点が、どこにあるのかということである。というのも、ヴェイユは「不幸」の特異性について言葉を尽くして語りながら、そもそも多くの人々にとっては不在であり沈黙であるはずの「不幸」に、なぜヴェイユその人は触れることができたのかという点に関して、正面から語ることは少なかったように思われるからである。しかも、ときにその語りは、「不幸」な誰かについてのものなのか、そうではなく彼女自身のことなのか、区別がつきかねるような印象も受ける。

　この謎を解く手がかりのひとつは、ヴェイユが当時親しく交際していた神父に宛てて書いた長文の手紙、それも彼女自らが「精神的自叙伝（autobiographie spirituelle）」と名づけたもの[46]の中に見出される。その書中で彼女は、自らの「不幸との接触」体験について、自叙伝、つまり「自己物語」の形式で克明に記している。

　現実を離れた空理空論に甘んじることを善しとせず、果敢にも一女工として工場に飛び込んだ若き日を回想しながら彼女は、そこでの体験を〈他人の「不幸」が自分の肉体とたましいの中に入ってきた体験〉と形容している。と同時に、爾来何ものも彼女をその「不幸」から離れさせない状況、つまり「不幸」を対象化して、その外側に立って思考することが許されない状況—「奴隷の印（la marque de l'esclavage）」を受け取った、と彼女は表現する—に陥ったことを告白している。そしてこの体験を転機として、彼女にとって「不幸」とは自ら接近していくものではなくて、選択の余地なく、離れ去ることができないものとなったと言うのである。

　もしかすると、工場に飛び込む以前のヴェイユは、本人の告白するとおり、まだ「不幸」の外側からその何たるかを知ろうとする者の一人にすぎなかったかもしれない。しかし、ここで刻印された「奴隷の印」は、彼女をして「不幸」の語りえなさのただ中において、それについて思考し表現する者とした。接触－被傷－刻印。その一連の体験が、語りえない「不幸」の内側から、それについて語るための回路を開いたのである。

　けれども、それでいてヴェイユの「不幸」論は、「不幸」について語るため

には実際に体験するよりほかないという単純な結論には帰着しない。短絡的な体験重視の姿勢は、同じ体験をした者同士でさえも容易に共有できないからこそ生じる「不幸」の沈黙の、その独特の不在性の意味するところを見えなくしてしまう。「不幸」の不在性を捉える鍵は、実体験を伴うか否かとは別の所にある。手がかりは先の手紙にある「何ものも私をその不幸から離れさせはいたしませんでした」との印象的な一文。それは、ヴェイユが「不幸な人」の一員（つまり、当事者）となったことを表しているだけではなくて、彼女がその「不幸」に対して、受動の立場に置かれていることを明示しているからこそ、特別に印象的なのだ。つまり、主導権は「不幸」の側にある。「不幸」とそれを被る者との間では、主客の関係が逆転してしまうのだ。だからこそ、文字通りの意味において、彼女は「不幸」からその思考を引きはがすことができなかった。離れ去ることができない。関係がない、とは言えない。語らずに済ませることができない。「不幸」が刻印されたあのときから。

　ここではこれらがすべて不可能文であることに意味がある。というのも、それは「不幸」を捉える上で、私たちの「意志（volonté）」の介在する余地がほとんどないことを示しているからである。そして、「意志」とは人が能動的に生きるためには欠くことのできないものであり、ゆえに「不幸な人」からは真っ先に奪われているものの一つであることに留意したい。つまり、ヴェイユの言う「奴隷の印」とは、能動性をはく奪された受動の立場を示す符号であり、この立場をそれぞれの仕方において共有する（正確には、させられる）ことが、「不幸」への「注意」を可能にする条件だと考えられるのである。

　ケア理論で知られるノディングス（Nel Noddings）が、ケアする人（carer）の意識様態を特徴づける「専心没頭（engrossment）」概念、すなわち、ケアされる人に対する完全な受容の態度について説明する際に、ヴェイユの「注意」を援用したことはよく知られているが、以上のような「注意」についての解釈に基づけば、「専心没頭」と「注意」とはそう単純にはつながらなくなってくる。「茫然自失でもなく、恍惚状態でもなく、また執着でもなく、完全なる受容状態である」[47]という「専心没頭」の定義からすれば、確かに両者は受容的であるという点で共通しているように見える。けれども、「専心没頭」における受

容が特定の他者（ケアされる人）をこの「私」（ケアする人）が受け容れることであるのに対して、「注意」においては受け容れるのは人というよりもむしろ受動の立場そのものなのだ。ここには関係の結び方における決定的な相違がある[48]。

　視点を変えれば、compassion の passion とは苦しみを意味すると同時に、受動性を意味する言葉でもある。つまり、ヴェイユの「注意」は、主体の能動性が受動の側へと折り返される、まさにその地点に立つこととも言い換えられる。先の「印」はその場所で刻印されるのだ。そして、一旦その身に刻まれた「印」は、たとえ忘れたつもりでいても、人を即座にその場所へと連れ戻すほどの圧倒的な力をもつ[49]。ときにそれはある種のトリガーとして作用して、「不幸な人々」の連なりに、彼らの聞こえない声に、あるいは「不幸」を語る文学作品[50]の流れに、ヴェイユを引きずり込み、そこから離れ去ることを許さない。もちろんそこには彼女自身の個人的な「不幸」の体験も折り重ねられていただろう。ただし、その上で紡ぎ出される言葉は、いわゆる当事者による直接的な告白とは別の意味で、語りえない「不幸」の内側からそれについて語るための特殊な言葉として捉え返しうるものとなっている。

　その特殊さの根源には、語りえないものに対する「意志」の無力さがある。その無力さゆえに、語りえないものを語る言葉は、誰かの「意志」によるもの、すなわち誰かの私有物とは見なしえない性質をもつ。言い換えるなら、それは作者不明（anonyme）の言葉としてのみ存在しうる特殊な言葉である。「存在しないもの」の語り、語りえないものの語りは、そのような言葉においてしか自らを表現しえない。それは特定の個人としてではなく、また、特定の他者に向けてでもなく、私事と他人事のあわいで紡ぎ出される言葉。通常の対話における語りとはきわめて異なる形態において語り聴かれる言葉なのである。

　誤解を恐れずに言えば、それは同一性・単声性に回収されない、非同一的な語り手による多声的な語りとも言えるだろう。その語りは、語り手だけにではなく、語りそのものにフォーカスする回路を開く可能性をもっている。私たちは先の「印」を通じて、つまり受動の立場に立つことを媒介として、この多声的語りに出会う。そのとき語り手と聴き手との間には、利害関係や親密さの度

合いに関わりなく、語りそのものに応答する関係が立ち現れてくる。それは理解し合うことや一体感とは別のつながりの体験。その匿名性と多声性ゆえに、そこでは言わば他者のような自己自身、あるいは自己自身のような他者と出会う体験が生じうる。語られたことの「語り直し」ではなく、語りえないものの「語り直し」が生じうるのは、この関係においてなのではないだろうか。

第2項　語りえないものの「語り直し」

　前項ではヴェイユの「不幸」論、及び方法としての「注意」を中心に、語りえないものと関係を結ぶ方法について論じた。ここまでの議論をまとめると、方法としての「注意」の特徴は、次の2点に集約される。(1) 苦しみ／受動性（passion）を共にすること。(2) 同一性・単声性・記名性ではなく、非同一性・多声性・匿名性を原理とすること。したがって、この「注意」を臨床教育学における「語り直し」に援用することができるなら、その「語り直し」はcompassionの実践であるという意味において倫理的な営みであると同時に、語られたものの「語り直し」ということだけに限定されない、語りえないものの「語り直し」の可能性を開くものとして捉え直すことができるものとなる。

　語りえないものの「語り直し」とは、字面だけを見れば矛盾しているようだが、それはつまり、特定個人の語りに対するのとは別の、多声的な語りに耳を傾ける方法と、ある語り手がそのように多声的に語りうる言葉や語り口を獲得することの両方を意味している。つまり、それは誰かにとってこれまで語られていなかったことが初めて言葉になる瞬間であると同時に、どこかの誰かの匿名の語りを引き受けながら語ることでもあるという意味において、ある意味では「語り直し」とも言いうる営みなのではないかということである。

　したがって、ここで語りえないものに「注意」を向けることは、語られたものを軽視することではないし、語りえないものこそが真理だとする主張とも異なっている。それは互いを理解し合うために、目の前の他者と共通の言語を探り合うようなコミュニケーションや、一方の応答（相槌、仕草、表情を含む）が他方の語りを促進したり阻害したりするような日常的な対話場面とは異なる、匿名の言語空間に自らを開く中で生成する語りである。語りえないものに

第3章 語りえないものと臨床教育学—語りえないものの語り直し

よる「秘かで不器用な叫び」には、「自由」ではなく「静寂と注意にみちた雰囲気」が必要だというのはヴェイユの言だが[51]、語りえないものが沈黙の深淵から浮上し、それを伝えるための言葉がもたらされるのは、こうした関係においてこそなのではないだろうか。

しかも、この関係、及び、語りえないものの「語り直し」は、観念的で非現実的なものというわけではない。たとえば、アルコール依存や薬物依存の自助グループに代表される、治療共同体 (therapeutic community)[52] における実践もそうした一面を含むものと捉えることができる。DV被害女性への支援に携わる平川和子は、支援活動の一環としてのグループ・カウンセリングにおける自己の語り直しについて以下のように語っている。

> グループ内のコミュニケーションはいわゆる告白とは違う質のものである。もちろん道徳的な物語を語る場でもない。また一般的な意味で言われている対話でもない。あえて言うならば、参加者それぞれがグループの中心に向かって対話をしていると言ってもいいかもしれない[53]。

ポイントは「グループの中心に向かって対話をしている」というところにある[54]。それは一対一の二者間における対話の基本とも言える、「他者の視線による暗黙の相違や共感の支え」が外された特殊な言語空間[55]。その空間において、批評も非難もされないというルールの下、安全と安心感の中で〈誰に言うのでもなく語る〉というスタイルを採ることが可能となるとき、その声は特定個人のものとして語り聞かれることを超えて、中心にある沈黙の暗い穴を満たす、声なき声のポリフォニーとなる。

語り手でもあり聴き手でもある参加者たちは、私事と他人事のあわいに流れるこの多声的語りを緩やかに共有する。このとき〈誰に言うのでもなく語る〉というスタイルは、何でもありの語りを助長することにはつながらない。むしろそれは語りえないものの語りえなさを共有するための作法として理解される。そして、誰に言うのでもなく語られた言葉が、その関係において確かに聴かれるとき、それは語った当人に向けた直接的な反応として返されるのではな

く、さらに別の語りえないものを語り出すきっかけとして作用する。同一性・単声性に回収されない仕方で、語り聴くとはそういうことである。そこに成立しているのは、特定個人との対面的な対話関係ではなく、「存在しないもの」への「注意」に支えられた、匿名の語りに応答しあう関係。応答する先は人ではなく語りなのだ。語りえないものの「語り直し」はこうして可能となる。

　「存在しないもの」に向けられる「注意」は、私たちが生きる日常の自明性を揺るがし、自己の同一性・完結性を破るように働くものでもある。だが、それは破壊されて終わりではない。「注意」を通じて私たちは自己のなかの他者性を媒介とし、語りえないものについて語り直す関係に開かれるからである。それは自己自身を他者に投影することとはまるで違う、他者との関係を生きること。もしも私たちがそうした媒介を欠いたまま他者の経験を共有しようとするなら、どこまでいってもそれは聴き手の「想像 (imagination)」による同一性・単声性への回収に止まってしまうだろう。ヴェイユが「注意」と「想像」とを峻別したのはこのためであった。どのようにでも語りうる「想像」の世界とは違って、「注意」の下ではそのように語らざるをえないものだけが引き出されてくる。

　語りえないものと臨床教育学。この主題は、語られたものを手がかりにするのとは別の、語りえないものの「語り直し」という仕方で、私たちを新たな語りの生成する地点にまで導いた。「注意」によってほどかれた沈黙の奥底からは、非同一的な語り手による多声的な語りが湧き出してくる。それを語り－聴く関係において、私たちは匿名のまま対面し、同時にその語りを「私」の語りとして引き受ける。「存在しないもの」に語りをもたらす「語り直し」の創造性は、この関係に与ることにこそ存するのである。

〈注〉
（１）皇紀夫「教育問題の解決とは？」『アンジャリ』28号、親鸞仏教センター、2014年、29頁。
（２）同上、28頁。

第3章　語りえないものと臨床教育学—語りえないものの語り直し

（３）同上、27頁。
（４）以下の論を参照。小林剛「日本の臨床教育学はいかに形成されたか」『臨床教育学研究』第０巻、日本臨床教育学会編、2011年、6-15頁。
（５）中村雄二郎『臨床の知とは何か』岩波書店、1992年、9頁。
（６）皇、前掲論文、29頁。
（７）ただし、このような臨床教育学によるコンサルテーションを通じた「語り直し」に対しては、「即効性のない非実践的な空論であって問題解決への意欲を削ぐ試み」と見なされたり、「実践力に欠ける」と評され敬遠されることも少なくない。（同上、29頁。）
（８）White, M. & Epston, D. *Narrative Means to Therapeutic Ends*, Dulwich Centre Pub., 1990.
（９）この点に関して、国内におけるナラティヴ・アプローチの第一人者である野口裕二は、ナラティヴ・アプローチでは「言葉を持たない、言葉のない経験、言葉を与えられていない経験に言葉を与える、見つけていくこと」よりも「自分を呪縛し自分を抑圧するドミナント・ストーリーからの解放という、フーコー的な問題意識が強い」と説明している。（『講演会とシンポジウム　オープンダイアローグとは何か』青健シリーズ27、2016年、23頁。）
（10）浅野智彦『自己への物語論的接近—家族療法から社会学へ』勁草書房、2001年。
（11）同上書、14頁。
（12）同上書、14-15頁（傍点は筆者）。
（13）同上。
（14）宮地尚子『トラウマ』岩波書店、2013年、3頁。
（15）同上書、3-4頁。
（16）同上書、44頁。
（17）同上書、ⅲ頁。
（18）「トラウマ体験の種類や強度、因果関係の強さ、反応の種類や強さが、ある程度の判断基準になりますが、これらを分ける境界線が明確にあるわけではありません」（同上書、29頁。）
（19）同上書、41頁。
（20）同上書、41-42頁。
（21）同上書、43頁。
（22）こうしたトラウマ特有の語られにくさに加えて、内容的に特に語られにくいものというのもあると言う。たとえば、宮地、同上書、53頁の表2-1。
（23）同じく精神科医で臨床心理士の白川美也子も、トラウマ記憶の特徴として「言葉になりにくい」ことを挙げている。しかし、白川はそれに加えて「できごとについて語

ろうとしても言葉にならずに詰まってしまうのは、単につらくて話しにくい、ということだけではなく、脳の機能変化によるもの」だとも述べており、内容的な特徴だけでなく、脳の機能変化という科学的説明も試みている（白川美也子『赤ずきんとオオカミのトラウマ・ケア　自分を愛する力を取り戻す［心理教育］の本』アスク・ヒューマン・ケア、2016年、14頁）。この点については、以下の論にも詳しい。Van der Kolk, Bessel, *The Body Keeps the Score: Brain, Mind, and Body in the Healing of Trauma,* Allen Lane, 2014.

(24) キャシー・カルース（下河辺美智子訳）『トラウマ・歴史・物語—持ち主なき出来事』みすず書房、2005年、5頁。

(25) 同上書、7頁。

(26) 同上書、190頁、原註（21）。

(27) 同上書、7頁。

(28) 宮地、前掲書、220頁。

(29) カルース、前掲書、52頁。

(30) とはいえ、「不幸」を主題としたものや、他のものに比して「不幸」への言及が多く見られるものをいくつか指摘することはできる。たとえば、ヴェイユの思想を「不幸」を手がかりに解明することを試みた大木健は、「語彙としての＜不幸＞は若干の偶発的・散在的使用を別にすれば、ある時期の著作にのみ集中して自覚的に（敢えて云えば不幸＜論＞的に）現れる。その時期とは、34年の生涯の最後の3年乃至4年である」（『シモーヌ・ヴェイユの不幸論』勁草書房、1969年、10頁）と指摘している。先に引用した論文「神への愛と不幸」の他に、「神への暗黙的な愛の種々相」、「人格と聖なるもの」など。

(31) 「不幸」がヴェイユの思想を読み解くうえで、重要な概念の一つであることについては、多くのヴェイユ論が言及している。前注で言及した大木健のもの以外にも、たとえば、M. M. ダヴィ（田辺保訳）『シモーヌ・ヴェイユ入門』勁草書房、1968年。リチャード・リース（山崎庸一郎訳）『シモーヌ・ヴェーユ—ある肖像の素描』筑摩書房、1972年、など。

(32) 1939年に勃発した第二次世界大戦の最中、ユダヤ人に対する迫害から逃れるため、フランスを発ち、アメリカ（ニューヨーク）へと渡る直前に知人（ペラン神父）に手渡されたもの。おそらく1942年春頃に書かれたとされている。

(33) Weil, Simone, *Attente de Dieu*, Fayard, 1966, p.98.

(34) *Ibid.*, p.103.

(35) *Ibid.*, p.100.（ヴェイユ，シモーヌ（田辺保・杉山毅訳）『神を待ちのぞむ』勁草書房、

1987年、103頁)。
(36) *Ibid.*, pp.101-102.=105頁.
(37) *Ibid.*, p.105.=109頁。同じ箇所でヴェイユは、「不幸の中から出てきた人には、不幸のためにずっとたましいの奥深くまで傷手をこうむってきていると、何かしらもう一度不幸の中へ落ち込ませようと押しやるものが残存しているようである。まるで不幸が寄生虫のようにその人の中に居すわって、自分に都合のいいようにその人を動かしているように見える」とも述べている(同上書)。
(38) *Ibid.*, p.102.=105頁。[ ]内は筆者による加筆。
(39) Weil, *ibid.*, p.102.=105頁。ヴェイユはこの一文に続けて、「それは水の上を歩いたり、病人を癒したり、死人を復活させたりすることよりも、もっとおどろくべき奇跡である」と述べている(同上)。
(40) Weil, *ibid.*, p.136.
(41) ここでの教育は、狭い意味での学校教育をも含めたものである。ヴェイユの中では、外国語や数学(幾何学)の学習を通じて育まれる「注意力」と、「存在しないもの」を見出しうる「注意力」とは連続的なものとして考えられている。
(42) Weil, *ibid.*, p.133.
(43) *Ibid.*
(44) connaîtreの語源については、以下の論を参考にした。釘宮明美「神谷美恵子とキリスト教―魂の認識への献身と人間の宗教性」『神谷美恵子 「生きがい」は「葛藤」から生まれる』河出書房新社、2014年、185頁下段。
(45) 下河辺美智子「訳者あとがき」、キャシー・カルース(下河辺美智子訳)『トラウマ・歴史・物語―持ち主なき出来事』みすず書房、2005年、207頁。
(46) Weil, *ibid.*, pp.35-62.(ヴェイユ、前掲書、31-61頁)。
(47) ネル・ノディングス(佐藤学監訳)『学校におけるケアの挑戦 もう一つの教育を求めて』ゆみる出版、2007年、44頁。
(48) 加えて、ここに見られるノディングスの個別性・具体性重視の立場は、普遍化可能性、原理原則的思考などに止まらず、形而上学的な思考や超越性に対する拒絶としても現れるのだが、語りえないものに「注意」を向けることは、超越的なものを経由することを抜きにしては生じえない。
(49) この点については、フラッシュバックという症状のことを念頭に置くとわかりやすい。
(50) 紙幅の都合上、詳述することは叶わないが、ヴェイユは「純粋性(pureté)」を尺度とした独自のフランス文学史を構想していた。それは「不幸の文学」の系譜と見なしうるものである。

(51) シモーヌ・ヴェーユ「人格と聖なるもの」『シモーヌ・ヴェーユ著作集2 ある文明の苦悶―後期評論集』春秋社、1998（1968）年、442頁。
(52) 前節で言及した宮地尚子によれば、治療共同体とは、当事者同士の支え合いによって回復をめざすもので、当事者のみの自助グループもあれば、ファシリテータが存在するプログラムもある（宮地、前掲書、103頁）。
(53) 平川和子「親密圏とコミュニケーション―臨床現場から考える」唯物論研究協会編『唯物論研究年誌 第9号 親密圏のゆくえ』青木書店、2004年、135頁。
(54) 平川はこのことを「グループの真ん中に落ちるような感じで話す」とも表現している（同上書、139頁）。
(55) 平川、同上書、135頁。続けて平川は以下のように述べている。「わたしは最大限の配慮を保ちながら、二者関係によるコミュニケーションを排除し、できるだけ三者関係の構造を維持することに努める。そもそも暴力的関係とは、この二者の関係の上に成立する支配関係であり、加害者の踏み越えという行動化によって生じるものであるからである」（同上）。

〈推薦図書〉

浅野智彦『自己への物語論的接近―家族療法から社会学へ』勁草書房、2001年。
野口裕二『物語としてのケア―ナラティヴ・アプローチの世界へ』医学書院、2002年。
宮地尚子『トラウマ』岩波書店、2013年。
ジュディス・L・ハーマン（中井久夫訳）『心的外傷と回復〈増補版〉』みすず書房、1999年。
シモーヌ・ヴェイユ（田辺保・杉山毅訳）『神を待ちのぞむ〈新装版〉』勁草書房、1987年。
國分功一郎『中動態の世界 意志と責任の考古学』医学書院、2017年

第4章
身体と臨床教育学
―変容というドラマの舞台裏

はじめに

　4月のある午後、生徒たちは連れ立って公園に出かけた。何をしに行くのかと聞くと、ピクニックだよ、と教えてくれた。今日はいい天気だからね、と。たしかに空は青く抜け、太陽が気持ちよく照っている。

　ここはフランスの地方都市シャロン＝アン＝シャンパーニュ（Châlons-en-Champagne、以下「シャロン」と表記）。パリから東に約150km、電車に乗って1時間半ほどで到着する小さな街である。フランスの地方都市としては典型的で、市街の中心に広場があり、ゴシック建築の教会と市庁舎がある。この小さな田舎町に、その学校は建っている。フランス国立サーカス学校、通称クナック CNAC（Centre National des Arts du Cirque）という。高い倍率のコンクールで選ばれた生徒が、サーカスのアーティストとして生きていこうと日々練習に励む学びの場である。

　シャロンでは曇りの日が多い。冬場になると雨や雪も多く、どんよりとした天気が続く。4月であってもそのような日は多い。「天気がいいから」というのは、ピクニックには十分な理由である。

　その晴れた日、生徒たちは公園に着くと、適当な広場に並んで腰かけ、スナック菓子を広げ、飲み物を開け始めた。緑いっぱいの芝生に寝転んで、日光浴をする人もいる。

　一人が鞄を開け、スピーカーを取り出し、ヒップホップ調の音楽を流す。数人がおもむろに立ち上がると、準備運動もそこそこに動き始めた。一人はブレ

イクダンスに通じているようで、隣にいる二人が、見よう見まねでステップを踏んでいる。

　奥では、いつの間にか合流していた三、四人が、柔軟体操を済ませると軽快に動き始めた。何やら会話をしながら実験的に動いてみる、といった様子である。ブリッジをしながら回転できるかやってみよう、片手の逆立ちでくるくるとスピンをしてみてはどうだろう—。

　彼らの一人がやや高度な「わざ」を披露した[1]。地面にしゃがみ、ふわりとバク転をし、片手で逆立ちの状態を保つ。そのまま一回転捻って立ち上がり、着地を決めた。目を留めた「ダンサー」が歓声をあげる。対抗するように、別の一人が立ち上がり、後ずさりして間をとった。上半身を十分に捻って踏み出し、回転しながら宙を舞い、勢いのまま縦横に一回転して着地した。日光浴をしていたグループも思わず手を叩く。我こそはと飛び出た次の生徒は、やっぱりやめたとばかりにくるりと踵を返し、その場に笑いがはじける。

　あっという間に即興の舞台になった。誰かが派手な動きをやってみせると、続いて別の一人が何かを披露する。拍手が起きたり、ヤジが飛んだりする。ひとしきり見せ場が過ぎると、次の見せ場がやってくるまで、また個々のグループに戻る。彼らにとって公園はちょっとしたパフォーマンスの場所である。

　しばらく見ていると、その「舞台」が必ずしも陽気なだけの場ではない、ということに気づく。前に出て喝采を浴びるのは、全員ではなかったからである。試みに前転宙返りに挑戦しよう、あるいはヒップホップをやってみた、とばかりに前に出た人に対しては、小さな拍手があがる程度にすぎない。皆の喝采をかっさらうのはごく数人、それも動きが斬新なときだけである。しかも当人はにこりともせず、さながら求道者のような顔つきをしている。

　これは真剣な遊びなのだ。ピクニックらしい開放感ないし寛容さと、高い水準のパフォーマンスを要求する緊張感—といっても他人に強いるというよりは、自分に厳しくあろうとしているように見える—の、二つが混在している。

　見ているこちらがひっくり返るような天地逆さのアクロバットの身体技法と、互いに尊敬し合う信頼感、さらに、優れたものだけを求める緊迫感。これらの糸がほどけがたく絡まり合っている世界、これがサーカス学校と出会った

第4章 身体と臨床教育学―変容というドラマの舞台裏

春、この学校に感じた最初の印象である(2)。

第1節　身体の変容を記述する

第1項　身体と教育

　本章は、フランスの国立サーカス学校を舞台として、生徒がわざを習得する場面を記述し、その臨床教育学的意味を探求するものである。「臨床教育学」という視座によって、ここでは次のような問いかけを試みたい。すなわち、「身体」が教育の対象であるのをやめることができないだろうか、と。

　教育学が「身体」へと関心を寄せる際、その関心の視線は当然ながら身体に向く。典型的には、健康になる、振る舞いを正す、身体運動を通してコミュニケーションを学ぶ、表現活動の中で美的なセンスを磨く、などの取り組みが想定されよう。近年の教育学の研究の成果によって、こうした取り組みに伴うある種の危うさ―身体の手段化、身体の能力の発達をいたずらに目指すこと、身体活動を安易に「情操」や「感性」といった評価軸に閉じ込めることなど―への反省が促され、同時に、生き生きとした学びの体験そのものを引き出すような教育のあり方が提案されてきた(3)。

　ところで、これらの議論において、「身体」はしばしば、教育の対象として論じられる。つまり教育的な価値を実現するための期待がかけられる。ところが身体それ自体は、教育的な働きかけをする瞬間、あるいは教育問題について議論する瞬間においてすら、語り、聞き、振る舞う主体である。たとえば学びの場が成立するためには、教える者と学ぶ者が互いに現前し、身をもって影響を与え合うという関係がある。そのとき身体は、対象ではない仕方で、すでに誰かに対して現前している。当人たちは、教えること・学ぶことをめぐって、お仕着せの「教育目標」で語られない経験をしているに違いない。これらの経験の発生は、しかしながら、教育的な理想という熱い視線の陰にしばしば隠れ、身体それ自体が語るという事実もろとも忘却されてしまう。

　はたして、「教育にとって身体がいかなる役割を果たすか」ではなく、「身体

89

にとって教育はいかなる現象であるのか」と問うことはできないものであろうか。つまり、そこに居合わせる人たちが、何かのやり取りをしながら次第に変わっていくという現象を、それが結果として教育と呼ばれる活動になっていくとしても、その意味の生まれ出る場所から眺めなおすことはできないであろうか。

こうした探求において、「臨床」にこだわる意味が見えてくる。「臨床」という立場は、一方では実践現場の出来事に寄り添う態度の表明であるが、しかしながら他方で、現場に蓄積されているような「いわゆる経験則的な体験の知」に頼る立場でもない[4]。すでに意味が定着していたはずの経験を一旦解体し、別の新たな経験へと出会いなおす―自明の前提を問いなおして意味を探り当てる哲学者や芸術家の探求にも似た―ような、遂行的な思索の実践にほかならない。

第2項　身体の志向性

身体の変容について問うことは、こうした作業の試金石になる。「変わること」は、教育の営みにおける核心の一つであるにもかかわらず、その経験を捉えるのが困難だからである。教師であれ生徒であれ、彼らは何らかの変容を遂げることを期待されており、実際に、そこにいる人たちは日々変容の途上にある。だが、たとえば字が綺麗に書けるようになったとき、その人の関心は動く手ではなく字のほうにある。速く走れるようになった際、人は足に注意を向けない。身体が変容を達成するとき、私たちはその都度何かを忘れている。あるいは何かを忘れることで変容を達成している。

20世紀フランスの哲学者メルロ＝ポンティ（Maurice Merleau-Ponty）は、そのような身体の働きを「根源的な志向性（intentionnalité）」[5]、ないし「表出空間の根源」[6]と呼んだ。たとえばオルガン奏者がコンサートをするとき、公演に先立って、椅子、鍵盤、ペダルなどを、自分の身体になじませようと努めるだろう。楽器の位置関係は、反省的な分析によって知るような「客観的空間」[7]にあるわけではない。思惟でもなく、かといって機械的な反射でもなく、その人の手や足が、最適な位置を選びとる。さらに、いったん音を奏で始めたら、

第4章 身体と臨床教育学——変容というドラマの舞台裏

彼の手や足は、楽譜で指示されている楽曲と、会場に鳴りわたる音楽の間の通過点になっていく。オルガン奏者の身体それ自身によって意味づけられる空間が立ち現れるのである。こうして、彼の身体は、新しい志向の糸を伸ばし、その先に、まとまった意味を生む。目指すところは、「表象された」対象ではなく、その人が「それに向かって己を投企する」対象である[8]。

その際肝心なのは、身体が「任務の方に向かって実存して」おり、「自らを収縮」することである[9]。音栓を調整するために手を伸ばすとき、音を出すために鍵盤に指を置くとき、身体は、いわば舞台上を照らし出すために必要な「ホールの暗さ」となっている[10]。

その「暗さ」において、空間や事物に意味が与えられる。それらの意味は、反省的な把握より前に与えられるために、通常、私たちはそこに意識を向けない。同じことは、目の見えない人が杖を握って歩く際にも言える。杖をつくとき、意識を向けるのは、動かしているはずの腕ではなく、つかんでいるはずの杖でもない。それらを乗り越え、杖の先が当たる物体のほうに向かう[11]。オルガン奏者が音楽的価値を生み出すのも、杖を使う人が障害物の出現を知るのも、身体が自らを収縮し、考えるという手間を省かせてくれるからこそ可能になる。

とすると、身体が変わるということは、私たちが普段注意を向けない志向性の根源そのものが変わる現象であると言える。たとえば新しい運動を習得しようとするとき、それを経験することは可能なのであろうか。可能であるとすれば、いかなる現象として経験されるのであろうか。

第3項　志向性の変容

運動習慣の獲得という主題について、人工知能研究、またメルロ＝ポンティの研究・翻訳でも知られるアメリカの哲学者ドレイファス（Hubert Dreyfus）が一つのモデルを提示している。それによれば、身体的動作の発達過程は、五つの段階に分けることができる。新人（Novice）、初級（Advanced beginner）、中級（Competence）、上級（Proficient）、熟練（Expertise）である[12]。

新人が新しいスキルを身に付けるとき、いかに簡単な動作であったとしても、

思うように動けないところから出発する。そこで最初は、タスクに関わる動作を、文脈に縛られない（context-free）特徴へと「分解（decompose）」する[13]。たとえば、マニュアル車の運転に挑戦する新人ドライバーは、ギアチェンジのタイミングを、速度計だけを見ながら決定する。

　熟練になると、動作を分解するプロセスが不要になる。その人は、「計算したり手がかりを使わなくても、適切に動くやり方を知っている。やるべきことは、やすやすとなされる」[14]。運転中の速さを調整するために、もはや速度計やアクセルの角度に気を取られなくてもよい。彼がやることは、景色をぼんやり視野に入れ、周りの車を見、道路の状況に合わせて動くことのみである。新人からすると驚くほど複雑な操作（速度を調整する、車間距離を気にする、信号を見る、ミラーを確認する、助手席の人と会話をするなど）について、いちどきに「即応すること（coping）」[15]ができる。

　この一連のプロセスこそ、志向性の変容過程にほかならない。このとき変容は、「ますます鋭敏に識別される状況」として現れる[16]。すなわち、理想とする動作や境地を心の中に浮かべる（表象する）ことでも、受動的・自動的に反応する（反射する）ことでもない。学習者は、行為を繰り返す中で、それまで識別できていなかった状況の微妙な差異に立ち入り、それに適切に応答できるようになる。変容は、動作のみならず、状況の現れ方として経験されるのである。

　ところで、こうした議論は、熟練者における志向性の形成を鮮やかに解き明かしてくれるものの、その一方で、学びの途上にある人についてはいささか歯切れが悪い。ドレイファス自身が認めるように、新人であれば、「即応」ではなく、意図によって身体を動かす必要に迫られるからである。意図的な動作は、「のめり込んだ即応（involved coping）」[17]、すなわち現象学的に記述されうる熟練の境地とは矛盾する。「即応」とは、意図が入る隙のない、状況に対する即座で最適な、一切の表象を必要としない行為にほかならない。こうして、行為について分析したり意志を持つという学習のプロセスは、ドレイファス流の現象学的な考察の範囲の外に置かれることになる。

　したがって、学習の途上にある人の経験に迫るためには、ドレイファスのよ

うな「即応」一辺倒の現象学だけでは不十分である。志向性の変容が、徐々に識別されゆく状況において現われるとしても、それを引き起こす働きかけを解明するという課題は積み残るからである。ドレイファスは、動作にただ没頭すればスキルが身に付くと指南するが、実際にそれほどうまくいかないことは容易に了解されるだろう。そもそも、学習がスキルの「分解」から始まるという解釈は、たとえば模倣による学びを対比させてもわかるように、学びのプロセスの全体に妥当するものではない。

　学びのプロセスにおいては、「状況」と「即応」だけではなく、指導者や学習者が出会っているであろう世界の表情—動きの鈍さ、アドバイスの行き違い、動作をうまく「分解」できない戸惑いなど—が、複層的に織り込まれている。こうした表情もまた、身体と世界との反省以前の働きかけ合いの一端であって、その働きかけ合いがあればこそ、状況に対する即妙な応答も成立する。この生きた現象に光を当てるためには、変容という現象の全体に目を向けなければならない。

　そこで、再び変容についての問いかけが意味を帯びてくる。いったい私たちは、いかなる働きかけにおいて変容を経験するのだろうか？　身体が変わるということは、根源的には、質的な断絶を経るというダイナミックな事態であり、その断絶は、生きる世界を丸ごと変えてしまうこともありうる[18]。その記述のためには、変容そのものの瞬間に踏みとどまって、変容に伴う断絶の、その底知れぬ深みを覗き見て、変わりつつある身体について探求する眼差しが求められるのである。

第2節　サーカス学校について

第1項　「学校」の可能性

　具体的な記述に入る前に、本章が取り上げるサーカス学校について、その概要を紹介しよう。近年、フランスでは、「現代サーカス」が芸術分野に刺激を与えている。現代サーカスとは、フランスの伝統的なサーカス団が相次いで解

散したことに危機を覚え、1970年代、先駆的なリーダーたちが既存の世襲制に風穴を開け、すべての人に門戸を開いたところから始まる[19]。その後、演劇、ダンス、音楽などの諸分野と交流しつつ、空中ブランコ、綱渡り、アクロバット、ジャグリングなどのダイナミックな要素を引き継ぎ、現代芸術の一分野として認められるにいたった。

　国立サーカス学校 CNAC は、現代サーカスの普及を加速させ、フランスだけでなくヨーロッパ全体にその新ジャンルを波及させた発信拠点である。設立されたのは1986年である。シャロンの街の一角に、19世紀からサーカスを受け入れていた歴史的な土地——20世紀にはスポーツ施設として利用されていた——があったため、サーカス学校の候補地に選ばれた。翌1987年、第一期生を迎えた。

　学校の課程は3年間あり、修了すると大学卒業と同等の学位「サーカスアーティストの国家資格」が授与される[20]。ただし、CNAC は教育省ではなく文化省の管轄にあり、国家資格を授与する機関としては国内唯一である上に、定員が一学年15人程度ときわめて少ない[21]。教育的な活動というよりは、芸術活動の専門家を養成するという使命を帯びている。

　サーカスの衰退に直面して、パイオニアたちが「学校」に解決策を見出し、さらに国の補助を得るにいたったことは注目に値する。この点については、フランスの文化政策、時代背景、パイオニアたちの資質など、多様な要因を踏まえる必要があるが、「学校」という場の可能性を再考する好題材にもなるだろう。

　たとえば学校が、一つの実験場として、新しい文化ジャンルの開拓に寄与している点である。当初 CNAC や他のサーカス学校から始まった現代サーカスの探求は、近年、各地の文化施設などに広がって、一般の人たちの参加の機会を増やしている。スポーツとも演劇とも違う、一つの運動および表現の場を、大人にも子どもにも提供している。トランポリン、ブランコ、天井から吊り下げられた布・ロープ、綱渡りなどは、人を生活空間とは異なる世界へと誘う。「学校」がサーカスと公共空間を近づけるという役割を担ったとするならば、その機能は教育活動に限られないということになる。そこに、文化や教育を考える上で、学校の持つ新しい可能性が見出せるかもしれない。

第4章　身体と臨床教育学—変容というドラマの舞台裏

第2項　サーカス学校の学び

　CNACのカリキュラムは多岐にわたる。現代サーカスの教養科目とでも言える、ダンス、演劇、音楽などの授業がある[22]。また、器具を使った安全講習や、音響・照明設備の訓練があり、他方では、哲学や美学などの「座学」もある。校内の資料センターのパソコンには、サーカス史に記録された多くの公演映像が詰まっていて、サーカスのいわば古典にアクセスすることができる。

　また、舞台鑑賞・舞台発表を含め、学校外の公演に参加する機会も多い。プロのカンパニーに同行したり、演出家とともにシャロンの街劇場で公演することもしばしばある。3年間の課程を終えると、集大成として、パリの大舞台、ラ・ヴィレット公園を皮切りとする卒業公演ツアーに出かける。卒業公演では慣例として、業界で活躍しているアーティストを演出家として招へいし、学年全員で一つの作品を作り上げる。

　とはいえ、サーカス学校の日常の多くは、個々人の専門的な技術を高めることに費やされている。教師曰く、舞台では、並外れて高度なわざを、できるだけやすやすと成功させなければならない。そのための習熟の時間が最も大事であるという[23]。ある生徒は、わざの習得について、「ボキャブラリーを増やす」と表現する[24]。言葉が口をついて出るようにわざに馴染めば、その分、舞台の質も上がるというのだろう。

　この点は、たとえば卒業公演にも関係している。学年全員で一つの作品を作り上げると前述したが、この方針は、現代サーカスの核心部分の一つである。現代サーカスが、伝統的なサーカスとの違いを主張するとき、しばしば舞台が「一つの作品」であることを強調する。あるいは舞台が「エクリチュール」を持つ、と言う人もいる[25]。すなわち、個々の優れた—しばしばスリルに溢れた—技術も重要であるが、それ以上に、舞台を導く「演出」が重要視される。コンセプト、衣装、化粧、種目の順序、音楽や舞台装置など、あらゆる要素が演出に委ねられる。一つのまとまった表現として美しく面白ければ、完成度が上がる。

　技術という「ボキャブラリー」を増やし、それを語る「エクリチュール」を

磨くという表現が正しければ、このような学びは、ある言語——辞書に書き残せるような文字を伴うことはないものの——を習得する過程とどこか通じている。サーカス学校の教師は、まず一方で、生徒たちにアーティストたることを求める。つまり、他ジャンルの芸術分野にも通じ、度量を広く持ち、自分の関心に根ざしたユニークな作品を生み出す人であることを期待する。他方で、アートは学校で教わるものではないとも考えている[26]。好みや望み、関心を刺激することはできるものの、生徒を覚醒させられるとは限らないからである。つまり「言葉」を教えることはできるが、それを「語る」ことができるのは生徒本人しかいないということである。生徒が、身体運動を通じた新しいスタイルの語りを獲得できるかどうか、この学校では挑戦が続いている。

第3節　宙を舞う身体

第1項　動きの余白と教育的活動

　サーカス学校での日常的な学びの場面に立ち入って、わざ習得の取り組みを見ていこう。ここで取り上げるのは、種目「マン・ア・マン（main à main）」（手から手へ）の練習場面である。

　これは二人一組で、飛び手（voltigeur）、および受け手（porteur）からなる。小柄な女性が飛び手に、筋骨隆々の男性が受け手になることが多いが、ここに登場するのは二人組みの男性である。この種目は、二人の身体の大きさや重さはもちろん、相性によってバラエティに富んだわざが展開される。たとえば、アグレッシブなペアであれば、飛び手は受け手の上で飛んだり回ったりダイナミックな動きを見せ、表現豊かなペアであれば、組んだり離れたりしながらダンスのように舞う。

　登場する生徒は、飛び手ルイと受け手ピーター（いずれも仮名）である。教師クリス（同上）が彼らの動きを見守り、課題を与え、アドバイスをする。ルイとピーターはCNACの3年生、すなわち最終学年に所属している。教師クリスはCNAC設立後早い時期から勤めているベテランの教師である。若いこ

第4章 身体と臨床教育学—変容というドラマの舞台裏

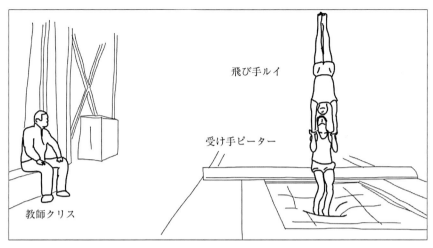

図4-1 トランポリンを使った練習

ろは体操競技の選手であったが、途中からアクロバットパフォーマーとして活動していた。クリスは、大柄で鷹揚（おうよう）とした人物で、練習中はとにかく生徒を褒める。彼に限ったことではなく、CNAC のほとんどの教師がそうである。前向きな言葉をかけることで、生徒の可能性を最大限に押し広げようとしているように見える。

以下では、トランポリンを使った練習場面を取り上げよう（図4-1）。彼らは通常、床の上で練習を行うが、このときは、生徒がトランポリンを使いたいと提案したのであった。

トランポリンは、変容を引き出す一つの仕掛けである。クリスによれば、トランポリンは「楽しい」し、「動きの習得」にも効果的であるという。クリスは「動きの習得」を以下のように説明する。

> もし記憶の中、頭の中に「道」があれば、後でやるとき簡単だろ。理解はできているのだから。地上では体重、力、バランスなんかの制約が多いけれど、トランポリンだとほとんどないからね。

97

「頭の中に道があれば」と言いながら、クリスはこめかみの辺りを指してくるくると回す。「頭の中の道」とは、わざの動作の手順といった意味である。それらが「頭の中」で道をなしていれば、後から実現するのが簡単であるという。後に検討するように、ルイとピーターは困難なわざを次々と練習している。トランポリンでは、重力の制約をほとんど無視して宙を舞うことができるので、普段よりも難易度の高い、よりアクロバティックなわざを練習することができる。
　ところでクリスは、わざの難易度が高くても、それを「難しい」とは言わない。たとえば、二人が悪戦苦闘していたわざについて、以下のように解説する。

　難しいわけではない。課題は、適切な場所で押し、正確に回り、ここという瞬間を捉えること。遅すぎず、早すぎず。彼らは男子のペアだから、動きの余白が小さいのだな。だから正確さが必要なんだ。

　常人を圧倒するようなアクロバティックなわざでも、クリスの目には、正確な動きの積み重ねとして映る。その道筋を生徒に伝え、修正し、成功に導くのがクリスの仕事である。クリスは、生徒たちに常にポジティブな言葉をかけ続けていると上述したが、それは、動作の修正箇所を的確に見抜いているからに違いない。
　ここで鍵になるのは、動きの「余白（marge）」である。生徒が動作を成功させるための、身体のコントロールの及ぶ範囲を指す。バランス感覚や筋力、二人の体重差などに恵まれた「余白」の広いペアであれば、二人の動作が多少ずれても、うまく軌道修正をすることができる。練習を積み重ね、余白の範囲内で動くことができれば、また、余白そのものを広げることができれば、着実にわざの手数を増やすことができる。
　クリスの説明により、トランポリンの意義がいっそう明らかになってくる。すなわちそれは、「余白」をうんと広げる工夫にほかならない。トランポリンの弾性を利用すれば、負荷なくジャンプでき、利用できる空間の高さは３メートル以上にまで広がる。空間の使い方がまるで変わるのである。ルイとピーター

の練習に関して言えば、空中で複雑な動きをするのに十分な時間的・空間的「余白」が与えられ、「頭の中の道」が広がることになる。こうした練習を、クリスは「教育的活動（action éducative）」と呼ぶ。

第2項　未知のわざ、アドバイスの蛇行

さて、この日一番の難所となった、新しいわざの習得場面を見ていこう。いくつかのわざをこなしていった後に、ルイが「ディアミドフ（diamidov）」なるわざをやってみようと言い出した。もともと平行棒のオリンピック選手であったディアミドフ氏が生み出した体操競技のわざであり、アクロバットパフォーマンスでもしばしば披露されることがある。平行棒ではなく人の手の上で行うのが、サーカス版の難しいところである。

サーカス版「ディアミドフ」の手順は以下のとおりである（図4-2）。まず、二人とも正面を向き、飛び手が受け手の前に立ち、その姿勢のまま両者が手をつなぐ。次に飛び手が、軽くジャンプし、①トランポリンに深く沈んで反動をつけ、②受け手に支えてもらいながら跳び上がる。③両脚が上がってきたところで左手を離し、④身体を捻り、⑤天地逆さまで再び左手をつなぎ、⑥倒立の姿勢で受け手に帰着する。

このわざは彼らにとって困難であった。ルイが跳び上がってから、倒立の状態に収まるまでの過程がうまくできないのである。ここで彼らは、滑り止め用の石灰を塗りなおしてみたり、スマートフォンで動きを撮影してみたり、色々工夫をしながら、合計12回も挑戦した。クリスとの相談も含め、この練習だけ

図4-2　ようやく成功したディアミドフ（12回目）

図4-3 腕をルイに見立てる説明

で半時間ほど費やした。

　ここでは、わざの成功にいたるまでの紆余曲折を追ってみよう。クリスの説明の口調に従って、三つの段階に分けることができる。

　第一は、姿勢についての、やや距離をとったアドバイスである。クリスによれば、彼ら二人の最大の問題はルイの捻りにある。彼は「宙に上がってすぐに捻り始め、それから倒立に向かおうとする」のであるが、「それは逆」である。つまり、「まず両脚を上げてしまって、垂直近くになってから捻り回転を始め」なければならない。クリスは説明しながら、自分の腕をルイの身体に見立てている（図4-3）。「捻る」動作はクリスの腕にとってはやや苦しいが、自身の身体を歪めながら忠実に再現している。

　この明快なアドバイスを受けたルイは、そのとおりにやってみようと試みる。だが、最後の倒立までうまく辿り着かない。二、三回試みたが埒があかず、冷静な彼も、苛立って手のひらで太ももを激しく打つ。

　ジャンプをして倒立の姿勢で受け手ピーターに帰着するという動作それ自体は、優秀な飛び手であるルイにとってたやすい。だが、背中の後ろにいる受け手を目がけて、しかも一度捻りを加えて帰着するという課題が付け加わると、もう倒立は単なる倒立ではなくなる。新たな課題を前にして、ルイの身体は、ジャンプの仕方や倒立の仕方をも、再び構築しなければならない。

　さて、第二の局面である。クリスは、ルイの捻りの開始が早すぎることを繰り返すが、それに対してルイは、納得しつつも自らの主張を訴える。「腕が突っかかるのに、どうやって上に上がればいいのだよ」と。そこで、クリスは、ル

第4章　身体と臨床教育学—変容というドラマの舞台裏

図4-4　ルイの足を持ち上げる説明

イを地面に座らせ、直接足をつかんで軌道を教え込もうとする（図4-4）。最初は捻らずに待って、足がある程度上がったところで捻り、そこから倒立へと入っていくように、と。

　ここで彼らは、文字どおり身をもって、それまでとは違った出会いを果たす。クリスの期待していた動作が、予想外なことに、ルイの肩周りの筋肉に阻まれることを知るのである。クリスは「固いな」とつぶやき、ルイは「ムキムキなので」と応じる。

　飛び手として、ルイには平衡感覚や動きの滑らかさのみならず、その発達した筋肉が不可欠である。筋肉のおかげで、彼は受け手ピーターの上で高度なわざをこなすことができる。だがこの場面では、その筋肉がかえって彼の動作を妨げることになった。ピーターの手を押さなければわざを開始できないが、押すという動作がルイの筋肉を盛り上げ、肩の可動範囲を狭めることになる。

　ともあれ、クリスのアドバイスを受け入れて、ルイとピーターは再びディアミドフに挑戦する。しかし、何度かやってみるも、やはりうまくいかない。そこでクリスはアドバイスを変える。第三の局面である。

　クリスは新しい助言を伝える。全身の動きでルイを模倣しつつ、「僕は今こう、後ろに（跳び上がっている）。そうではなく、（腕を）押して、前に跳ぶといい」と説明する（図4-5）。ルイは後ろ向きに跳び上がろうとしているが、それがルイの肩を不自由にしていると指摘するのである。クリスは、むしろ前に跳び出すようにすれば、下半身を一気に上げきることができるのではないかと考えた。

　興味深いことに、ここでクリスは、「僕」という主語を使用する。あたかも

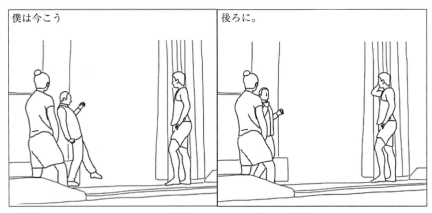

図4-5　全身をルイに見立てる説明

ルイ本人を演じるかのようである。先ほどの接触により、ルイの肩の固さを共有したため、クリスは擬似的にルイの身体になりきることができた、と見るのは深読みが過ぎるであろうか。いずれにせよ、第一のアドバイス（図4-3）とは異なって、距離を感じさせない説明であることは、身振りの違いからも明らかである。

　このアドバイスを受け、ついにルイの身体が綺麗に持ち上がった。ようやくスムーズな姿勢の移行に成功し、空中で捻った後に倒立の状態でピーターの手の上に収まることができた。やっと動作がつかめたとばかりに、ルイもピーターも納得した様子である。

第3項　トランポリンの誘い

　難所を越えたルイとピーターは、クリスが別の生徒と言葉を交わしている隙に、息抜きとばかりに遊びを仕掛ける。最後に、トランポリンを使って遊ぶ場面を見てみよう。

　トランポリンの上を移動したピーターは、何やらルイに耳打ちをする。受けたルイは、ピーターと横向きに並ぶ。すぐに二人はトランポリンを揺らし始め、二人で息を合わせて左右に大きく飛び跳ねる（図4-6）。二人が片手をつないで一列に並び、同じテンポで左右に飛び跳ねられるよう調整する。その直後、手

第4章　身体と臨床教育学——変容というドラマの舞台裏

図4-6　遊びを仕掛ける二人

をつないだまま、ルイが側転をするような形で勢いよく跳び上がり、そのままピーターの上に倒立で帰着した。すぐに着地し、二人は満足そうに笑う。

　クリスが別の生徒との会話を終えて二人のほうに向きなおると、ピーターは「今の見た？」とクリスに尋ねた。「見ていない」との答えに、ルイは「残念、見逃したね」と言い、再び同じわざを披露する。クリスはアドバイスをしようと何か言いかけるが、笑って取り消した。

　トランポリン上で遊びを仕掛けるのはこれだけではない。クリスが別の場面で二人に近づいてアドバイスをしようとして、トランポリンに上がったときであった。アドバイスが一段落したところで、ピーターがルイをけしかけ、二人でトランポリンを揺らし始めた。その場にいたクリスが上下に揺さぶられるのである。クリスも加担し、「おお、跳んでいる！」といたずらっぽく言い放ち、二、三回小さくジャンプに参加した。クリスはすぐに退散するも、まんざらでもない様子であった。

このように、彼らがトランポリンを使って練習するのは、何も「頭も中の道」の開拓だけに限られない。トランポリンの上にいるということは、常に上下に揺れ動く布に身を委ねるということである。その弾性は、彼らの創作欲を誘惑するのに十分である。教師にわざを教わっているあいだにも、すでにルイとピーターの脚はトランポリンの弾性をたしかめ、宙に飛び出るチャンスをうかがっている(27)。

第4節　変わることのドラマ

第1項　欠如のある対話

　サーカス学校の練習風景を舞台に、わざの習得過程について詳細に見てきた。最後に、ドレイファスの発達モデルにおいて十分に語られていなかった、変容そのものの経験について考察しよう。
　まず注目するのは、他者の介入である。ルイやピーターの場合、クリスの役割が決定的であった。彼らに限らず、生徒は、わざを習得しようとするとき、一人で黙々と訓練を積むのではなく、教師や仲間など、他の人との会話の中で進める。そこで生徒は、見た目の調整、外からの視点の検討、動作の分節の試み、動作のまとまりの自覚、流れの整理など、個人では得られない様々な局面に出くわす。変容を目指した学びのやり取りは、当人たちの期待通りに進まないが、それこそ、学ぶ身体の経験に必然的に伴うままならなさである。
　本章の事例においては、教師クリスと飛び手ルイのやり取りの紆余曲折が見られた。成功にいたるまでのやり取りは、必ずしもスムーズではなかった。第一のアドバイスはきわめて明快であったにもかかわらず、その指摘がクリスの肩をこわばらせ、かえって捻りを妨げる要因になっていた。直接的な接触によって、重要な事実—肩が固くて回らない—を学んだのは、ルイではなく、軌道を教え込もうとしたクリスその人であった。
　「前に跳び上がる」という最後のアドバイスについて、ドレイファスであれば、教師が動作をうまく「分解」しえた、と結論づけるかもしれない。だが私たち

第4章　身体と臨床教育学――変容というドラマの舞台裏

は、クリスが動作を「分解」したとか、第一のアドバイスが機能しなかった、などという結論に満足することはできない。むしろここで見えたものは、彼らが互いに身体を現前させ、手探りしながら共同的に学びを進めているという、その軌跡である。結果的に動作を「分解」することになったとしても、それを発見しえたのは、アドバイスに先立つ互いの現前においてである。見える形で現れる関わり以前の暗がりこそ、現場において生きて働く身体にほかならない。

　サーカス学校の教師と生徒は、練習中によく話す。練習内容をいっぱい詰め込むというよりは、一回一回の動作を、丁寧に時間をかけてこなしていく。その日に取り組むわざについて、その意義や重要性を納得するまで話し合うし、身体の動かし方について腑に落ちなければ徹底的に議論する。こうした対話の時間こそ、やがて訪れるわざの成功を準備している。

　こうした対話においては、あらかじめ準備された筋書きは常に書き換えられる。メルロ゠ポンティによれば、対話において言葉が引き出されるとき、放たれる言葉の意味には、満ち足りえない「欠如」がある。

> 他者の言葉を発動させた彼の意味的志向は、はっきりと顕在化した思惟ではなくて、充足されることを求めている在る一つの欠如態であった。……この志向を捉える私の作用の方も、私の思惟の操作ではなくて、私自身の実存の同時的転調であり、私の存在の変革なのだ[28]。

　対話は、はっきりと現れている答えがあって始まるものではない。むしろ欠如を抱えながら始まり、双方に「実存の同時的転調」をもたらしながら進む。ルイの動作を変えようとするクリスの最初の働きかけは、ルイによる肩の固さの発見という意外な帰結によって頓挫し、新しい働きかけの模索へと向かった。ルイもまた、押し出す方向さえ工夫すれば、肩が固くてもスムーズに跳び上がれることを、「転調」を経たクリスによって学ぶ。

　こうした対話、それも身を投じた対話を通して、変容は少しずつ進む。わざを習得してしまえば忘れてしまえるような小さなドラマであるが、そうしたドラマこそ、変容する経験そのものではないだろうか。

第2項　意味の分泌

　二つ目に、身体それ自身が変容しようとする現象に注目しよう。学習者がわざを身に付ける途上において経験しているものは、ドレイファスの考える「即応」ではないにせよ、一つの生きられた世界である。熟練者の「即応」とは違った形で状況の中で応答している姿に目を開いたとき、その記述の可能性が開かれる。

　メルロ＝ポンティによれば、私たちの行為は、個々の動作の単位の結合によって構成されるのではなく、一つの包括的な「図式」によって把握されている(29)。その図式によるまとまりがあるからこそ、一つの行為を異なる場面においても再現することができ、たとえば同じ筆跡でもって紙にも黒板にも字を書くことができる。こうしたまとまりは、「運動的な意味の運動的な把握」(30)である。つまりそれは分解や分析によらない、「私の手」独自の把握力として立ち現れる。

　こうした動きの図式は、必ずしも動作に熟練している者のみに妥当するものではない。ルイとピーターの事例では、ディアミドフという課題に向き合うことで、普段できているはずの倒立すらもできなくなる場面があった。ルイが苛立ちを露わにしたことからもわかるように、普段であればたやすい動作であったに違いない。

　このことは、身体が、あるまとまりの中で常に動くという事実を示している。学習者がわざの獲得に苦労するのは、それまでに身に付いた動作の習慣、ないしスキルに一定の図式があるからにほかならない。既知の動作が活かされないどころか、かえって新しい動作の妨げになるという意味で、学習という場において、それらは剥き出しのままで現れる。

　剥き出しになった古い図式は、学習という文脈においては、未熟とみなされる事象であろう。しかしながら、その未熟な動作こそ、それまでに獲得した世界の中で、常に最適な動きでありえたはずの、学習者の生きられた身振りである。学習者にとって新しいわざとは、新しい世界へ飛躍するための跳躍台でもあれば、それまでに構築した世界との関わりを破壊する脅威でもある。学びは

第 4 章　身体と臨床教育学―変容というドラマの舞台裏

白紙の状態から始まるのではない。すでに当人の身に染み付いている世界との関わり方から出発し、その関わり方が更新し始めるときが、学びの瞬間なのではないであろうか。わざを獲得することは、その跳躍に挑むスリリングな経験である。この葛藤の諸相もまた、変容しつつある身体の生きた経験であると言える。

メルロ＝ポンティは、習慣の獲得が、「新しい道具を自分に附加することによってわれわれの世界内存在を膨張させること、ないし実存の在り方を変えることの能力の表現」であると論じた(31)。つまり、技術の熟達のみならず、熟達に伴う、当人の生きる世界そのものが変容するというのである。

身体は、動作にただ没頭しているわけではなく、世界と完全に一体になっているわけではない。身体は、絶えず新しい意味を模索しようとするからである。

> 自己の身体は、その各々が即自的に存在しつづけるような諸分子の寄せ集まりでも、あるいはまた決定的に規定されてしまっている諸過程の交錯でもない。……なぜなら、それはどこから自分にもたらされたわけでもない一つの〈意味〉を自分自身で分泌して、それを自分の物質的周囲に投げ出し、それを受肉した他の主体たちへと伝達するのが見られるからである(32)。

身体は、世界と有機的に関係を取り結ぶ一方で、その関係に安住することがない。「どこから自分にもたらされたわけでもない」意味を、新たに生み出し始めるとき、「即応」という行為には収まりきらない現象に出くわすのであり、さらに言えば、これまで生まれることのなかった新たな「即応」が、同時的・複層的に生まれつつあるのである。

サーカス学校の事例のように、身体をあえて変容させようとする試みは、有機的に関係を取り結んでいる世界と身体との間に、亀裂を入れる企てであるとも言える。身体に対して積極的に働きかけ、変容を起こさせる企て―ほかならぬ教育的な働きかけ―は、いわば、世界と身体との有機的な連関、すなわち「志向の弓（arc intentionnel）」(33)を、あえて「緩める」行為なのである。それは、身体が分泌する意味そのものを揺さぶる企てである点において、その新しい意

味の分泌に立ち会える現場であるかもしれない。

▶ おわりに ◀

　サーカス学校には開放感と緊張感が両立していると最初に述べた。練習の時間、もちろん彼らは真剣で、わざが成功しなくて煮詰まったり、自分自身に腹を立てたりする場面も散見される。だが、何かに急(せ)き立てられたり、誰かに強制されてわざに取り組む、といった差し迫った緊張感はない。失敗すればじっくりと考え、疲れていれば無理はしない。さっきよりは今の方がいいだろう、今日はだめでも明日になれば身体が動くかもしれない、といったあっけらかんとした態度がないでもない。

　そのことは、もちろん教師や生徒の人柄にも起因しているであろうが、現代サーカスがもたらす特徴であるとも考えられる。サーカスは競技ではない。つまり規定のルールに合うように身体を制御し、その中で正確さや得点を狙うような活動ではない。むしろそういった規定のルールそのものを更新していくような作品作りをこそ狙っている。したがって、授業で目指しているのは、あらかじめ決められたわざの習得だけにとどまらない。「美しい」とされる動きがあったとしても、サーカスにおける美しさは絶対ではない。クラシックバレエのように軽やかに伸びゆく指先は美しいかもしれないが、サーカスの舞台においては全く異なる指先が映えるかもしれない。それを新しく定義しなおすのも自分たちの仕事であると、ある教師は語る[34]。

　こうした定義のやりなおしは、彼らの練習に通底する雰囲気に関わっている。ルイとピーターの事例においては、説明のためにトランポリンの上に乗ってきた教師を巻き込んで、しばしば一緒になってジャンプを楽しむという場面があった。生徒は、上下の振動をやめないトランポリンの布、その上で揺れる教師の身体を受けて、一緒にジャンプをするという行為に踏み出さずにはいられなくなったのであろう。こうした小さな芽のような企てを、教師は決して否定しない。

　こうした企ては、彼らが狙いを定めるわざの習得に限らず、いつでも新しい

第4章　身体と臨床教育学―変容というドラマの舞台裏

面白いものを見つけてやろうという探求の姿勢の現れである。彼らの練習は、いたるところでこうした探求色に染め上げられている。練習中にどことなく開放感があるのも、新しいものが生まれる可能性への期待に、彼らの時間が開かれているからではないであろうか。状況の中の差異を見抜くことが熟練の要件だとするならば、日々の取り組みの中で、面白い動きに抜け目なく視線を走らせる彼らは、サーカスの作り手として熟練であると言えよう。そうした眼差しもまた、彼らの学びの生きられた経験にほかならない。

〈注〉
（1）サーカスの人たちは、「わざ」を様々に呼ぶ。一般的なのは「形 figure」であり、わざの単位が明確で、名前がついている場合が多い。漠然としたわざ全体を指す場合、「トリック truc」（かけら、仕掛け）を使う。ただし「truc」は、指示代名詞「あれ、それ、もの」に近い意味でも多用される。「技術 technique」と言う場合、figure よりも具体性が欠ける。
（2）筆者は、パリ第五大学の共同研究に参加する中で、この学校を訪れる機会に恵まれた。2015年4月以来、二ヶ月に一回ほどのペースで授業の見学および公演の観賞などの参与観察を続けている。本稿は、その調査で得た記録を題材にしている。なお、「サーカスをする人」を、この学校では、「パフォーマー」と区別して「アーティスト」と呼ぶ。教師へのインタビューによれば、前者はエンターテイメントを提供する人、後者が作品を生み出す人を指す。
（3）樋口聡『身体教育の思想』勁草書房、2005年、佐藤学・今井康雄編『子どもたちの想像力を育む―アート教育の思想と実践』東京大学出版会、2003年。
（4）和田修二・皇紀夫編著『臨床教育学』アカデミア出版会、1996年、40頁。
（5）Merleau-Ponty, Maurice. *Phénoménologie de la perception*, Gallimard, 1945. p.160. メルロ＝ポンティ（小木貞孝・竹内芳郎訳）『知覚の現象学1』みすず書房、1976年、232頁。
（6）Merleau-Ponty, *ibid.*, p.171. メルロ＝ポンティ、同上書、245頁。
（7）Merleau-Ponty, *ibid.*, p.170. メルロ＝ポンティ、同上書、244頁。
（8）Merleau-Ponty, *ibid.*, p.161. メルロ＝ポンティ、同上書、233頁。
（9）Merleau-Ponty, *ibid.*, p.117. メルロ＝ポンティ、同上書、176頁。
（10）メルロ＝ポンティは同じことを言い換え、「存在や図形や点をその前に現出させるた

めの非＝存在の地帯」とも表現する。Merleau-Ponty, *ibid.*, p.117. メルロ＝ポンティ、同上書、175頁。

(11) メルロ＝ポンティによれば、杖の使用に慣れるということは、杖の圧力や杖の長さなどから物体の位置を算出するという解釈の手間を「省かせてくれる」ものである。Merleau-Ponty, *ibid.*, p.178. メルロ＝ポンティ、同上書、253頁。

(12) Dreyfus, Hubert, Dreyfus, Stuart, and Athanasiou, Tom. *Mind over Machine: the Power of Human Intuition and Expertise in the Era of the Computer*, B. Blackwell, 1986. ドレイファス（椋田直子訳）『純粋人工知能批判―コンピュータは思考を獲得できるか』アスキー、1987年。

(13) Dreyfus, Hubert, Intelligence without representation—Merleau-Ponty's critique of mental representation: The relevance of phenomenology to scientific explanation. *Phenomenology and the Cognitive Sciences*, 1, 2002, p.368.

(14) Dreyfus, *ibid.*, p.372.

(15) Dreyfus, *ibid.*, p.380.

(16) Dreyfus, *ibid.*, p.373.

(17) Dreyfus, *ibid.*, p.381.

(18) カフカの小説『変身』は、「変容」を論じる上で重要である（カフカ、フランツ（高橋義孝ほか訳）「変身」『カフカ』新潮社、1970年）。グレゴール・ザムザは、ある朝自分が虫になっていることに気が付く。この話は、一家を襲った災難を通して、変容の経験の底知れぬ可能性を―暗い面も明るい面も―想起させてくれる。身体の構造が変わったザムザにおいては、知覚が変わり、世界の現れ方が変わった。変容したのは彼の「環境世界（Umwelt）」そのものにほかならない。「環境世界」は、ドイツの生物学者ユクスキュルが提唱した概念である。人間が生きる世界もまた、身体の構造と環境との連関において規定されていると哲学的人間学に重要なインスピレーションをもたらした（ユクスキュル、クリサート（日高敏隆・羽田節子訳）『生物から見た世界』岩波書店、2005年）。なお、手塚治虫は、身体を虫に変えられた男の短編漫画を描いた。虫に変えられた「ザムザ」が蛹になり、成虫し、自らの名誉を挽回する話である。最後に手塚は「ザムザは飛び立った。虫が虫らしく生きる世界へ向けて」と残す。その世界に着けば、ザムザの物語が「不条理」という色を帯びることはなかったかもしれない（手塚治虫『メタモルフォーゼ』講談社、1977年）。

(19) 現代サーカスおよびサーカス学校の誕生には、アニー・フラテリーニという功労者がいる。老舗サーカス団フラテリーニ家の娘であった彼女は、異色ながら、ダンサーや俳優など、他分野のパフォーマーとも積極的に交流を続けた。彼女は実力のあるも

第4章　身体と臨床教育学——変容というドラマの舞台裏

のは誰でもサーカスの舞台に立てるようにするべきだと考え、1974年、彼女の学校アニー・フラッテリーニ・サーカス学校を設立した。
(20) ヨーロッパ共通学位体系に準拠し、日本では大学卒業の学位に相当する。「Diplôme National Supérieur Professionnel d'Artiste de Cirque（DNSP）」。
(21) この学校入学できる生徒の数は20名前後、入学希望者は180名程度であるから高い倍率である。選抜コンクールは4日間ほどかけてじっくり行われる。なお、サーカス学校は、国民教育省ではなく、文化省の管轄である。サーカスは動物を扱う活動であるため、1979年以前、農業省の管理下にあった。農業省の管轄のまま現代サーカスが生まれることはなかったのだろうか、などと考えてみたくなる。
(22) これらの領域は、いずれも「コンテンポラリー」に属するものが多い。ダンスであれば、たとえばクラシックダンスやストリートダンスよりも、即興ダンスを行うことが多い。また年によっては、装飾アートの学校に滞在し、造形について学ぶ授業もある。
(23) 「技術が正確であればあるほど、並外れた動きをやすやすと実現すればするほど、身体表現は自由になる」（Suty, Joël, *Face-à-face pédagogique*, Centre national des arts du cirque（ed.）*Cirque à l'œuvre*, Textuel, p.24.）
(24) 練習の参与観察中に、ある生徒が語ってくれた。彼は新しいわざに成功するたびにノートをつけている。舞台の創作前には見返すのだという。
(25) David, Gwénola. *Des écritures de cirque*, Centre national des arts du cirque（ed.）*ibid.*, pp.78-79.
(26) ある教師へのインタビューによる。
(27) 「私が悲歎におしひしがれ、すっかり心労に疲れ切っているあいだにも、すでに私のまなざしは前方をまさぐり、ぬかりなく何か輝いたものをめざしており、こうして自分の自立した生存を再開している」。Merleau-Ponty, *op. cit.*, p.100. メルロ＝ポンティ、前掲書、151頁。
(28) Merleau-Ponty, *ibid.*, p.214. メルロ＝ポンティ、同上書、301-302頁。
(29) Merleau-Ponty, *ibid.*, p.114. メルロ＝ポンティ、同上書、172頁。
(30) Merleau-Ponty, *ibid.*, p.167. メルロ＝ポンティ、同上書、240頁。
(31) Merleau-Ponty, *ibid.*, p.168. メルロ＝ポンティ、同上書、241頁。
(32) Merleau-Ponty, *ibid.*, p.230. メルロ＝ポンティ、同上書、323頁。
(33) Merleau-Ponty, *ibid.*, p.158. メルロ＝ポンティ、同上書、229頁。
(34) 「美しさの定義をしなおす」というのは、筆者のインタビュー中に、一人の教師が語った言葉である。

〈推薦図書〉

生田久美子『「わざ」から知る』東京大学出版会、1987年。
市川浩『精神としての身体』講談社、1992年。
菅原和孝『ことばと身体―「言語の手前」の人類学』講談社、2010年。
竹内敏晴『ことばが劈かれるとき』筑摩書房、1988年。
森田裕子『サーカス―そこに生きる人々』文遊社、1995年。

第5章
教師のタクトと即興演劇の知
――機知と機転の臨床教育学序説

第1節　教師に求められる即興の技量

　即興演劇、即興音楽、即興舞踊――台本や楽譜をもちいず簡単な約束事だけを頼りにおこなわれる演技・演奏は、古代から現代にいたるまで人々の心を魅了してきた。だが、ちょっと我々の日常生活をふりかえってみれば、友人同士の他愛のない会話も、晴れた日に思わずこぼれる鼻歌も、電車のホームを行きかう人々による進路の譲りあいも、台本や楽譜に頼ることのない即興によるものであることがわかる。教師と児童生徒の関係を基調とする教育という営みもまた、単純な問いと答えのやりとりから想定外の出来事への対処にいたるまで、事前準備のできない即興の要素にあふれている。

　このため教師には高い即興の資質が求められる。たとえば、児童から思いがけない意見や疑問が提示されたとき、あるいは生徒たちの活動が予想外の方向へ進んでいったとき、これら想定外の出来事を新たな学びの機会へと転換するためには、教師の素早い判断と行為が要求される。問題解決学習や体験型の演習・実習のように、授業のなかで児童生徒の活動の占める割合が大きくなるほど、一人ひとりの発言や行動をすべて予測することは難しくなり、教師の機転が求められる場面は多くなるだろう。仮に授業が計画通りに進められていたとしても、子どもたちに語りかける言葉や、口調、表情、身体の所作、間の取りかた、説明や板書の速さなど、教師は常に個別の状況にあわせたふるまいを選び取っていかなければならない。想定外の出来事にも的確に対処することのできる即興の技量は、教育に携わるものにとって欠くことのできない、重要な資

質であると言うことができる。

　この教師の即興の技量は、近代教育学の始まり以来、「タクト」（Takt）と呼ばれて重要視されてきた。タクトの特徴と育成方法に関しては、洋の東西を問わず、現在にいたるまで多くの理論が著されている。これに加えて近年においては、即興演劇の理論と実演に関わる知見を活かして、教師の即興の技量に関する新たな理論が提起されている。舞台のうえの役者の即興の技量の特徴と育成方法に関する知見は、教室における教師の即興の技量をめぐる理論にとっても重要なヒントを与えてくれる。

　このため、教師の即興の技量の特徴と育成方法を明らかにするべく本章では、①教師の即興の技量としてのタクトの特徴と育成方法に関する理論を読み解くこと、②即興演劇の役者に求められる技量の特徴と育成方法を明らかにすること、③以上を総合することで教師の即興の技量の特徴と育成方法を新たに捉えなおすこと、という三つの課題に取り組むことにしたい。

第2節　教師の即興の技量としてのタクト

　個々の状況にあったふさわしい言葉や行動を決定することができ、想定外の出来事にも的確に対処することのできる教師の即興の技量は、近代教育学の始まり以来「タクト」（Takt）と呼ばれて重要視されてきた。

　日本人の多くは、「タクト」と聞けば音楽の指揮や指揮棒を最初に思い浮かべるのではないだろうか。ラテン語の「tactus」（タクトゥス）（接触・触覚）を起源とするドイツ語の「Takt」も、元来は「拍子」や「指揮」などをあらわす音楽用語としてもちいられていた。これがやがて人間関係の機微に関わる領域にも転用されるようになり、繊細な心遣いや、他者への思いやり、礼儀作法の感覚などの意味をもつようになった。直訳すれば「タクトに満ちている」という意味の「taktvoll」（タクトフォル）には、「礼節を心得ている」や「思いやりがある」などのほか、「機知に富む」や「機転が利く」といった含意がある。また、「taktlos」（タクトロス）は「タクトが欠けている」ことをあらわす単語だが、主に「思いやりを欠く」「無神経な」「非常識な」といった意味でもちいられている。

第5章　教師のタクトと即興演劇の知──機知と機転の臨床教育学序説

　この人間関係の機微に関わる「タクト」の概念を教育の世界に持ち込んだのは、近代教育学の開祖とも言われるドイツの哲学者・教育学者ヘルバルト（Johann Friedrich Herbart）である[1]。このタクト概念はヘルバルトの弟子たちによって受け継がれたのち、第二次世界大戦の終結後に再び注目を集め、ディルタイ（Wilhelm Dilthey）門下のノール（Herman Nohl）や[2]、ノールの弟子のブロッホマン（Elisabeth Blochmann）[3]、ノールの孫弟子にあたるムート（Jakob Muth）[4]、さらにはイプフリング（Heinz-Jürgen Ipfling）らによって継承され[5]、現在にいたるまで多くの論者によって発展させられてきた[6]。近年においても、カナダの教育学者ヴァン＝マーネン（Max van Manen）の著作や[7]、日本の鈴木晶子による著作のほか[8]、ドイツのゲッデとツィルファス（Günter Gödde und Jörg Zirfas）の編纂による著作などが[9]、タクトの内実をめぐる理論を展開している[10]。

　1802年におこなわれた『最初の教育学講義』のなかで若きヘルバルトは、教師のタクトの役割を「理論と実践の媒介項」として定めた。教育理論には「いつでもどこでも」妥当だと言える普遍性・一般性が求められる。だが、教室における教育実践とは一期一会の特殊性・個別性を備えた営みである。教育理論は一般論として教育の理念や方法を提示することはできるが、個別の状況や個々の子どもにあわせた対処の仕方まで決定することは叶（かな）わない。理論と実践のあいだには埋められない溝があるかのようだ。この理論と実践のあいだを仲介することこそが、教師による「素早い判断と決定」としてのタクトの働きにほかならない、とヘルバルトは説いたのである[11]。

　この人間関係の機微と教師の力量に関わるタクト概念は、第二次世界大戦後の困難に満ちた社会状況にあって、健全な人間関係と社会秩序を取り戻そうとする思潮のなかで、再び注目を集めることになる。たとえばブロッホマンは、1950年代初頭に発表された2編の論稿のなかで、ヘルバルトの議論を援用しながら、人間関係の機微に関わるタクトの重要性を説いている。これによれば、ある人が「豊かなタクトを備えている」ということは、単にあらかじめ定められ与えられた規範に従って「礼儀正しく」ふるまうことができるということではなく、眼前にいる他者との関係のなかで相手の尊厳を冒すことのない距離を

保ち、この他者からの働きかけに影響されながら行為の指針を定めることができることを言う。ブロッホマンがこのタクト概念を復興させようとした背景には、迫害を逃れて移り住んだイギリスで教育に携わり、礼儀作法や、他者への敬意と配慮、控えめな態度、他者との距離感覚、実践における即興などを重んじる、かの地の文化にふれた体験がある[12]。

　また、ノールも1950年に著された『教師の陶冶(とうや)』や他の論稿のなかで、教師の「賢明な感覚」としてのタクトの重要性を説いた。教育の理念や方法をめぐる洞察を深めれば深めるほど、私たちは、教育の本質に関わる課題の両極性を明確に自覚させられることになる。個人の幸福と社会の発展、現在の享受(きょうじゅ)と未来への志向、従順への要求と自由への教育、過去の継承と新たな世界の建設、世俗と超越——教師はこれら両極のあいだにあって、いずれか片方の課題を偏重(へんちょう)することなく、場面ごとに的確な行路を選んでいかなければならない。ノールによれば、このように教育の本質に関わる課題の両極性を自覚したうえで、両極のあいだで的確な行路を選ぶことを助けるという点に、教師の「賢明な感覚」としてのタクトの特徴がある[13]。

　このタクトの特徴を、複数の観点から詳細に明らかにしたのが、1962年に刊行されたムートの著作『教育的タクト』である。タクトが人間関係の機微に関わる資質であることを確認したうえで、ムートは、主に教師と児童生徒の関係に関わる「教育のタクト」と、教えることや学ぶことに関わる「教授のタクト」とを区別している。これによれば、「教育のタクト」は教師の言葉の丁寧さのなかに、ふるまいの自然さのなかに、子どもを傷つけないようにする態度のなかに、子どもとの距離を保つことのなかに、現れてくるのだという。これにたいして「教授のタクト」は、教授場面における状況の安定性として、授業の演出に関わる教師の力量として、即興の才能として、特に教師が児童生徒を「共演者」として捉え、彼／彼女らに自由な活動の余地を与えるときに、働くのだと言われる。もちろん、ここでわかりやすく2種類に区別されたタクトは別々に現れるわけではなく、いずれも教師の即座の判断と行為に関わる資質として、実際に教師と子どもたちが関わる場面においては、相互に重なりあい補いあいながら働くことになる[14]。

第5章　教師のタクトと即興演劇の知—機知と機転の臨床教育学序説

　加えてイプフリングも、1966年発表の論稿『教育関係のなかのタクト』において、ロック（John Locke）やヘルバルトらの議論を検討しながら、タクトの特徴を説き明かしている。これによれば、タクトとは児童生徒にたいする無私の、配慮に満ちた、繊細な援助のことであり、対話を典型とする教師 − 生徒の相互関係にこそ、タクトの最も深い基盤があるのだという。タクト豊かな行為において、教師と児童生徒は、共通の課題に一緒に取り組むパートナーとして捉えられる。豊かなタクトを備えた教師は、対話関係のパートナーとしての児童生徒の人格を尊び、個別の状況に適った決断をすることができると言われる。こうした洞察にもとづいてイプフリングは、まさにタクトこそが教育関係の原理なのだと説いている[15]。

　このように、当初ヘルバルトによって「理論と実践の媒介項」として導入されたタクト概念は、第二次世界大戦後のドイツの教育学において、特に教師と児童生徒のあいだの関係に関わる観点から発展させられた。人間の尊厳を踏みにじったナチズムの暴虐への深い悔恨と、画一性と匿名性を特徴とする大衆消費社会への強い抵抗からだろう、いずれの論者においても、個々の子どもの人格を尊重することが重要視されているのを見ることができる。あらかじめ自明なものとして確立されている判断基準や行動規範にのみ依拠するのではなく、眼前にいる一人ひとりの児童や生徒との関係のなかで、個別の状況におうじて浮かびあがってくる課題や要求を受け止めることを求める点に、教師の即興の技量としてのタクトをめぐる議論に共通の特徴がある。

　次に問題となるのは、このように人間関係と個人の尊厳に関する深い洞察にもとづいて、個別に異なる諸状況にあわせた素早い判断と行為をおこなうことのできる、教師の即興の技量としてのタクトは、いかなる方法によって育成することができるのかということである。

　ヘルバルト以来、教師のタクトを育成するために最も重んじられてきたのは、教育をめぐる理論を学び思想に深く精通することに加えて、実際に教育の実践に携わり経験を積み重ねることである。ヘルバルトによれば、人が技術を学びタクトを養うことができるのは実践の経験のなかだけであるが、この経験から教訓を得ることができるためには学問による準備が欠かせないという。これま

でに蓄積されてきた理論や思想に親しむことで、すぐに素晴らしい授業を実施できるようになったり、即座の判断が養われたりするわけではない。また、ひたすら教室における実践経験を重ねていれば、児童生徒の心情を汲むことができるようになったり、機転が利くようになったりするわけでもない。教育をめぐる理論や思想を学び問うことによって深められた洞察を導きとして、日常の教育実践に携わりながら、成功も失敗もふくめた自己の経験からたえまなく学び続けることこそが、教師の即興の技量としてのタクトを養うための、最も重要な課題なのである(16)。

また、タクトの育成に関するヘルバルトの理論の重要な特徴として、教師個人の感覚や情調といった、ともすると軽視されがちな契機への注目が挙げられる。教師が教育をめぐる理論や思想を学ぶことを求められるのは、単に知識を増やしたり視野を広げたりするためばかりではなく、実践における経験を受け止める感覚を養うためでもある。教育実践に関わる諸現象や個々の状況を精確に捉えるためには、教師の頭と心の両方が、学問をとおして準備されていなければならない。教育をめぐる理論や思想に親しむことにより、実践の基礎となる情調が整えられ、諸事象に向きあう感覚が養われ、これによって教師のタクトが涵養されるのだというのである。教師による素早い判断と行為のための素地として、合理性や規則性のみならず感受性や情動性にも重要な役割を認めた点に、ヘルバルトの理論の独創性がある(17)。

もちろん、これまでに蓄積されてきた教育をめぐる理論や思想は、個別の授業改善や教師と児童生徒の関係に直接役に立つ指示を与えてくれる、便利な処方箋のようなものではない。特定の理論書に書かれていたことを鵜呑みにしたり、一人の思想家が述べていることを絶対視したりしてしまうと、視野が狭くなりモノの見方が固定されてしまい、かえって自由なタクトの働きを邪魔してしまうことになる。教師のタクトの育成にあたっては、特定の理論や思想を学ぶことで満足したりこれを偏重したりするのではなく、古今東西の理論や思想を広く学び問うことで、常に未知のものや新たなものへと開かれた姿勢を保つことが求められるのである。

現代カナダの教育学者ヴァン＝マーネン（Max van Manen）は、教師のタク

トを育成するための取り組みとして、この未知のものへと開かれた姿勢を基調とする、省察（reflection：ふりかえり）という方法を提唱している。ある経験が当事者にとってどのような経験だったのか、個々の経験の意味を明らかにすることが省察の中心課題である。実践の渦中にいるときには見えていなかった、児童による謎めいた行動の背景や、生徒からの唐突な問いかけの価値、咄嗟の状況に隠れた好機などが、一度距離をおいてふりかえってみることで浮かびあがってくる。教室における出来事や子どもたちとの対話などを省察することによって、ささいなことのように思われた出来事に孕まれていた学びの機会や、ありきたりな言葉の裏に隠された子どもなりの想いや願いが、改めて感得されることもあるだろう。これにより、想定外の出来事に孕まれた意味を見抜くことのできる思慮深さと、この思慮深さを素地とする即興の技量としてのタクトが養われてゆくのだというのである[18]。

　この経験の意味をめぐる省察にさいしても、教育をめぐる理論や思想は、重要な導きを与えてくれるだろう。教育の哲学や歴史、方法や教材、子どもの心理や発達、人間関係、家庭や社会が抱えている問題などに関する諸学問の知見は、個々の経験の意味を照らすための新たな視点や、教育という営みの奥深さをめぐる深い洞察を提供してくれる。教育を取り巻く状況が急速に変化している現代にあっては、未知のものへと開かれた姿勢を保ちながら、新旧の理論と自他の実践の両方から学び続けることが、教師にとってなおのこと重要な課題となっている。理論と実践の往復による即興の技量の涵養という、かつてヘルバルトが唱えた課題は、教師の専門性の養成に深く関わる課題として、今日にまで受け継がれているのである。

第3節　即興演劇の役者に求められる資質

　このようにドイツのヘルバルトを開祖とする教師のタクトをめぐる理論の伝統にたいして、近年アメリカの教育学界を主軸として、即興演劇や、即興音楽、即興舞踊など、即興のパフォーマンスにまつわる視点から、教育実践における即興性の特徴と意義を捉えようとする探索がおこなわれている[19]。現在この

探索を牽引している論者には、創造性の発現と育成に関する理論の先端をゆくソーヤー（Keith Sawyer）や[20]、即興演劇の手法をセラピーや教育実践に活用しているホルツマン（Lois Holzman）[21]、学校や企業で即興演劇のワークショップを実施している高尾隆らがいる[22]。以下の各節においては彼／彼女らによる探索の成果にも学びながら、特に即興演劇の理論と稽古に光を当てることによって、即興演劇の役者に求められる資質と、この資質を育むために取られる方法を、順に明らかにしていくことにしよう。

英語の「improvisation」（インプロヴィゼーション）には元来「即興」という意味があり、日常にも広くもちいられているが、「improv」（インプロ）または「impro」（インプロ）という省略形になると、特定の芸術分野における即興の演技や演奏を指すことが多い。即興演劇は、原則として事前に準備された台本をもちいずにストーリーを創りあげていく、演劇パフォーマンスである。即興音楽において、演奏前に一定のコード進行やリズムが定められている場合があるように、即興演劇にも、全体の進行にかかわるフォーマットや約束事が設けられている場合が多い。またときには、簡単なキーワードや、登場人物の関係性、舞台となる場所などを、観客から提案してもらい、この設定を活かしてストーリーを創っていくこともある。

加えて即興演劇の舞台においては、プログラムの一環として、出演者の即興の技量が試されるさまざまなゲームがおこなわれることも多い。たとえば、即興のシーンを演じながら互いの帽子を取りあう「ハットゲーム」や、台詞に「S」（または他のアルファベット）を使ってはいけない「ノーエスゲーム」、二人または三人以上の役者が一人の人物を演じる「ワンボイス」など、さまざまなゲームがある。多くのゲームは即興演劇の役者のトレーニングのためにも使われており、なかには単純な言葉遊びやリズム遊び、連想ゲームやジェスチャーゲームのようなものもあるが、いずれも舞台のうえでは観客を惹きつける立派なパフォーマンスとなる。

ここでは、現代の即興演劇を先導してきたジョンストン（Keith Johnstone）の思想について、長年彼のもとで教えを受けてきた高尾隆による整理に学びながら、基本的なポイントを押さえておくことにしよう。

即興演劇をめぐるジョンストンの思想の基盤には、子どもは豊かな創造性を

第5章　教師のタクトと即興演劇の知―機知と機転の臨床教育学序説

もっているのだが大人になるにつれて創造性を発揮できなくなる、という見識がある。なるほど、子どものころは自由な見方でものごとを眺めることができたのに、大人になるにつれて発想が不自由になったという嘆きはよく聞かれる。子どもたちの自由な発想を見ていると、まるでアイディアが自然に生まれてくる（spontaneous）かのようである。これに比べて長年教育を受けてきた大人たちの多くは、社会にうまく適応するために、この自然に生まれてくる発想を抑制してしまっている、というわけである。このように、子どもを未成熟な大人として見るのではなく、大人を委縮させられた子どもとして見るという点に、ジョンストンの思想の特徴がある[23]。

即興演劇の舞台上においては、役者が自然体でいる（spontaneous）ときほど興味深いアイディアが湧いてきたり、無意識のうちに独創性の高い表現が生まれたりするものだと言われる。とはいえ、変に構えずに自然体でいようと意識すればするほど、かえってぎこちなく不自然な行動をとってしまうという、苦い経験をしたことがある人も多いのではないだろうか。人を自然体にするために訓練することはできないとジョンストンは言う。即興演劇の稽古において重視されるのは、自然体でいようと訓練することではなくて、個々の役者が自然体でいることを妨げている「問題」を見つけ、この問題を取り除くことである。次節に見るようにこの「問題」には、他者から評価されることへの怖れや、自己や状況のコントロールを手放すことへの怖れ、失敗することや間違えることへの怖れなどが含まれている。自由な発想を抑圧しているこのような問題＝種々の怖れから解き放たれて、無理をしなくてもアイディアが自然に生まれてくる状態こそが、即興演劇の役者にとって理想の境地であるとされる[24]。

加えて、即興演劇の役者にとって重要だとされるのが、共に舞台をつくる他の役者との協働である。即興のストーリーは、個々の役者のアイディアをもとに創作されるが、個々人が好き勝手に演技していたのでは、興味深い作品は生まれない。ある役者のアイディアを受け入れて、他の役者がアイディアを付け加え、また別の役者がアイディアを補うというかたちで、役者同士の協働（collaboration）をとおしてのみ、観客を惹きつけるストーリーを紡ぐことができる。このような協働による創作を成立させるために、即興演劇の役者には、

幾つかの基本指針を共有することが求められる。この基本指針には、即興演劇の代名詞とも言える「イエス・アンド」——共演者からの提案(オファー)を受け入れて、自分のアイディアを付け加えること——を始めとして、役者同士が互いに敬意をもって支えあいながら舞台をつくっていくための作法を、印象深く簡潔な言葉で表現したものが多い。ここでこの基本指針のすべてを網羅することは叶わないが、特に初心者から熟練者まで幅広く関わるものを幾つか取りあげて、簡単な解説を加えておくことにしよう。

（1）イエス・アンド

　共演者のアイディアを受け入れて（yes）、自分のアイディアを付け加える（and）こと。「あれ、猫がいるよ！」という提案(オファー)にたいして、「いやあれは犬だよ」と答えたのでは、安っぽい笑いをとることはできても、ストーリーを前に進めることはできない。なにより、アイディアを拒否された役者は、他の役者への信頼を損なわれ、創作に参加するための意欲を失ってしまう。「あれ、猫がいるよ！」「ほんとだ。おや、首輪がついてるね」「え、ワタシを捕まえてって書いてある!?」「ちょっと追いかけてみようか！」と続けば、猫がよく脱走するので困っているという飼い主に出会ったり、猫たちが秘密の会議を開いている場面に遭遇したり、猫を捕まえたらスパイ候補に推薦されたりといったように、さまざまなストーリーが開かれてくる。役者同士が互いに信頼しあって一緒にストーリーを紡いでいくために、イエス・アンドは最も重要な基盤となる指針であると言うことができる[25]。

　これとは反対に、共演者のアイディアを拒否すること、意見や態度を曖昧にすること、誰かの真似やおなじ行動ばかりすることなどは、即興演劇の役者にとって避けるべき行動であると言われる[26]。

（2）Give your partner a good time(ギブ ユア パートナー ア グッド タイム)

　直訳すれば「相手によいひとときを与えよう」という意味。個々の役者が自己満足のために演技をするのではなくて、共演者が輝いて見えるように、互いに支えあって舞台を成立させようということ。役者が自分のことをよく見せよ

うと意識すればするほど、共演者からの提案を拒否してしまったり、ストーリーを壊してしまったりすることが多くなる。賢くて独創性があると見られたいとか、演技の才能があると思われたい、といった願望に囚(とら)われていると、自分をよく見せるために都合がよいように、共演者やストーリーをコントロールしてしまいがちである。特定の役者にコントロールされた舞台は、役者の協働によって生まれる全体としてのエネルギーを失い、観客の心を惹きつける魅力を損なわれてしまう。一緒に舞台にあがった仲間をよく見せることができたか、共演者を触発するような提案ができたかこそが、即興演劇の役者の仕事の成否を決める要素であると言われる[27]。

(3) リスクのある行動をとる

共演者を輝かせるために、ストーリーを前に進めるために、より興味深いシーンをつくるために、リスクを怖れずに行動すること。即興演劇の舞台においては、たとえばどう転ぶのかわからないシーンに飛び込んでいくことや、共演者からの働きかけに強く影響を受けて変化することのように、リスクのある行動をとることが高く評価される。途中から結末が予想できる予定調和の舞台や、特定の役者によってコントロールされた舞台、登場人物の心情や周囲の状況が変化しないような舞台は、即興である意味がないばかりか、観ていて非常に退屈である。逆に、何が起こるのか予測のつかない未来へと飛び込んでいくシーンや、登場人物の心情が大きく変化させられるシーンこそ、観るだけの価値のある興味深いものとなる。リスクのある行動をとる役者は、たとえうまくストーリーを紡ぐことが叶わなかったとしても、多くの観客を味方につけ、「もっと見たい！」と思わせる魅力をもっている[28]。

これとは反対に、現在の状況に目を向けずあらかじめ決めておいた結末に辿(たど)り着こうとすることや、変化が起こらないようにおなじ場所に留まったり遠回りしたりすることなどは、役者があえてとるべきリスクを軽減しようとする、望ましくない行動であるといわれる[29]。

とはいえもちろん、これらの基本指針は、「絶対に従わなければならない」

規則のようなものとして、単純に受け取られてはならない。これらの指針に囚われて心身を縛られてしまったのでは、即興演劇の醍醐味である自由さは失われ、共演者との協働も形だけのものになってしまうだろう。個々の指針から汲み取られるべき含意も、実際の演技にたいして与えられるアドバイスも、役者の経験値や個別の状況にあわせて変化する。これらの基本指針は、単に覚えてしまえば「よい」役者になれる魔法の言葉ではなく、個々の役者が演技をふりかえるための羅針盤のようなものであり、経験を積むほどより深い意味が開かれてくる謎解きのような性質をもっている。

第4節　即興演劇の役者のための稽古方法

　前節に見たような、自然に生まれてくるアイディアを邪魔してしまう種々の「問題」を自覚したうえでこれを取り除くために、また、イエス・アンドをはじめとする基本指針の本質を体験をとおして感得するために、即興演劇の稽古にはさまざまなゲームがもちいられる。もちろん、稽古のなかで一定のフォーマットやルールにもとづいて実際に演技をすることも多いが、特に即興演劇の初心者の場合には、連想ゲームやジェスチャーゲームのような誰もが取り組みやすい活動をとおして、無理なく自然にアイディアが生まれてくる状態や、他者との協働による創作を体験することが大事にされる。数えきれないほど多くあるゲームのなかから、ここでは特にルールが最もシンプルなものを幾つか紹介しながら、即興演劇の役者に求められる資質を育むための方法を探求していくことにしよう。もしできることなら、一緒にゲームに取り組んでくれるパートナーを見つけて、実際にゲームを体験しながら読み進めてもらえれば、いっそう理解が深まるだろうと思う。このため、実際には数名のグループでおこなうことができるゲームも、ここではA氏とB氏のペアによるゲームとして紹介することにしたい。

（1）プレゼントゲーム
　まずはイエス・アンドの基本を体験するのに最適なゲームである。

第5章　教師のタクトと即興演劇の知―機知と機転の臨床教育学序説

> ◇プレゼントゲーム◇
> 　①ＡはパントマイムでＢに架空のプレゼントを手わたす。身振りや表情によって大きさや重さなどを表現することもできる。②Ｂは「ありがとう！」と言ってプレゼントを受け取り、「ラジコン飛行機！」のように何を受け取ったのかを明確にする。※Ｂが台詞を言うまでは両者ともプレゼントが何なのかはわからない。③Ａは「人類初の大西洋横断をした機種がモデルなんだ」のようにプレゼントの特徴を付け加える。④Ｂは「へえ！翼が大きくて格好いいね！」のようにさらに特徴を付け加える。⑤以下、両者が交互にプレゼントの特徴を付け加えていく。⑥何度かやりとりをしたら、今度はＢがＡにプレゼントをわたして、おなじように交互に特徴を付け加えていく。※③の後すぐにＢがプレゼントをわたす短縮版もある。

　プレゼントが何なのかはＡ氏とＢ氏の協働によって創作されていく。何を受け取ったことにしても、どのような特徴を付け加えたとしても、間違いということはありえない。Ａ氏による身振りや表情が最初の提案であり、Ｂ氏はこれを受け入れて（yes）プレゼントが何なのかを決める（and）。Ａ氏はＢ氏による決定を受け入れて（yes）、プレゼントの特徴を付け加える（and）。他愛のないごっこ遊びのようであるが、役者同士の当意即妙な協働による創作という、まさに即興演劇の醍醐味を体験することのできる、たいへん優れたゲームであると言うことができる。

　だが、このゲームに取り組むなかで役者の抱える問題が明らかになることもある。プレゼントが何なのかは二人の会話以前には決まっていないのだから、何であれ相手の提案を受けて最初に思いついたものを伝えればいいのだが、この「何でもあり」の自由なゲームを意外に難しいと感じる人も多いようである。たとえ「何でもあり」と言われていたとしても、私たちは、最初に思いついた単語を口に出してもよいかどうか、頭のなかに裁判所をもうけて吟味せずにはいられないものだ。プレゼントが「ネズミの心臓」だなんて言うと頭がオカシイと思われるのではないか？　「おひなさま」に「胸が大きい」や「意外と薄着」といった特徴を付け加えたらイヤラシイと思われないだろうか？　「カメラ」

の次のプレゼントが「フォトアルバム」だなんてツマラナイ人間だと思われるのではないか？――即興演劇の役者が自然体でいることを妨げる怖れの一つには、このように他者から評価されることに関わる怖れがあるといわれる[30]。

　私たちはたいてい誰でも、周囲の人たちから頭がオカシイ（精神病的）とか、イヤラシイ（卑猥(ひわい)）とか、ツマラナイ（非独創的）などと、思われたくはないものだ。だが、このような怖れからくる頭のなかの裁判所＝自己検閲は、舞台のうえの状況や共演者との関係から生まれてくるはずの、最も無理のない自然な発想を抑圧してしまう。また、自分への評価にばかり心を奪われていると、よい台詞が浮かばないといって頭を抱えてしまったり、共演者との協働を忘れてしまったりすることにもなりがちである[31]。

　こうした怖れを取り除くための最初のステップは、上記のようなゲームに取り組むなかで、まずは自分が抱いている怖れを自覚することだろう。さらに、互いに信頼のおけるパートナーとさまざまなアイディアを受け入れあうことで、浮かんでくるアイディアそのものには正解も不正解もないことや、自分にとっては平凡なアイディアが他人にとっては興味深いものでありうることなどを、体験をとおして実感することができる。即興演劇の役者に求められるのは、こうして評価への怖れから解き放たれることによって、共演者の提案や、ストーリーの文脈、観客の期待などを引き受けて、浮かんできたアイディアを自然に形にできるようになることである[32]。

（２）ワンワード

　次に、二人が協力しあってストーリーをつくる遊びを紹介しよう。

◇ワンワード◇
　①ペアになってひとことずつストーリーをつくっていく。※『桃太郎』であれば、Ａ「昔々」、Ｂ「あるところに」、Ａ「おじいさんと」、Ｂ「おばあさんが」、Ａ「住んでいました」といった具合になる。②タイトルは自由に決めてよいが、ひとまずここでは『花子さんの山のぼり』としておこう。③どちらかが「おしまい」や「めでたしめでたし」などと言ったら

第5章　教師のタクトと即興演劇の知―機知と機転の臨床教育学序説

> エンディングとする。※実際に二人が主人公になりきって、ストーリーをつくりながら、二人一役で演技を進めていくやりかたもある。

　互いにひとことずつしか言葉を付け加えられないぶん、プレゼントゲームよりもさらに、二人の協働による創作という性格が強くなる。また、一つひとつの担当箇所が短いぶん、パートナーに「よいひととき」を与えるためには、相手からの提案を活かすアイディア以外にも、いろいろな工夫や配慮が求められる。一緒に創作をおこなうパートナーを触発しうる要因は、言葉によるアイディアの提案だけではなく、表情や視線、口調や声量、身体表現などさまざまである。言葉や言外の表現によって互いに支えあい触発しあうことによって、ワンワードによるストーリーは、当人たちが思いもよらないような興味深い展開を見せることも珍しくない。
　とはいえ、実際に「山のぼり」というタイトルで取り組んでみると、早々に頂上まで登って降りてくるペアもあれば、家で目を覚ますところから始めたり、登山装備の準備にてまどったり、山に向かう道が渋滞していたりと、なかなか山までたどり着けないペアもある。「だけど」や「しかし」といった逆接の接続詞も、先に進めない理由が後に続くことが多いため、ストーリーを停滞させる原因となりやすい。なかには、ようやく山の麓にまで辿り着いたと思ったら、「ところが」「お弁当を」「忘れたことに」「気づきました」などと言って、自宅まで逆戻りしてしまうケースもある。このようにストーリーが前に進むことを邪魔してしまう原因は、即興演劇の理論によれば、役者が抱いている未来や変化への怖れにあるという。これら予測のつかない未来へと足を踏み入れることへの怖れや、周囲からの影響を受けて変化することへの怖れは、もとをただせば、自己や状況のコントロールを手放すことへの怖れと、密接な関係をもっている[33]。
　自己や状況のコントロールを他者や偶然に委ねるということは、これから何が起きるのか何をされるのかわからない境遇に身を置くということであり、見当もつかない未来と変化に身を任せるということであって、日常生活の視点から見ればたしかに非常に恐ろしいことである。だからこそ普段私たちは多くの

場合に、不確かな未来の足場を固めるために、また他者から不用意に影響を受けないために、細心の注意を払っているものだろう。しかし、即興演劇の舞台のうえでこのような怖れに囚われていると、ストーリーを前に進めることを無意識に邪魔してしまったり、共演者の提案を受け取ることができなかったり、心身が閉じてしまって自然な言動を取れなかったりすることが多い[34]。

　この未来や変化への怖れを克服するための最初のステップも、先の評価への怖れの場合とおなじように、上記のようなゲームに取り組むなかで、まずは自分の抱いている怖れを自覚することにあるだろう。加えて、さまざまな手法をもちいてストーリーを紡ぐ経験を重ねているうちに、何が起こるのか予測のつかない未来へと飛び込むことや、周囲の影響を受けて心情や態度を変化させることによって、興味深いストーリーが生まれてくることが多いという事実を、体験をとおして実感することができる。即興演劇の役者に求められるのは、こうして未来や変化への怖れから解き放たれることで、複数の役者の協働による創作としての即興演劇の舞台に、無理なく自然に貢献することができるようになることである[35]。

(3) ノーエスゲーム
　最後に、単純ではあるが演技の要素をもったゲームも紹介しておこう。

◇ノーエスゲーム◇
①ペアになって二人の架空の関係を決める。※たとえば父と娘、教師と生徒、恋人同士など。※観ている人に決めてもらうことも多い。②決められた関係にしたがって即興の芝居を演じる。③S（さ行）の付く言葉を使ってはいけない。※S（さ行）以外を禁止ワードにすることもできる。④「禁止ワードを言ってしまったら観ている人と交代」などのルールがある場合も多い。

　ルールだけを読めば、いかに禁止ワードを使うことなく滑らかに演技することができるかを、互いに競いあうゲームのように見える。だが実際に取り組んでみるとすぐにわかるのは、ゲームに勝ち続けている人が賞賛されるとはかぎ

らず、むしろ観ている人々からの冷たい視線に耐えなければならないことも多いという事実だ。観客は、始めのうちこそ禁止ワードを避ける巧みな技術に感心するかもしれないが、やがて勝ち続けているプレーヤーがミスを犯して負けることを期待しはじめる。プレーヤーが禁止ワードを言いそうになって言葉を詰まらせたり、注意深く選んだつもりの台詞が禁止ワードを含んでいたり、開始直後に禁止ワードを言ってしまったりといったミスこそ、観客を喜ばせる最高のスパイスである。本人も想定外の見事な負けっぷりを見せたプレーヤーには、惜しみない拍手が送られることも珍しくない。

　とはいえもちろん、わざとミスを犯して負けるようなプレーヤーは、言葉数を減らすことでミスを避けようとするプレーヤーと同様、観客から批難を浴びることになる。禁止ワードを使わずにやりとおせるかどうかの瀬戸際に立とうとするプレーヤー、言葉のコントロールを失う危険を冒してもシーンを成立させようとするプレーヤーこそ、観るべき価値があると言える。単に派手な失敗をしてみせたり間抜けな姿をさらしたりすることではなく、ミスを犯すか犯さないかギリギリの境界線に挑むようすこそが、観ている人々の耳目を惹きつけるのである。すでに前節にも書いたように、即興演劇の舞台においては、たとえばどう転ぶのかわからないシーンに飛び込んでいくことのように、失敗することを怖れずにリスクのある行動をとることが、高く評価される。また、たとえ演技がうまくいかず失敗したとしても、役者が心身を閉じることなく「人の好さ」（good nature）を発揮していれば、観客が味方になってくれるので非難される危険はないのだという。このため即興演劇の役者たちは、たとえ失敗をしたとしてもネガティブに落ち込むのではなく、失敗によって観客を喜ばせることを仕事とするピエロのように、心身を外に開いてポジティブにふるまうことを大事にしている[36]。

　失敗にたいする怖れの感情や、失敗するかもしれないことに挑戦するときの躊躇は、誰もが経験したことがあるだろう。だが、即興演劇の役者が失敗を怖がって心身を閉じていると、舞台のうえの出来事を予測できる範囲に置いておこうとするあまり、共演者からの提案を拒否してしまうことが増え、いっこうにストーリーが前に進まなかったり、変化のない単調なシーンが続いたり

することも多くなる。また、何かをする前から自信のなさそうな態度を取ったり、失敗をごまかして無かったことにしようとしたり、同情を誘うために不満げな表情をしてみせたりすることも、役者が自然体でいることをますます困難にしてしまう要因に数えられる[37]。

こうした失敗への怖れを和らげ取り除くためのステップも、やはりまずは上記のようなゲームに取り組むことをとおして、いかに自分が失敗への怖れに囚われているのかを自覚することから始まる。さらに、たとえひどい失敗を犯してもピエロのように心身を開いて堂々とふるまっていれば、観ている人々が味方になってくれたり賞賛してくれたりすることを体験することで、だんだんと失敗そのものを怖れる感情を和らげていくことができるだろう。即興演劇の役者に求められるのは、こうして失敗への怖れから解き放たれることで、何が起こるのかわからない未来にも進んで飛び込んだり、共演者の提案を受けて心情や態度を大きく変化させたりと、リスクのある行動をとることができるようになることである[38]。

第5節　授業に活きる即興演劇の知

以上に見てきた即興演劇の役者に求められる資質は、教室で児童生徒と向きあう教師にとっても、非常に重要な価値をもっている。特に、即興による創作を単独の役者の才能にもとづく営みとして見るのではなく、役者同士の協働にもとづく営みとして捉える視点は重要である。私たちが即興演劇の知から最初に学ぶべきことは、即興の成否は個人の力量のみに左右されるものではなく、他者との協働関係へと委ねられているという洞察である。教師のタクトに関する理論のなかにも、児童生徒を教師の共演者またはパートナーとして捉え、彼／彼女らに自由な活動の余地を与えることや、彼／彼女らとの対話関係をとおして共通の課題に取り組むことが、タクトの働きにとって重要な前提であることを説いたものが見られた。このような視点から眺めるなら、教育関係や授業実践における即興の成否もまた、教師個人の力量にのみ依存するものではなく、教師と児童生徒や児童生徒同士の協働関係に委ねられたものであることが

第5章　教師のタクトと即興演劇の知—機知と機転の臨床教育学序説

判然としてくる。

「創造性豊かな教授」(creative teaching)を主題とするソーヤーの論稿によれば、教師の仕事が役者の演技に喩えられるさいには、これまで長らく台本をもちいた芝居のイメージが採用されてきたという。狭い座席に身体を押し込められた観客としての児童生徒のまえで、教壇という舞台にあがり、あらかじめ準備された台本を演じてみせる役者としての教師。たとえ実験や討議のように子どもたち自身による活動の機会が用意されていたとしても、どのような活動がおこなわれどのような結論に至るべきかはすべて最初から計画されている授業。だが、このように教師を台本芝居の役者のようなものとして捉える比喩は、授業を単独の個人としての教師によるパフォーマンスとして捉え、児童生徒を単に知識を注入されるだけの観客のような存在へとおとしめる、かたよった見方を助長することになる[39]。

こうした見方にたいしてソーヤーは、教師の仕事と即興演劇の役者の仕事の類似点に目を向ける、新たな視点を提案している。教師と児童生徒の関係も役者と観客の関係として把握されるのではなく、一緒に即興のストーリーを創作していく共演者同士の関係に喩えられる。このとき教師に期待されているのは、単に教壇のうえから知識を注ぎ込むことではなく、子どもたちの協働にもとづく学びの舞台を共に形成することである[40]。

近年、子どもたちの思考力、判断力、表現力の育成や、主体性、自律性、創造性の涵養がいっそう重要視されており、一方通行の知識の注入に留まることのない、児童生徒主体の活動を中心とした授業に注目が集まっている。問題解決学習や体験学習を取り入れた授業がその好例である。このように子どもたちが主役の活動を中心とした授業においては、活動の成果として学び取られる内容や獲得される結論を、はじめから完全に計画しておくことは困難である。成果は児童生徒の協働にもとづく活動の最中に現れてくる。知識は教師によって教壇のうえから注ぎ込まれるのではなく、子どもたちの興味関心を出発点として子どもたちの協働による活動のなかで、試行錯誤をとおして構成され学び取られていく[41]。

このような授業をおこなう教師に求められるのは、台本芝居の役者に要求さ

れるような、あらかじめ準備された演技を着実に再現してみせる技量ではなく、即興演劇の役者に要求されるような、他者との協働にもとづく即興の創作を成立させる技量である。教師は子どもたちの協働による学びの土台となるような要素を提供しながら、彼／彼女らがみずから知識を構成することができるように自由な活動の余地を与える。また、ときには児童同士による議論が拡散しないように交通整理をしたり、生徒たちが直面している障害を克服するためのヒントを与えたりと、さまざまな角度から児童生徒の活動を支援しなければならない。このとき教師に求められるのは、あらかじめ計画された方法をもちいて計画された内容を教え込む（indoctrination^{インドクトリネーション}）ための技量ではなく、刻々と変わりゆく状況におうじて児童生徒の協働にもとづく学びを支え助ける（facilitation^{ファシリテーション}）ための技量である[42]。

とはいえもちろん、教師はまったく何の計画もなしに授業を実施することが許されているわけでもなければ、毎度いきあたりばったりの対処をしなければならないわけでもない。即興演劇にも事前に決められたフォーマットや約束事があるように、学校教育には日本なら学習指導要領に示された指針があり教科ごとに学習内容が定められている。即興演劇の役者に与えられるテーマやキーワードは、授業ごとに設定される各単元の目標に似ている。加えて、即興演劇の役者にお得意のキャラクターがあったり、即興音楽の奏者にもお決まりのフレーズがあったりするように、経験豊かな教師ほどさまざまな授業スタイルの長所と短所に精通しており、児童生徒の心を惹きつける小技やお約束の小ネタなどを多くもっているものである。経験を積んだ役者ほど稽古の重要性を知っているように、優れた教師ほど授業の課題設定を含めた準備を大事にしているものであり、この準備の基盤があるからこそ即興の技量を活かすことができるのである[43]。

このように即興演劇と授業のいずれとも、事前に与えられた構造と実践中の即興のあいだの、消すことのできない緊張関係のうえに成り立っている。もちろん両者を比べてみれば、単元ごとの児童生徒の学びを保障せねばならない教師のほうが、教育課程をはじめとする構造に縛られ構造に頼るところが大きいだろう。どのていどまで事前に計画しておくのか、どのていどまで即興の余地

第5章　教師のタクトと即興演劇の知—機知と機転の臨床教育学序説

を残しておくのか——構造と即興のバランスこそが、授業の性格を決めるポイントであり、教師の工夫のしどころである[44]。

　以上のように、事前に与えられた構造に縛られながらこの構造を活かして、子どもたちの協働にもとづく学びの舞台を形成していくうえで、即興演劇の掲げる基本指針は教師にとっても重要なヒントを与えてくれる。たとえば即興演劇にとって最も重要な指針である「イエス・アンド」は、台本をもたない児童生徒による発言や行動を活かしながら授業を進めていくうえで、教師も常に心に留めておくべき指針だと言えるだろう。いかに子どもたちの発言や行動を拒絶することなく受け止めて、点と点を結びあわせながら、単元ごとの学習課題へと接続することによって、新たな学びの機会を生みだしていくことができるか、教師の力量が問われるところである。

　「Give your partner a good time」もまた、特に若い教師がおちいりがちな教師中心主義の傾向を戒めてくれる、重要な指針であると言える。自分の力量に自信をもてない教師ほど、事前に計画したとおりに授業を進めることを優先するあまり、児童生徒が主体となるはずの活動を、教師の思い通りにコントロールしようとしてしまいがちである。こうなると、子どもたちからの発言や行動を受け止めて活かすことができなくなり、彼／彼女らが主体性や創造性を発揮することのできる機会は失われてしまう。どのような授業であれ学びの主役は児童生徒であることを思えば、教師ではなく彼／彼女らに活躍の機会が与えられるように支援すること、彼／彼女らがお互いに居心地よく学びあえる環境を整えることが重要になってくる。

　加えて「リスクのある行動をとる」という指針も、教師にとっては困難だが重要な課題を示唆している。新米の教師にとってみれば、児童生徒が主体となる活動を授業に取り入れて、授業のコントロールを彼／彼女らに委ねることは、大きなリスクをともなった行為だと感じられるかもしれない。また、教師が主体となる講義中心の授業であっても、子どもたちからの想定外の発言や疑問などを受け止めて、これを学びの機会として活かしていこうとするなら、相応のリスクを覚悟しなければならない。けれども、このようなリスクのある行動をとることによって初めて、授業は児童生徒の主体性、自律性、創造性が発揮さ

れうる機会となり、彼／彼女らの協働にもとづく学びの舞台となるのである。

　このため、即興演劇の役者のための稽古方法を、教師の研修に取り入れた取り組みもある[45]。即興の技量を要求される種々のゲーム（インプロ・ゲーム）に取り組むことによって、他者との協働にもとづく創作の方法と価値を知り、これを実現するための指針を体験をとおして学ぶことができる。もちろん、教師が授業実践をおこなっていくうえで、評価への怖れや、未来と変化への怖れ、失敗への怖れなどを、完全に取り除いてしまうことは難しいだろう。とはいえ、これらの怖れを多少なりとも和らげることで、無用な自己規制や余計な自己防衛を取り去って、より自由な即興と協働へと開かれた授業を構想できるよう、おのおの研鑽を重ねることならできるはずだ。

　さらに、教師が体験してきたインプロ・ゲームを教室で子どもたちと一緒に実施することで、協働にもとづく創作の価値、方法、指針などを、子どもたちとも共有することができる。これによって、児童生徒の協働にもとづく学びの舞台を形成するために求められる意識、態度、作法などを、彼／彼女らも体験をとおして実感することができるだろう[46]。近年日本においても、子どもたちが互いに安心していられる教室文化を形成するための手法として、また彼／彼女らの主体性、自律性、創造性が発揮される授業の手法として、インプロ・ゲームが学校教育に取り入れられてきている[47]。教師の即興の技量を育むためにもちいられるインプロ・ゲームは、児童生徒の協働にもとづく学びの舞台を形成するための方途として、また彼／彼女らの主体性、自律性、創造性を涵養するための方途として、クラス活動や各教科の授業に活用することのできる手法でもあるのだ[48]。

第6節　教師のタクトと即興演劇の知

　以上によって本章は、教師に求められる即興の技量の特徴と育成方法を明らかにすべく、近代教育学の始まり以来の教師のタクトに関する理論と、即興演劇の役者に求められる力量に関する理論を読み解き、また両者が現代の教育実践にとっても豊かな示唆を含んでいることを照明してきた。

第5章　教師のタクトと即興演劇の知―機知と機転の臨床教育学序説

　教師のタクトに関する理論と即興演劇の理論の共通点として、あらかじめ自明なものとして確立された判断基準や行動規範に従うのではなく、眼前の他者との関係のなかで浮かびあがってくる課題を受け止めることのできる資質に、両者とも大きな比重をおいていた点は興味深い。いずれにおいても重視されるのは他者との関係である。即興とは所与の規範の忠実な実演でもなければ単独の個人による独創でもなく、個々の児童生徒や共演者からの提案を受け止めながら彼／彼女らと一緒に、個別の状況のなかで新たな価値や新たな行路を開拓していく営みなのである。互いを尊重しあうことを抜きにして即興は成り立たない。目のまえの他者や状況を自己の都合にあわせて操作しようとする傾向を戒め、他者からの提案や状況からの影響を受け止めて自在に変化することのできる開放性（Offenheit〔オッフェンハイト〕）を重視するという点に、教師や役者の即興の技量をめぐる理論に共通の特徴がある。

　教師に求められる即興の技量とは、単に授業を計画どおりに進めるための運営能力でもなければ、子どもたちを思いどおりに操るための管理能力でもなく、彼／彼女らへの深い敬意にもとづく協働関係のなかで、個別の状況にふさわしい学びの舞台を形成していく技量のことを言う。

　他方、即興の技量の育成方法に目を向けてみれば、教師のタクトに関する理論と即興演劇の理論のあいだには、明らかな違いを認めることができる。タクトの育成においては教育理論の探求と実践経験の省察に力点がおかれるのにたいして、即興演劇の稽古においては役者が抱いているさまざまな怖れを克服することに主眼がおかれる。「理論と実践の往復」と「インプロ・ゲーム」という外観の違いだけではない。前者が教育の理論を学び経験の意味を明らかにしていく「たしざん」に重点をおく方法であるとすれば、後者は怖れの根本にある固定観念を手放していく「ひきざん」に重点をおいた方法であると言うことができる。とはいえ、理論と実践を往復するなかで偏ったモノの見方から解き放たれて視野が広がることもあれば、インプロ・ゲームに取り組むなかで即興演劇の基本指針のさらに深い示唆が感得されることもあるように、両者が深いところで接続しあっていることも確かである。

　近代教育学の伝統を受け継いだタクトに関する知見と、現代の即興演劇の理

論と実演から生まれた知見を組みあわせることにより、教師に求められる即興の技量の育成に向けて、どのような育成方法を構想することができるのか、今後の取り組みが期待されるところである。

〈注〉

（ 1 ） cf. Herbart, J. F., Zwei Vorlesungen über Pädagogik, in *Joh. Fr. Herbart's sämtliche Werke: in chronologischer Reihenfolge*, Bd. 1, Langensalza, Hermann Beyer & Söhne, 1887.
（ 2 ） cf. Nohl, H., Die Bildung des Erziehers, in *Ausgewählte pädagogische Abhandlungen*, Paderborn, Schöningh, 1967.
（ 3 ） cf. Blochmann, E., Der pädagogische Takt, in *Die Sammlung*, 5. Jg., 1950. & Blochmann, E., Die Sitte und der pädagogische Takt, in *Die Sammlung*, 6. Jg., 1951.
（ 4 ） cf. Muth, J., *Pädagogischer Takt: Monographie einer aktuellen Form erzieherischen und didaktischen Handelns*, Heidelberg, Quelle & Meyer, 1962.
（ 5 ） cf. Ipfling, H. -J., Über den Takt im pädagogischen Bezug, in *Pädagogische Rundschau*, 20. Jg., 1966.
（ 6 ） cf. 德永正直『教育的タクト論―実践的教育学の鍵概念』ナカニシヤ出版、2004年。
（ 7 ） cf. van Manen, M., *The Tact of Teaching: The Meaning of Pedagogical Thoughtfulness*, Albany/New York, State University of New York Press, 1991.
（ 8 ） cf. Suzuki, S., *Takt in Modern Education*, Münster/New York, Waxmann, 2010.
（ 9 ） cf. Gödde, G. u. Zirfas, J. Hrsg., *Takt und Taktlosigkeit: Über Ordnungen und Unordnungen in Kunst, Kultur und Therapie*, Bielefeld, transcript, 2012.
（10） なお、このほか本稿の執筆中に以下の書籍が刊行されている。Burghardt, D. et al. Hrsg., *Pädagogischer Takt: Theorie Empirie Kultur*, Paderborn, Schöningh, 2015. & van Manen, M., *Pedagogical Tact: Knowing What to Do When You Don't Know What to Do*, London, Routledge, 2016.
（11） cf. Herbart, op. cit.
（12） cf. Blochmann, E., Der pädagogische Takt, in *Die Sammlung*, 5. Jg., 1950. & Blochmann, E., Die Sitte und der pädagogische Takt, in *Die Sammlung*, 6. Jg., 1951.
（13） cf. Nohl, op. cit.
（14） cf. Muth, op. cit.
（15） cf. Ipfling, op. cit.

第5章　教師のタクトと即興演劇の知—機知と機転の臨床教育学序説

(16) cf. Herbart, op. cit.
(17) cf. ibid.
(18) cf. van Manen, M., *Researching Lived Experience: Human Science for an Action Sensitive Pedagogy*, Albany/New York, State University of New York Press, 1990.
(19) cf. Sawyer, R. K. ed., *Structure and Improvisation in Creative Teaching*, Cambridge, Cambridge University Press, 2011.
(20) cf. Sawyer, R. K., Creative Teaching: Collaborative Discussion as Disciplined Improvisation, in *Educational Researcher*, vol. 33, no. 2, 2004.
(21) cf. Holzman, L., *Vygotsky at Work and Play*, London, Routledge, 2009.
(22) cf. 高尾隆『インプロ教育—即興演劇は創造性を育てるか？』フィルムアート社、2006年。
(23) cf. Johnstone, K., *IMPRO: Improvisation and the Theater*, London, Methuen Drama, 1981. & cf. 高尾、同上書。
(24) cf. Johnstone, op. cit. & cf. 高尾、同上書。
(25) cf. 今井純『即興し始めたニッポン人1』論創社、2009年。
(26) cf. Johnstone, K., *Impro for Storytellers*, London, Faber and Faber, 1999.
(27) cf. 高尾、前掲書。
(28) cf. ibid.
(29) cf. Johnstone, op. cit.
(30) cf. Johnstone, K., *IMPRO. Improvisation and the Theater*, London, Methuen Drama, 1981. & 高尾、前掲書。
(31) cf. Johnstone, op. cit. & 高尾、同上書。
(32) cf. Johnstone, op. cit. & 高尾、同上書。
(33) cf. Johnstone, op. cit. & 高尾、同上書。
(34) cf. Johnstone, op. cit. & 高尾、同上書。
(35) cf. Johnstone, op. cit. & 高尾、同上書。
(36) cf. 高尾、同上書。
(37) cf. Johnstone, op. cit. & 高尾、同上書。
(38) cf. Johnstone, op. cit. & 高尾、同上書。
(39) cf. Sawyer, R. K., op. cit.
(40) cf. ibid.
(41) cf. ibid.
(42) cf. ibid.

(43) cf. ibid.
(44) cf. ibid.
(45) cf. ibid.
(46) cf. Lobman, C. & Lundquist, M., *Unscripted Learning: Using Improv Activities Across the K-8 Curriculum*, New York, Teachers College, 2007.
(47) cf. 武田富美子『学びの即興劇―テーマを掘り下げ人間関係を結ぶ』晩成書房、2008年＆武田富美子・渡辺貴裕編著『ドラマと学びの場―3つのワークショップから教育空間を考える』晩成書房、2014年。
(48) cf. Holzman, op. cit.

〈推薦図書〉
高尾隆『インプロ教育―即興演劇は創造性を育てるか？』フィルムアート社、2006年。
武田富美子・渡辺貴裕編著『ドラマと学びの場―3つのワークショップから教育空間を考える』晩成書房、2014年。
徳永正直『教育的タクト論―実践的教育学の鍵概念』ナカニシヤ出版、2004年。
M. ヴァン＝マーネン（村井尚子訳）『生きられた経験の探究―人間科学がひらく感受性豊かな〈教育〉の世界』ゆみる出版、2011年。

第6章
芸術体験と臨床教育学
―ABR（芸術的省察による研究）の可能性

第1節　芸術体験の主題化

　芸術体験を教育学の問題として語ることは難しい。まず何を芸術と呼ぶのか、誰の体験なのかという問題があり、また、芸術体験というものをどのように学問の対象として捉え、それをいかに教育学へとつなげていくかという問題もある。ここでは、芸術体験を教育学へとつなぐ媒介を「芸術的省察による研究（arts-based research）」（以下 ABR と略記）に求めたい。これは、芸術制作者の思考や探求の様式を研究として位置づけようとするものである。後に詳しく見るように、ABR は芸術と科学との二分法を揺るがして両者を新たな形でつなげようとするものであり、文字言語以外の様々な「言語」様式による知の形成を目指す。従来の教育学への問い直しも含めて、ABR は、臨床教育学の志向性とも重なると言えよう。だが、このように芸術制作者の視点から教育を考えようとする理由はそれだけではない。教育と芸術をめぐる以下のような研究動向に対する問題意識ゆえでもある。

　近年、教育学における美的なものへの関心は目を見張るものがある[1]。芸術作品の享受を中心とした美的人間形成論のみならず、芸術の表現者に着目した研究も見られ、そうした研究には臨床教育学の視座が大きく寄与している[2]。他方、美術の研究においては、制作者の視点に立つ「制作学」があり[3]、美術科教育研究においても注目されている[4]。だが、「芸術家自身の排他的な自己省察」は、「学としての客観的普遍性」を持ち得るかという問題にぶつかって、芸術家は制作行為において「いわば自分を自分自身から引き離し、自分を

享受者の位置に置いて」みること、価値へ向かって、「現在の作品を超出し、そして己れを超出する」ことを目指すことになり[5]、再びカントの言う「無関心性」[6] に貫かれた享受者の美学的判断へと回収されてしまう。

　美学による基礎づけとは異なる形で、芸術制作者のパーソナルな知について、しかも具体的な制作行為に即して理論的に考察すること、ABR はそれを可能にする。そのようなパーソナルで言葉になりにくい制作者の芸術体験を捉え、そこから教育を考えることで臨床教育学に何らかの寄与をすること、それが本章の目指すところである。まずは、臨床教育学との重なりを意識しながらABR とは何かについて見ていく。

第 2 節　ABR とは何か

　Arts-based research という用語は、1993年にスタンフォード大学で行われた教育研修会に端を発するという。芸術と教育との結びつきについて論じてきたE. アイスナー（Elliot W. Eisner）が実施した、美的特徴に導かれた研究とはどのようなものかを理解するのを助けるような研修会である[7]。そのときの講師である T. バロン（Tom Barone）とともにアイスナーが書いた『芸術的省察による研究（*Arts Based Research*）』[8] は、ABR についての基礎文献と言えるものである。ABR は、「芸術がもたらす思考様式や表象様式を世界をよりよく理解するための手段とし、そうした理解を通して精神を拡張させるもの」である[9]。アイスナーとバロンは、芸術と科学との二分法に与しないとして、次のように述べる。「うまく行われ、想像的な（imaginative）性質をもち、質的な変化（qualitative variations）に敏感で、美的形式が伝えるものに従って編成された科学は、また芸術的判断の結果である」[10]。ABR はこのように、芸術における発見的（heuristic）な思考や理解によって従来の科学的な研究や知のあり方を問い直すものであると同時に、自己表現や感性的なインスピレーションの産物としてのみ芸術を捉える見方に対する問い直しでもある。すなわち、S.K. ランガー（Susan Katherina Langer）の言葉で言えば、論弁的ではないが、しかし認識可能なあるシンボル形式として芸術を捉えるのである[11]。ABR の

第6章　芸術体験と臨床教育学──ABR（芸術的省察による研究）の可能性

背景には、1960年代以降のアメリカにおけるカリキュラムリフォーム運動のもとで展開された認識主義的な美術教育の見方があることが見て取れる[12]。

S. マクニフ（Shaun McNiff）が言うように、ABR は芸術家が自らのスキルを研究者として用いることを促すもので、「芸術の認知的側面を多くのアカデミックな聴衆に価値づけて示し、真剣な探求として芸術制作に取り組む知的基盤を確立した」R. アルンハイム（Rudolf Arnheim）やランガーに多くを負っている[13]。すなわち、芸術家自身が作品を制作するなかで探究することそれ自体を研究と位置づける。従来の科学的研究において求められるような、研究対象から距離をとって客観的な分析をするとか、複雑な事象を図式的に理解するといった方法論とは全く異なる研究の姿である。研究者（＝制作者）は、研究（＝制作）のプロセスに参与し、そのことによって研究者（＝制作者）自身の変容が促されるようなあり方である。

矢野智司は、「科学の知」と「臨床の知」とを対置する従来の見方に対して、「非個人性・普遍性・客観性」と定式化される「科学の知」においても、新たな知が誕生する瞬間には、「事象に自己を沈潜させ、場のなかで自己と世界との関係が変容し新たな知となって生まれでる」のであり、それは「臨床の知」と通底するとしている[14]。そこで生みだされる知はまた、「客観的な知のように見えながら、私たちが何者であるかについて告げ知らせてもいる」という意味でも、「臨床の知」と通じ合っている[15]。

ここにおいて、ABR と臨床教育学との近接性が見えてくる。教育学を「臨床的」にする努力のうち「最も有力なものの一つがナラティブ・アプローチである」と見る毛利猛は次のように述べている。「ナラティブ・アプローチは、教育という物語を研究する者自身が、その当の物語の生成に参与しているという立場をとる」[16]。ABR は、ナラティブを教育研究に導入することから出発したと言ってもよく[17]、教育現場での実践においてもナラティブは多用される[18]。

ここまでくると、なぜ臨床教育学において ABR が着目されてこなかったのか不思議なほどである。現象学や解釈学に依拠した質的研究、ナラティブ・アプローチに見られるような研究者の参与、また理論構築や知の生産にではなく非知（not-knowing）や未知（not-yet-knowing）に向かう発見的方法[19]など、

141

ABRは臨床教育学と共通点を多くもつ。だが、ABRにおいては研究の成果を開示する方法もまた芸術的な形式を用いるということにおいて、両者はあるズレをもつ。臨床教育学は、既存の研究勢力である、臨床心理学をはじめとする先行臨床研究分野、教育学、教育実践の現場という三者の「境界領域」において、「差異化」を仕掛けるものであり[20]、臨床知は「通念としての教育理解の枠を『批判的に取り壊す（critical dismantling）』という崩しの契機」を含む[21]。そうした「差異化」や「崩し」を可能にするのが、自明化された教育的言説の依って立つ所以を明るみに出すレトリックという語りの技法である。それを皇紀夫は、「物語」以上に、「衝撃的な意味変換の技法—例えば隠喩やそれの連合形としての諷喩や詩的言語など」[22]としている。まさに言語芸術と呼ぶべきものである。ABRも芸術の理論、実践、教育の境界領域に「差異化」を仕掛けるものであり、詩や脚本、あるいは小説などの言語芸術を用いる場合も多いが[23]、映像や演劇といったパフォーマティブな芸術、さらには絵画、彫刻、デザイン、インスタレーションなども含めた視覚芸術をも射程に入れる。ここまでくるとABRは現代アートとほぼ同じものだとも言い得てしまうのである。

　ABRを十全に取り入れることができるとすれば、やはりまずは芸術系大学においてでしかないように思われる。この方法論を紹介すると、芸術家を目指す学生たちは非常に関心を示す。しかしそれは「新奇な方法論」であるからではなく、自分たちが日々当たり前のように行っている芸術制作活動のプロセスがわざわざABRという形で取り出されて論じられているということに驚きをもつからで、そのことに感動すらするようである。芸術制作活動は、自己の内面のナイーブな表現ではない。制作者は、現代社会に生きる一人の人間として芸術が社会においていかなる意味をもつのかということを考えつつ、しかしそれを芸術という方法論によって、しかも言語的には表現できないからこそ芸術という形式において示そうと努力しているのである。そうした制作者の視点からすれば、ABRは、新しい「名」ではあっても新しい方法論ではない。ただし、日々の制作実践が同時に研究として制度的に意味づけられるということには大きな意味があろう。現在芸術系大学の博士号は多くの場合、実技と論文という二本立てて授与されており、その際の論文は従来の人文・社会科学の方法論を

用いて芸術体験を考察するものが多い。ABR はそのような方法論自体を問い直すものとなろう[24]。日本においては特に、芸術実践と人文・社会科学研究との間に大きな壁があり、また芸術の専門教育と学校の芸術教育とが切り離されてしまっているが、学際的でかつ理論と実践とを一体化する ABR はそうした分断を再度つなぐ可能性を秘めている。

アイスナーとバロンの ABR は、その手法を教育実践の場に導入して既存の教育概念を問い直す「芸術的省察による教育研究（arts-based educational research）」へと展開する[25]。それゆえ、ヨーロッパ（特にスペイン、ポルトガル、フィンランド）の芸術大学に取り入れられた後も、ABR は教育的色合いを帯びたものとして理解されているようである[26]。社会的問題に対峙する芸術家の研究＝制作実践、芸術大学における芸術家養成の教育実践、そして芸術的手法によって自己と世界との関係の変容を促すような教育実践などが ABR の事例として示されている[27]。

第3節　ABR をめぐる議論

臨床教育学もその「新しさ」ゆえに既存の研究勢力の厳しい批判にさらされたという。ABR をめぐっても大きな対立が生じている。アイスナーを厳しく批判したのは、多重知能（multiple intelligences）を提唱した H. ガードナー（Howard Gardner）である。J. ブルーナーの下で働いていたガードナーも芸術の能力を認識主義的に捉えているが[28]、アイスナーとの対立点は研究成果の開示方法をめぐって、すなわち小説は学位論文として認められるかという問題として議論された。ガードナーは、博士課程の訓練は伝統的な研究方法を用いる点において「スキルのある熟練職人」の養成にあるとして小説は博士論文としては認められないとする。それに対し、アイスナーは「大学というところは博士課程の学生が想像的に新たな方法や概念を探索することのできる場であるべきだ」という立場から小説も博士論文として認められ得るとする[29]。ABR をめぐる対立を見ていくと、ABR の目指すところが見えてくる。アイスナーは以下の五つの対立点を挙げている。

第一に想像的な活動をしたいという欲望と、しかし他方でそれは伝達不可能なものを作り出してしまうという矛盾である[30]。この点についてアイスナーは問いを提出するのみであるが、ここにこそ芸術の可能性があると筆者は考える。この点については後に第5節で論じたい。

　第二の対立は個別的なものと一般的なものの間にある。伝統的な社会科学においては事例はランダムに抽出されてこそ意味をもつが、ABRにおいては直観的に選ばれた特異で個人的な事例が認められる。そうした特異な事例から一般的な結論を導き出す手法は、統計的分析というよりも小説に近くなる。すばらしい小説は、それが伝えている特別な状況を超えるような一般的な教訓をもたらすと、アイスナーはこれに納得する教育研究者は多くないだろうと予測しつつ述べる[31]。制作者が研究者として自らの芸術体験の中での思考を研究と位置づけるということは、研究者本人のそれこそ個人的な事例から一般的な結論を導き出すということである。それは、主観的で根拠に欠けるとしてこれまで研究としては認められてこなかった。しかし、一日のほとんどの時間を制作に充てている制作者にとって、自らの芸術体験以上に真正なものがあるだろうか。マクニフも、他のアーティストにインタビューをするなどして得た情報によって、自らの考えや方法を進めていくことに居心地の悪さを感じ、より直接的に芸術的過程に迫るために自らの芸術を探求の主要な方法として用い始めたという。「以前は他者に投げかけていた類いの問いを自分自身に投げかけ、そしてそれに言葉を通してのみならず芸術的な過程を通して答える」ということである[32]。このような問いと答えがそのまま芸術制作の過程であることは明らかだろう。そこから導き出されたものをどう評価するかということが、第三の対立点に関わる。

　第三の対立は、美的な性質を持った作品を作り出したいという欲求とその作品に少なくとも一定程度の真実らしさ（verisimilitude）を達成したいという欲求との間にある。魅力的になればなるほど誤解されるのではないかという懸念に対して、アイスナーはそれは心配すべきことではないとする。たとえば演劇で極端な性格が俳優によって演じられたとして、それは日常ではしばしば顧みられていない人間の性質に気づかせてくれるからである[33]。逆に、美的な考

慮のないABRの方を問題視している。「私にとって芸術的省察による研究の顕著な特徴は、我々が関心を持っている教育的状況に光を当てるために美的性質を用いるということにある」[34]。それは既存の研究方法論に取って代わるものではなく、教育学研究の方法を多様化する試みだという。

　第四の対立は、その成果の特徴に関してである。ABRが目指すのは答えを出すことではなく、「新たな問いを引き起こすこと」にある。それは、「探求を強調し、曖昧さに耐え、開かれた目的を好み、固定的なものよりも流動的なものを求める」もので、伝統的な研究が求めるような結論を志向しないのである[35]。

　第五の対立は客観性に手が届かないということと、我々の作品がそうなってほしいものの投影でいいと思っているわけではないということにある。絶対的な客観性はあり得ないのであるから、状況証拠のようなかたちで真実らしさを積み上げていくしかないとアイスナーは指摘している[36]。

　以上見てきたABRについての五つの対立点は、芸術体験における個人的な知の探究によって形象化された芸術作品がいかにして研究として、すなわち一般的な問題として一定の真実らしさや客観性をもって伝達可能になるかということに関わっている。ABRは従来の人文・社会科学的な研究方法論を問い直すものであると同時に、芸術というものの本質的要件を明らかにするものである。

第4節　芸術の要件

　芸術を可能にしているのは芸術理論であるとA. ダントー（Arthur Danto）が述べているように[37]、今日芸術の本質的要件をそれとして明らかにしようとすることはおそらく不可能である。だが、「芸術的省察による」ことによって、既存の研究にはない方法論を打ち出そうとするABRは、その問題に言及しないわけにはいかないだろう。ABRの実践を一つひとつ見ていくことでそれが果たされるのかもしれないが、芸術と教育との関係を問い続けてきたアイスナーは教育が芸術から学ぶべきことを列挙するなかで、逆に芸術の特質を描き

出している。アイスナーの論文「教育は教育実践について芸術から何を学ぶか？」[38] を参考にしながら芸術の要件を考えてみたい。

アイスナーはまず、19世紀最後の4半世紀に教育学が成立したとき、心理学、特に実験心理学から指針を得たことによって、科学と芸術が引き離され次のような二分法が成立したとする。すなわち、「科学には依拠できる／芸術には依拠できない。科学は認識に関わる／芸術は情動に関わる。科学は教えられる／芸術には才能が必要。科学は検証できる／芸術は好みの問題。科学は有用／芸術は装飾」[39] という区別である。現在、教育はこのうち科学の特徴である、実証的で有用な成果主義に立っているが、アイスナーはそれに対して、「他の教育のビジョン、その実現を導く他の価値、より寛容な学校教育実践の概念が構築されるような他の過程を生み出す」ことを目指す[40]。すなわち、アイスナーは科学とのみ接続されている教育を芸術と接続しなおすことによって、教育の別の可能性を取りだそうとしているのである。それゆえこの論文におけるアイスナーの議論は芸術の要件を示しつつ教育の芸術的側面を見いだすという点で、本稿にとって非常に意味深いものと言える。

教育が芸術から学ぶべきこととして、アイスナーは6点を挙げる。以下に見るように、こうした諸点を論じる際にアイスナーが依拠しているのはデューイ（John Dewey）とグッドマン（Nelson Goodman）である。

第一に、芸術において求められるのは何らかの目的を実現するための「質的な関係を構成する」能力であり、そのような判断は、アルゴリズムや法則に従うのではなく、その作品に独自なものであるということである。「芸術は生徒たちに法則がないところで、行為し判断すること、感触を信頼し、ニュアンスに注意を払い、行動して自らの選択の結果を評価し、修正して別の選択をすることを教える」。このような質的な関係を可能にするには、芸術家などの質の構成について制作しているあらゆる人が達成しようとしている「適合の正しさ（rightness of fit）」が必要となる[41]。この言葉については、グッドマンの『世界制作の方法』が参照指示されている。グッドマンは以下のように述べている。「要するに、言明の真理と、記述、代表、例示、表出の正しさ（具体的には、デザイン、素描、言いまわし、リズムの正しさ）は、まずもって適合（フィット）の問題で

第6章　芸術体験と臨床教育学―ABR（芸術的省察による研究）の可能性

ある」[42]。法則やアルゴリズムがない場合、正しさの判断はどのようになされるかという問いに対して、アイスナーは「身体的知性（somatic knowledge）」に依拠すると言う。芸術制作は、そのような「感情と思考とを切り離し得ない仕方で統合する思考様式」を育てるのであり、それによって私たちは「より質的に知的に（more qualitatively intelligent）なる」[43]。

　芸術とは「質的知性」を育てるものであるとまずは言えそうである[44]。「質的知性」という概念はデューイの「質的思考（qualitative thought）」から来ている[45]。「質」ということをデューイは次のように説明している。「たとえば、単なる色や他の様式の機械的産物ではなく、芸術作品としての絵を考えてみよう。その質とは、他の諸特性（properties）に加えてそれが持っているある特性（property）ではない。それは、外的にはそれを他の絵画とはっきりと分かつものであり、内的には色、トーン、重みといった、芸術作品のあらゆる細部とあらゆる関係に浸透しているものである」[46]。つまり「質」とは、作品全体に浸透していてどこか一ヶ所を変えればもはや別のものになってしまうような、そういう全体に関係するものである。グッドマンの言葉で言えば、意味論的にも構文論的にも分節され得ない「稠密さ」ということになろうか[47]。

　芸術とはそのような「質」あるいは「稠密さ」を具えたものであり、だからこそそれを理解するには、分析的・科学的知性だけでは充分ではなく、全体及び全体と細部との関係を感受し、微妙な感触によって適合の正しさを判断するような質的知性が必要なのである。

　第二は、目的が行為に先行しているわけではないという特質である。行為の過程のなかで目的も変容するような、デューイの言う「柔軟な目的（flexible purposing）」である。あらかじめ目的が決められたところに到達するだけなら、芸術的な過程は単なる作業になってしまう。もちろん制作する前に何らかの構想はある。だが、多くの制作者が自らが作りつつある作品と対峙するなかで自らの変容が生じることを記述しているように[48]、制作行為の過程で制作者自身が変容するのに伴って、作ろうとする作品の目指すところも変容していかざるを得ない。直伝が重視される芸の伝承において、敢えて伝書という形で体験を意識化したものとして世阿弥の伝書を論じる西平直は、文字にして書くこと

は「体験の固定化に対する最大の異化作用となりうる」としている(49)。ここで言われる「〈体験の直接性〉と〈自己対象化〉との往復運動」(50)を制作者は、制作されつつある作品を介して自らのなかで行う。後に見る「溶解体験」とも言うべき没頭と、それを異化する視線である。

　ここまで論じてくれば後の4点は理解しやすい。第三にアイスナーが挙げるのは、形式と内容とが不可分であるということである。8と書こうがⅧと書こうが、300−292と表記しようが8であるには変わりないが、芸術の場合は、形式が変われば意味が変わってしまう(51)。これと関わって第四に、「知ることができるあらゆることが命題的形式で分節されるのではない」という点を教育は芸術から学ぶことができるとアイスナーは述べる(52)。言葉にしがたい圧倒的な災害や厄災が「記憶アート」という形で想起され得るように(53)、意味は命題的形式のみによって生成するのではない。ABRが芸術形式による研究の開示に拘るのもそれゆえであろう。もちろん、芸術作品にすることによって却って意味が縮減されることもある。また、ABRをめぐる第一の対立に見られたように、芸術作品の表象するイメージだけでは想起は生じないかもしれない。しかし、作品というモノがある限り、意味生成の可能性には開かれている。

　第五点目は、思考と素材との関係である。「芸術においては、ある作品を創造するためには、私たちは自らが使おうと選択した媒体の制約とアフォーダンスの中で思考せざるを得ない」(54)。この場合の素材（material）の例としてアイスナーが挙げているのは、楽器や描画材なので、素材という言葉には包摂しきれない、芸術体験を可能にする具体的なモノという意味で考えたい。そのようなモノに即して思考せざるを得ないということは、逆に「新しい素材は、私たちに新しいアフォーダンスと制約を与え、その過程で私たちが思考する方法を発達させる」(55)ことをも意味する。素材による思考の発達というこの視点は重要である(56)。ABRは社会的・政治的な文脈と自らの個人的な問題とをつなげるところに特徴があり（その意味でも現代アートと区別しがたい）、それを研究として行うというと、概念をふりまわすものだと捉えられがちである。また、美術科教育に関して言えば、明治以降「手と眼の訓練」を重視してきた歴史、あるいは戦後の創造主義的な美術教育からしても、コンセプチュアルな現代

第6章　芸術体験と臨床教育学——ABR（芸術的省察による研究）の可能性

アートはなじみにくいため、ABRという考え方を教育の現場に入れようとしても相当な困難にぶつかることが予想される。だが、ABRが芸術的形式に拘っていることと、ここでアイスナーが教育が芸術から学ぶべき視点として素材などの具体的なモノとのやりとりを挙げていることを結びつけると、ABRはむしろ概念的な知のあり方を問い直し、上で見たように、思考と感情とが不可分の身体的な知、あるいは稠密で個々の要素が複雑な関係にある全体的な質をそのまま捉えることのできる質的知性を目指すものであることが見えてくる。その意味で、むしろ芸術体験における現実的要件を重視して、概念を事実に下り立たせるようなものだと言えよう[57]。

最後に挙げられているのは、「芸術において動機はその作品自体が可能にする美的満足によって確保される」という点である。上で見た素材などの現実的条件との格闘のなかで、あらゆる感覚が動員され、しかし感覚的なやりとりに終わるのではなく問いと探究の繰り返しによって作品はある観念を実現していく。その中で制作者は作品に巻き込まれていく。「作品と制作者は一つになる（work and the worker become one）」[58]。まさに、「自己と世界との境界が溶解する体験」[59]である。「芸術とは結局は、ある特別な体験の形式」[60]なのである。そうした経験は、しかし芸術に限られるわけではなく、教師と生徒が「批判的探究」をする中でも得られるものだとする。このように、アイスナーは芸術の特徴を述べながら、人間の生成変容を含んで常に流動する関係行為である教育という事態を説明しているのである。芸術と教育とを重ね合わせることで、芸術の要件が明らかになると同時に、教育についても新たな見方が得られる。

だが、上で何度か触れたように、制作者が研究として作品を提示したとしても、制作者の意図は命題的な形式の場合のようには鑑賞者に伝達されない。それゆえ誤読される危険性は常にある。しかしそこにこそ芸術の可能性があり、ひいては芸術体験から教育を考える意義もある。

第5節　解放の芸術教育

ここまでは制作者の芸術体験に焦点を当ててきたが、翻(ひるがえ)って鑑賞者の芸術

体験に着目した場合、鑑賞者が芸術作品から受け取るものは何か。美術教養番組では、作家の人生を辿り、その時々の作家の内面の表出として作品を捉える傾向にあるが、このような見方に対して制作者たちは大きな違和感を示す。作品は自らの表現ではあるけれども、単なる内面の表出ではないし、鑑賞者に自らの内的な思いを受け取ってもらうことだけが目標ではないからである。とはいえ、制作者の意図などには構わず、勝手な見方をすればよいというわけでもないだろう。制作者は、何かを伝えようとしている。それは非常に個人的な問題かもしれないが、しかしそれを何らかの形で他者に伝えたいと思っているからこそ多大なエネルギーを注いで作品として制作するのである。

　しかしその場合、制作者は自らの意図がそのまま伝わることを目指しているのだろうか。意図したものが同一なまま鑑賞者に伝達されることを望む芸術家を、J. ランシエール（Jacques Rancière）は「愚鈍化する教育者」になぞらえる。「劇作家や演出家は、観客が何か決まったものを感じ取り、これこれのことを理解し、そこからしかじかの帰結を引き出すことを望む。それは愚鈍化する教育者の論理、物事を同一なまま直線的に伝達する論理である」[61]。ランシエールが「愚鈍化の論理」に対置するのが「解放の論理」である。「解放された観客」というランシエールの講演は、彼の教育論である『無知な教師』に基づいて芸術家に対して行われたアカデミーでのスピーチをもとにしたものである。

　ランシエールは、『無知な教師』において、19世紀はじめルーヴェン大学でフランス文学の講師をしていたジョゼフ・ジャコトの実践に言及しつつ次のように述べる。「ジョゼフ・ジャコトを捉えた啓示は、説明体制の論理を逆転させなければならぬ、ということに帰着する。説明は理解する能力がないことを直すために必要なのではない。反対に、この無能力こそが、説明家の世界観を構造化する虚構なのだ。無能な者を必要とするのは説明家であってその逆ではない。無能なものを無能な者として作り上げるのは説明家である」[62]。ランシエールはこのような「説明」を「教育学の神話」と呼び「愚鈍化の原理」とするのである。「愚鈍化する者」とは、旧来の知識を詰め込む教師でも、自らの権力保持に汲々とする邪悪な者でもなく、「博識で教養があり、善意の者」である[63]。そうした教師は、生徒が「理解」するように「説明」する。そのよ

第6章 芸術体験と臨床教育学—ABR（芸術的省察による研究）の可能性

うな愚鈍化する教師と、自らの意図をそのままに伝達しようとする芸術家とは同じ論理の上に立っているとランシエールは言っているのである。芸術家は観客を教育しようとはしていないという反論に対して、ランシエールは「だが芸術家は、知覚され、感じ取られ、理解されることになるのは、自分がドラマツルギーやパフォーマンスに込めたものであると常に想定している」(64)として再反論する。

　制作者の意図がそのままの形では伝わらないこと、非論弁的形式である芸術においては常にその危険がある。先に見たようにそれはABRをめぐっても危惧（ぐ）されていたことである。そうだとしても、ABRはそこに積極的にとどまろうとするだろう。バロンがABRの特徴として、社会的関与とともに「認識論的な謙虚さ（epistemologically humble）」を挙げているように、それは新たな物語を提示しようとするものではない。「政治的に活発なABRに対して私が希望するのは、新たな全体主義的な対抗的ナラティブを提示することによってではなく、人間の成長と可能性に関する、一連の多様で、複雑で、陰影に富んだイメージと、部分的で局所的なポートレートを味わうよう鑑賞者を導くようなことである」(65)。「将来におけるより解放的な（more emancipatory）社会的編成」(66)を構築しようとするABRの目指すところは、限りなくランシエールの言う解放に近いものだと言えよう。

　ランシエールの思想は、美術教育研究においても注目されている。ロンドン大学ゴールドスミス・カレッジ名誉教授であるデニス・アトキンソン（Dennis Atkinson）は、「現代アートと教育におけるアート」という論文において、アラン・バディウ（Alain Badiou）とランシエールに依拠して、「真理と解放との関係において」学びを捉え直そうとしている(67)。『無知な教師』に言及したうえで、アトキンソンは「解放とは既存の秩序に対する破裂過程（a process of disruption）」であると述べ、その具体例をRoom 13やKids of Survivalに見る(68)。バディウは、「根源的な破裂」である「出来事」から、「既存の知の枠組み、実践、社会的文脈という価値を再配置する真理の過程」が導きだされるとする(69)。たとえばデュシャンの振る舞いは美術における「出来事」である(70)。アトキンソンがここで繰り返し用いる「出来事」という概念は、ABRにとっても依

拠すべき重要な理論として位置づけられている[71]。

「出来事は私にとって、理解や行為の方法の阻害 (disturbance)、破壊 (rupture)、破裂 (puncturing) の方法と関係していて、真なる学び (real learning) を促進する可能性を持つ」[72]。「真なる学びは新たな存在論的状態への動きを含む」ものであり、確立された理解のパターンを破裂させ変容させる。そのような真なる学びに結びつけられた「真理」の過程は、「ある概念、ある情動、ある新たな実践、ある新たな見方、ある新たな意味理解へのコミットメントと見られ得る」ような、「主観化の過程 (a process of subjectification)」だと言われる[73]。つまり自明だとされている意味を揺るがし、新たに「私のこと」として世界と関わるような学びのあり方である。ここまで見てくると、ABR がなぜ「出来事」という概念に着目するかも見えやすい。先に見たように、ABR が目指すのは答えを出すことではなく、新たな問いを引き起こすことで自他の変容を促すことである。そのような探究を可能にするのが「出来事」なのである。

芸術体験においては制作者の意図が受け渡されることが重要なことではない。むしろ制作者の意図がそのままの形では伝わらない可能性に常に開かれている「解放の論理」のもと、「出来事」によって「真なる学び」が促進されることにこそ意味がある。その際、制作者と鑑賞者との間に介在するモノが重要な役割を果たす。「解放の論理においては、無知な教師と解放された見習いの間に、常に第三のモノ (chose) ——一つの書物あるいは全く別の書き物の断片——がある。この第三のモノは教師と生徒双方にとって未知のものであり、双方がそれを参照することで、生徒が見たモノ、それについて生徒が言っていること、そして考えることを、一緒に確かめることができるのである」[74]。制作されるモノが制作する本人にとっても未知であり、制作するモノによって制作者自身の見方も変容を余儀なくされる。そのような未規定な「モノ」[75]に対しては、美学的判断による判定が難しいだろう。芸術制作は、見てきたように素材との対峙の中で概念を事実に下り立たせ、構想を形象化するといった、未規定なモノを意味づける行為であると同時に、制作されつつあるモノの未規定性において、意味が解体される危険性ももつ。それこそが「出来事」を引き起こし「既存の秩序に対する破裂過程」へと至る。誤読される危険性、あるいは教育

の論理を超えてしまう危険性を伴うことを理解したうえで、しかしそれが「真なる学び」となり「教育学の神話」を問い直す可能性が開かれることによって、芸術体験を教育学に組み込むことも可能になるだろう。

第6節　ABRと臨床教育学

　見てきたように、ABRは臨床教育学と共通する志向性をもつ。理論を実践に当てはめるのではなく、実践のただ中で理論が彫琢されること、研究する主体が研究する対象に巻き込まれその過程において主体と対象とがともに変容すること、命題的な知だけでなく身体的な知にも依拠すること、事象を分析的に捉えるだけでなくホーリスティックな関係を捉える質的知性を必要とすることなどと言えばいいだろうか。ABRはこれまでの人文・社会科学的な研究方法論に取って代わろうとするのではなく、これまでの研究方法論ではうまく捉えきれなかったものを掬い取ろうとするものである。さまざまな批判はあるだろうが、芸術と教育の研究地平を拡げるものであることは間違いない。それは、臨床教育学が教育学や教育実践研究の地平を拡げるものであったことと同様であろう。

　このような共通点は偶然ではなく、アイスナーが芸術と教育の共通点をいくつも挙げていたように、教育という事象にも従来の分析方法では捉えきれない「質」があるからだろう。ABRは芸術体験という言葉になりにくい事柄をその質を損なうことなく研究の俎上に載せようとしたとき生まれてきた方法論である。臨床教育学において、表現活動やわざの伝承における学び、あるいは本書の他の章に見られるような人間と動物の境界線、演劇や生と死といったことが取り上げられるのも、この学問による地平の拡がりを示していよう。

　芸術教育においてはどうだろうか。日本の美術教育研究に関して言うと、教科教育としての学問的基礎づけが中心であり、専門的な美術との関係づけはじゅうぶんに行われているとは言えない。また美学との関係[76]、教育哲学との接続などの課題もある。臨床教育学は、芸術と教育を実践的かつ理論的に結びつける大きな手掛かりとなるだろう。このような視点から芸術教育を考える

ことは、大きな動きとはなっていない。しかし研究における変化はある日突然、特定の誰かによって引き起こされるものではないだろう。さまざまな場でさまざまな立場から多孔的に（porous）生じた動きによって、徐々に形を変えていくしかないのではないか。本章が、その一つの孔になればよいと思う。

［付記１］
　本章は、これまで10年間東京藝術大学の学生たちと授業やアトリエで話したことに大きく依拠している。また、慶應義塾大学2015年、2016年前期「教育学特殊講義Ⅰ」で話した内容も含んでいる。日々制作に向き合う学生たちと教育について語り、主として教育学を専攻する学生と美術のことを語ったことから多くを学んだ。記して謝意を示したい。

［付記２］
　本稿は科学研究費補助金（課題番号　25370102, 15H03478）による研究成果の一部である。

〈注〉
（１）「美と教育」に関する研究動向については、西村拓生「『美と教育』は如何に論じられたか？」教育思想史学会『教育思想史コメンタール』2010年参照。
（２）奥井遼『わざを生きる身体―人形遣いと稽古の臨床教育学』ミネルヴァ書房、2015年、西平直『世阿弥の稽古哲学』東京大学出版会、2009年、鈴木晶子編『これは教育学ではない―教育詩学探究』冬弓舎、2006年など。
（３）「制作と享受とを峻別せず、あるいはその一方にのみ帰着させんとし、のみならず〈美〉を抽象的・概念的に取り扱う〈美学〉」を批判して〈美学〉（Esthétique）を〈Esthésique〉（享受学）と〈Poïétique〉（制作学）に解体したポール・ヴァレリー、あるいはヴァレリーに依拠して「〈制作〉のメカニズムを俎上にのせる」ルネ・パソロンの制作学である（谷川渥「制作学」藤枝晃雄・谷川渥・小澤基弘『絵画の制作学』日本文教出版、2007年、11-13頁）。谷川によれば、パソロンの制作学の核心にあるのは、「創造行為において創造者の側に何があるのかを把捉しようとする、〈形相的制作学〉（poïétique formelle）」であり（同上、14頁）、ヴァレリーの制作学も、「芸術家の制作に対する彼自身の意識的反省」であった（同上、19頁）。
（４）渡邊晃一「美術教育の『専門性』と制作学による考察」美術科教育学会誌『美術教

第6章 芸術体験と臨床教育学―ABR（芸術的省察による研究）の可能性

育学』第28号、2007年。
（5） 谷川、前掲論文、20-24頁。
（6） I. カント（篠田英雄訳）『判断力批判（上）』岩波文庫、1964年、第一篇第一章。
（7） Tom Barone & Elliot W. Eisner, *Arts Based Research*, Sage, 2012, p.ix.
（8） ibid.
（9） ibid., p.xi.
（10） ibid., p.6.
（11） Susan K. Langer, *Philosophy in a New Key*, Harvard U.P. 1957. ランガー（矢野萬里ほか訳）『シンボルの哲学』岩波書店、1960年。
（12） アメリカの美術教育の展開については、Arthur Efland, *A History of Art Education*, Teachers College Press, 1990, George Geahigan, The Arts in Education: A Historical Perspective, in; Bennett Reimer, B. & Ralph A. Smith, eds., *The Arts, Education, and Aesthetic Knowing: Ninety-first Yearbook of the National Society for the Study of Education*, University of Chicago Press, 1992, 西村拓生「現代米国の『美的認識』論による芸術教育の基礎づけについて―成立の背景と基礎理論の素描」『仁愛女子短期大学研究紀要』第2号、1993年、岡崎昭夫「戦後におけるアメリカ美術教育の展開」『宇都宮大学教育学部紀要第1部』第46巻第1号、1996年など参照。
（13） Shaun McNiff, Art-Based Research, in; J. Gray Knowles ed., *Handbook of the Arts in Qualitative Research*, Sage 2008, p.30.
（14） 矢野智司「臨床の知が生まれるとき」矢野智司・桑原知子編『臨床の知―臨床心理学と教育人間学からの問い』創元社、2010年、11頁。
（15） 同上、12頁。
（16） 毛利猛『臨床教育学への視座』ナカニシヤ出版、2006年、6頁。
（17） Melisa Cahnmann-Taylor, Arts-based research: Histories and new directions, in; Melisa Cahnmann-Taylor and Richard Siegesmund eds., *Arts-based Research in Education: Foundation for practice*, Routledge, 2008, p.6
（18） たとえば、Fernando Hernández & Carlos Canales-Bonilla, Show your own Gold!: Developing ABR through biographical visual narratives with not mainstream youth, 4th Conference on Arts-based Research and Artisitc Research, 30, June, 2016. それゆえライフストーリーやオートエスノグラフィーの手法をもとにしたパフォーマティブ社会学においてもABRが注目されている。岡原正幸『感情を生きる―パフォーマティブ社会学へ』慶應義塾大学出版会、2014年参照。
（19） Henk, Borgdorff, The Production of Knowledge in Artistic Research, in; Michael Biggs,

Henrik Karlsson eds., *The Routledge Companion to Research in Arts*, Routledge, 2010, p.61.
(20) 皇紀夫「教育『問題の所在』を求めて―京都大学の構想」小林剛・皇紀夫・田中孝彦編『臨床教育学序説』柏書房、2002年、17頁。
(21) 皇紀夫「教育学における臨床知の所在と役割」教育思想史学会『近代教育フォーラム』第10号、2001年、118頁。
(22) 同上。
(23) 教育学における邦語論文として唯一ABRを正面から扱っている金田卓也は、詩や脚本を重要な探求の方法論として取りこんでいる博士論文の例を驚きとともに紹介している。それらをABRとして理解し、それが「教育に関わる者たちの芸術的表現力や感性を豊かにしていく」可能性を指摘している。だが他方で、それが日本の学術界において研究として認められるまでには長い道のりが必要であることも予測している(金田卓也「教育に関する質的研究における Arts-Based Research の可能性」『ホリスティック教育研究』第17号、2014年)。
(24) 東京藝術大学では、2008(平成20)年に芸術実践領域における博士学位のあり方に関する研究を目的として芸術リサーチセンターが設置され、そこでは「実践に基づく博士学位(practice-based doctorate)」などの諸外国の博士学位の多様な姿が調査された(東京藝術大学『芸術リサーチセンター成果報告書』2013年)。このセンター主催の講演会でJ.エルキンスはABRにも言及している(安藤美奈ほか「ジェームズ・エルキンス教授講演報告書 実技系博士学位の現状―世界の潮流と芸術のリサーチに関する議論」『東京藝術大学美術学部紀要』第50号別冊、2013年、15頁)が、この動きを実際に取り入れようという動きは今のところ見られない。
(25) cf. Cahnmann-Taylor and Siegesmund eds., op.cit.
(26) ABRは、Artistic Research(AR)と同様のものと捉えられる場合もあるが、ABRが芸術実践と教育と芸術的知の形成の三者関係のなかで成立するのに対し、ARは、芸術的現象や芸術的プロセスに焦点づけられるという違いが指摘されている(Anniina Suominen & Mira Kallio-Tavin, History, development & concepts in Finnish ABR, 4th Conference on Arts-based Research and Artisitc Research, 29 June, 2016)。ABRにおいてはこのように、芸術活動が自他の変容にどう関わるかが常に問題とされていることから「芸術的省察による研究」と訳し、ARは「芸術実践による研究」と訳し分けたい。
(27) 筆者が2016年6月に参加した4th Conference on Arts-based Research and Artisitc Research においても、こうした実践を含む多様な発表を聞くことができた。この学会の内容については、小松佳代子「《学界動向》4th Conference on Arts-based Research and Artistic Research」美術教育研究会『美術教育研究』第22号、2017年。

第6章　芸術体験と臨床教育学—ABR（芸術的省察による研究）の可能性

(28) M. L. コルンハーバー「ハワード・ガードナー」J. A. パーマー、L. ブレスラー、D. E. クーパー編著（広岡義之・塩見剛一・津田徹・石﨑達也・井手華奈子・高柳充利訳）『教育思想の50人』青土社、2012年参照。
(29) Elliot Eisner, Persistent tensions in arts-based research, in; Cahnmann-Taylor and Siegesmund eds., op.cit., p.18.
(30) ibid., p.19.
(31) ibid., pp.20-21.
(32) McNiff, op.cit., p.30.
(33) Eisner, op.cit., 2008, p.21.
(34) ibid., p.22.
(35) ibid., pp.22-23.
(36) ibid., pp.24-25.
(37) Arthur Danto, The Art World, *The Journal of Philosophy*, vol.61, Issue 19, 1964, p.581.
(38) Elliot W. Eisner, What Can Education Learn from the Arts about the Practice of Education?, *International Journal of Education & the Arts*, vol.5, No.4, 2004.
(39) ibid., p.2.
(40) ibid., p.4.
(41) ibid., p.5.
(42) Nelson Goodman, *Ways of Worldmaking*, Hackett Publishing, 1978, p.138. グッドマン（菅野盾樹訳）『世界制作の方法』ちくま学芸文庫、2008年、240頁。
(43) Eisner, op.cit., 2004, p.5.
(44) アイスナーは早い段階から「質的知性」に言及している。『美術教育と子どもの知的発達』においては、芸術的な能力を才能に求める見方に対して、それが質的知性の産物であり、それゆえに教育によって発達させることができるとする（Elliot W. Eisner, *Educating Artistic Vision*, Macmillan, 1972, p.115. アイスナー（仲瀬律久・前村晃ほか訳）『美術教育と子どもの知的発達』黎明書房、1986年、142頁）。こうした見方は芸術を学校教育のカリキュラムに組み込むうえで必要だったのだと思われる。
(45) 岡崎昭夫「デューイの質的思考と戦後アメリカの美術教育研究」大阪教育大学『美術科研究』第1号、1983年、17頁。
(46) Dewey, J., Qualitative Thought, in; Jo Ann Boydston, ed., *John Dewey The Later Works, 1925-1953*, Vol.5, Southern Illinois University Press, 1984, p.245.
(47) Goodman, op. cit., 1978, pp.67-68. グッドマン、前掲書、130-131頁。
(48) 東京藝術大学美術教育研究室編『美術と教育のあいだ』東京藝術大学出版会、2011

年所収の諸論文を参照。
(49) 西平直「『臨床の知』と『書物の知』―世阿弥の『伝書』からの問い」矢野・桑原編、前掲書、30頁。
(50) 同上。
(51) Eisner, op.cit., 2004, p.6.
(52) ibid., p.7.
(53) 記憶アートについては、香川檀『想起のかたち―記憶アートの歴史意識』水声社。また、山名淳・矢野智司編著『災害と厄災の記憶を伝える―教育学は何ができるのか』勁草書房、2017年も参照。
(54) Eisner, op.cit., 2004, p.8
(55) ibid.
(56) 作り手が材料＝物質（material）とのやりとりのなかで思考していることを丹念に論じたものとして、Richard Sennett, *The Craftsman*, Penguin Books, 2008. セネット（高橋勇夫訳）『クラフツマン―作ることは考えることである』筑摩書房、2016年参照。
(57) 特に美術教育研究においては、「美術を事実に降り立たせる」素材や技法についての研究が重ねられてきている（小松佳代子「『美術教育研究』の課題と展望―機関誌の19年をふりかえる」美術教育研究会『美術教育研究』第20号、2015年）。そこでは素材や技法の歴史や特質、その使用方法などが論じられるが、そうした研究とABRが接続されることで、美術教育研究はより広い視野を獲得できると考える。
(58) Eisner, op.cit., 2004, p.9.
(59) 矢野智司『自己変容という物語―生成・贈与・教育』金子書房、2000年、53頁。
(60) Eisner, op.cit., 2004, p.9.
(61) Jacques Rancière, *Le spectateur émancipé*, La Fabrique, 2008, pp.19-20. ランシエール（梶田裕訳）『解放された観客』法政大学出局、2013年、19頁。
(62) Jacques Rancière, *Le maître ignorant*, Fayard, 1987, p.15. ランシエール（梶田裕・堀容子訳）『無知な教師―知性の解放について』法政大学出版局、2011年、10頁。
(63) ibid., p.17, 同上書、11-12頁。
(64) Rancière, op.cit., 2008, p.20. ランシエール、前掲書、2013年、20頁。
(65) Tom Barone, How arts-based research can change minds, in; Chanmann-Taylor, M. & Siegesmund R. eds., op.cit., p.39.
(66) ibid.
(67) Dennis Atkinson, Contemporary Art and Art in Education: The New, Emancipation and Truth, *The International Journal of Art & Design Education*, vol.31, No.1, 2012, p.6.

第6章　芸術体験と臨床教育学―ABR（芸術的省察による研究）の可能性

(68) ibid., p.12. Room 13は子どもたちが自らアトリエをつくり、画材を購入したりプロのアーティストと共に制作したりする基金を集めるなどして自らアトリエを運営する活動である（http://room13international.org/ 2016年10月4日閲覧）。Kids of Survivalは、アーティストのティム・ロリンズがサウス・ブロンクスの学校で様々な問題を抱える子どもたちと制作した作品が高い評価を得ることで子どもたちを取り巻く状況を変容させた実践である。（N. ペーリー（菊池淳子・三宅俊久訳）『キッズ・サバイバル―生き残る子供たちの「アートプロジェクト」』フィルムアート社、2001年参照）。

(69) ibid., pp.8-9. このような美術教育実践を通して、アトキンソンは、制作者の内的自己が表現されるという美術観、さらには教師によって特定の形式の下に編制された知が伝達されるとする既存の学習観を問い直している（Dennis Atkinson, Subjectivities and School Art Education, in; Atkinson, *Art, Equality and Learning: Pedagogies Against the State*, Sense Publishers, 2011）。

(70) Atkinson, op.cit., 2012, p.9.

(71) Judit Onsès, Fernando Hernández, Rethinking arts-based research from post-positionalities and through visual documentation in a DIY Lab in primary classroom, 4th Conference on Arts-based Research and Artisitc Research, 29, June, 2016, Catarina Silva Martins, *The Eventualizing of Arts Education, ECER*, August, 2016など参照。

(72) Atkinson, op.cit., 2012, p.6.

(73) ibid., p.9.

(74) Rancière, op.cit., 2008, pp. 20-21. ランシエール、前掲書、2013年、20頁。

(75) 教育活動におけるモノの意味については、さしあたり今井康雄ほか 研究状況報告「教育活動における言葉とモノ」『教育哲学研究』第113号、2016年。

(76) 戦後のある時期までは美学者が美術教育に関わり、美術教育を学問として成立させようとする努力がなされていたように見える。たとえば、現在も続く日本美術教育学会で1951年の設立当時会長を務めた井島勉は、本質主義的な立場から美学による美術教育の基礎づけを模索している（井島勉『美術教育の理念』光生館、1974年（初版1969年））。あるいは、東京芸術大学の学長を務めた山本正男も「美学ははじめから美術教育の中になければならない」としている（山本正男『美術教育学への道』玉川大学出版部、1981年）。しかしこうした美学による基礎づけは、一方で教育法を中心とした美術科教育学と、他方で芸術実践の側からの挾撃（きょうげき）に遭って大きな動きにならなかったように見える。山本の下で学んだ石川毅は次のように述べている。「教育或いは芸術教育を、美学によって基礎付けようとすることに対しては、教育学及び芸術教育学・美術教育学の側の論者は決して積極的ではないのである。また、美術教育の基礎は美

術の本質から考察されるべきだという、造形芸術の実践の側からの強い主張もある。つまり、美術教育、芸術教育を考察するに際して、美学は、教育の側からも、また直接的担い手たる美術の側からも、必ずしも快く迎え入れられているわけではないという現実がある」(石川毅「教育と美学」『東京学芸大学紀要 第二部門』第46号、1995年、313頁)。

〈推薦図書〉
本文で引用したもののほか、
鴻池朋子『どうぶつのことば―根源的暴力をこえて』羽鳥書店、2016年。
小澤基弘・岡田猛編著『探る表現―東大生のドローイングからみえてくる創造性』あいり出版、2014年。
ジョン・デューイ(栗田修訳)『経験としての芸術』晃洋書房、2010年。
クレア・ビショップ(大森俊克訳)『人工地獄―現代アートと観客の政治学』フィルムアート社、2016年。
森田亜紀『芸術の中動態―受容/制作の基層』萌書房、2013年。

第7章

現象学と臨床教育学
―科学技術への新たな架け橋

「根本現象がヴェイルをぬいでわれわれの感覚の前にその姿をあらわすとき、われわれは不安とも言える一種の畏怖を覚える。」(ゲーテ『箴言と省察』)[1]

第1節　現象学とは何か？―謎めいた広がりと深み

　現象学、フェノメノロジー (phenomenology) とは何だろうか。それは、この世界に生まれてくる一人の人間ならびに人類の人生を豊かにし、この世界を楽しくし、いっそう謎めいたものにし、意義深くする思考と語りの方法だと私は答えたい。年齢を問わず、誰にでもできるし、ときに意図せずにやっている思考と語りの方法だと私は考えている。ダンゴムシをじっと観察している子どもとか、光速で飛ぶロケットから光速ビームを発射したらそのビームは光速の2倍になるかを夢中で考えている少年は、もう立派な現象学者かもしれない。
　こんな答えを、現象学者は笑い飛ばすかもしれない。現象学の創始者であるフッサール (Edmund Husserl) は、諸学を基礎づける厳密な第一哲学として現象学を構想したではないか、現象学は特別な訓練を受けた研究者にしかできない難解な学問であり、ましてや子どもにできるわけがない、と諭してくれるかもしれない。なかには、寛大に認めてくれる現象学者もいるかもしれない。なぜなら、現象学とは何かという問いがそう簡単に答えられるものでないことは、哲学者がよく知る事実だから。
　確かに、現象学を発見し、哲学として彫琢した最初の人はフッサールだった。しかし、その思考方法と語り口が発見され、複数の人びとに共有され始めるや否や、現象学はフッサール現象学をはるかに超え出て、学問の一領域さえゆう

に超え出て、あらゆる方面にそれこそ爆発的に広がり、多種多様な道を切り拓いてきたし、現在進行形で切り拓いている。

　この広範囲にわたる知の展開は、「現象学運動」と呼ばれる(2)。はじまりは今から100年以上も前、1900年から1901年にかけて出版されたフッサールの『論理学研究』だった。この本は、当時支配的だった心理学主義に批判的な学者たちを魅了し、たちまちのうちに彼らを結びつけた。その後、第一次世界大戦（1914－1918年）と第二次世界大戦（1939－1945年）という二度の絶滅戦争に見舞われるが、それによって現象学は途絶えるどころか、時代の危機を逆にエネルギーに変え、かえって熾烈に燃え上がるような思考を展開した。そう、この知の運動は、個々の人間の危機、そして人類の危機を原動力にしている。

　そうは言っても、その原動力は一つではない。次のような一言が、サルトル（Jean-Paul Sartre）はじめ多くの若者を現象学に向かわせたこともあった。「ほらね、君が現象学者だったらこのカクテルについて語れるんだよ。そしてそれは哲学なんだ！」(3)。カクテルについて語って、それが哲学になる。カクテルだけでなく、現象学は何についても哲学的に語ることができる。フッサールは、「メロディ」を引き合いに出すのを好んだし、目の前の「書きもの机」から「ヴェランダへ、庭のなかへ」と視線を動かす場面や(4)、「ロレットの丘を夕方散歩していて、地平に突然、ラインの谷に沿った街灯が灯る」(5) 光景についても語った。ハイデガー（Martin Heidegger）は、ヘルダーリンの詩やゴッホの靴の絵(6)、「ウィルソンの霧箱」(7)や科学技術などを語った。ハイデガーとヤスパース（Karl Jaspers）に師事したアーレント（Hannah Arendt）は、ガリレイの望遠鏡(8)について、アイヒマン裁判(9)と同じくらい深刻に受けとめ大いに語った。現象学は、事例や題材を選ばないからこそ、医学や心理学、社会学、政治学、教育学、看護学など、あらゆる領域で活用されるのだろう。

　さらに謎めいたことがある。それは、現象学が職業的な哲学者だけの特権ではどうやらなさそうだということである。メルロ＝ポンティ（Maurice Merleau=Ponty）は、小説家や画家もまた、現象学をしていると読める指摘をしている。

第7章　現象学と臨床教育学——科学技術への新たな架け橋

　現象学はバルザックの作品、プルーストの作品、ヴァレリーの作品、あるいはセザンヌの作品とおなじように、不断の辛苦である——おなじ種類の注意と驚異とをもって、おなじような意識の厳密さをもって、世界の歴史の意味をその生れ出づる状態において捉えようとするおなじ意志によって[10]。

　これは、同じ種類の「注意」「驚異」「意識の厳密さ」「意志」を働かせる点で、小説家や画家の作品は現象学と同じようなものである、と読める文章である。そうすると、私たちは、現象学の哲学書を読んでいようといまいと、同じような驚きをもちながら、同じような注意や意識の厳密さをもって、「世界の歴史の意味」をそれが「生れ出づる状態」で捉えようと活動するとき、現象学をしている (do phenomenology) ということになるだろう。哲学以前の現象学を、「前学問的な現象学」あるいは「前学問的なフェノメノロジー」と呼ぶならば、私たちは知らずして、前学問的なフェノメノロジーをしていることがあるのかもしれない。「世界の歴史の意味」を捉えようとする意志は、ある限定された意志であり、私たちのあらゆる意志を含むわけではないが、私たちが素朴に思うよりもずっと多種多様な意志が、それに関わっていないともかぎらない。たとえば、この世界の謎を解きたいと願う子どもも、この意志と無関係ではなさそうである。

第2節　フェノメノロジーとは何か？——フェノメーンとロゴス

　それでは改めて、フェノメノロジー、現象学とは何かを問おう。
　「現象学、すなわちフェノメノロジーという言葉は、現象すなわちフェノメーンと、学すなわちロゴスという二つの構成要素をもっている」[11]。
　現象、フェノメーンとはどういう意味だろう。
　フェノメーンというドイツ語（英語ならフェノメナ）は、古代ギリシア語ファイノメノンを語源とし、このギリシア語は、「おのれを示す」を意味するファイネスタイという中動相[12]に由来する[13]。その能動相はファイノーであり、「白日にさらす、明るみに出す」という意味であり、ファイノーのファという語幹

に属し、このファには、「光、明るさ」を意味する「フォース」が属しているという(14)。まるでファの一音にすべてが込められていたかのようである。ファの一音から、フォース（光）やファイノー（光にさらす）やファイネスタイ（おのれを光にさらす）やフェノメーン（現象）といった一連の語が産み出されたかのようである。「現象」とは、「みずからを光にさらすこと（現象する作用）」であり、かつまた「みすからを光にさらしたもの（現象した存在者）」の両方を意味する。

　ところが、驚くべきことに、ファイノメノンは、およそそれとは真逆のことさえ意味したという。たとえば、「ファイノメノン・アガトンとは、善のように見えはするが——しかし『現実には』それが言明しているとおりの善なるものではないものという意味である」(15)。現象を意味するファイノメノンは、そのように見えるもの、見せかけのもの、「仮象」という意味もあるというのである。日本語の「現象」とか「現われ」という語も同じ両義性を持つのは、偶然の一致にしてはできすぎている。私たちは、「たんなる」という言葉を添えることで、「現象」や「現われ」が含む「仮象」の意味をあらわにする。「現象」という語は、まるで一方がN極で他方がS極の一本の磁石のように、本当の現われと仮の現われの両極的意味を担う特別な言葉である。

　これによって、次のような運動が可能になる。すなわち、おのれを示さない現象から、おのれを示す現象へ、という運動である。仮象から現象へという現象内部での運動が、現象学の原動力の一つになる。ハイデガーは、この運動を、隠蔽から非隠蔽への運動に翻訳し、「真理」を意味するギリシア語アレーテイアを、隠蔽を剥奪してあらわにすることを意味するドイツ語ウンフェアボルゲンハイト（非隠蔽性）とみなした。

　では、学、ロゴスとはいかなる意味だろうか。

　学が由来するギリシア語ロゴスは、その多義性で張り裂けんばかりである。『ギリシア語辞典』には16種類もの意味が記されており、主なものをあげても、「語り」「話された言葉」「話し合い」「計算」「理性」「原理」「根拠」「比」「類推」といった意味がある。まるで「それらの諸意義がたがいにそむきあって、一つの根本意義によって積極的に導かれていない」かのようだが、それは「見せか

け」だとハイデガーは看破する[16]。

　ロゴスの根本意義として彼が注目するのは、「語り」という意味である。語りとしてのロゴスは、「語られている当のものをあらわならしめる」のであり、「或るものを見えるようにさせる」のであり、「語られている当のものを、……たがいに語りあいつつある者たちにとって、見えるようにさせる」[17]。こうしてロゴスは「存在者を認知させること」であるから、「理性」も意味するし、語られて見えるようにされたものは、「語りかけや論じあいがおこなわれている」あいだずっと「実際に存在しているもの」となり、「そのつどすでに根底にあるもの」、つまり「根拠」にもなる[18]。

　そうすると、「現象‒学」とは、「おのれを示すもの」を見えるようにする理性と語り（ロゴス）ということになる[19]。そんな単純なことなのか。おそらく現象学はこんな単純なことから出発している。そして、こうした語源的意味では、フェノメノロジーは、哲学とか学問である以前に、仮象を現象に転じようとする、前学問的な語りや理性の働きである。だからこそ、バルザックにもセザンヌにもフェノメノロジーを見出すことができるのだろう。

　問題を難しくしているのは、おのれを示すものがおのれを示さない、という矛盾にある。おのれを示すものが、ロゴスの力を借りなくても、おのれをありのままに示しているなら、なにも現象学は必要ない。しかし、おのれを示すものが、実はえてして仮象であって、おのれを示さないから、真におのれを示すようにさせるために、現象学が必要になる。そうそう簡単にはおのれを示さないもの、仮象や覆いに覆われて、なかなか正体を明かさない隠れた現象を、フッサールは、「事柄」とよび、「事柄そのものへ！（独 Zu den Sachen selbst; 英 To the things themselves）」を現象学の合言葉にした。

第3節　事柄とは何か？―フッサールとハイデガー

　では、事柄とは何だろう。まず、フッサールが「事柄そのものへ」を語った一文を引用したい。

もろもろの事柄に関して理性的にもしくは学問的に判断するということは、ところで、事柄そのものに準拠するということであり、別言すれば、言説や思いこみを捨てて事柄そのものに立ち帰り、事柄をその自己所与性において問いただし、事柄に無縁なすべての先入見を排斥するということにほかならない[20]。

　この一文から明確になるのは、事柄が何ではないかである。事柄は、「言説」や「思いこみ」や「先入見」ではない。むしろ、これらを排斥し捨て去ることが、事柄に迫る第一歩になる。しかも、現象を仮象にしている要因は、まずは、先入見を身につけている私たち自身のほうにある。「一切を放棄することは、一切を得ることである」[21]という感銘深い言葉に象徴されるように、一切の言説や思いこみや先入見を放棄し捨て去ることが、一切の事柄をありのままに見る第一条件だ、とフッサールは考えた。ここから、「現象学的還元」「エポケー」「判断中止」「括弧に入れる」「スイッチを切る」といった類似の、言説や思いこみを遮断する現象学独自の方法が生み出される。これは、文系理系すべての学問や常識を、否定するのでも無にするのでもなく、むしろすべて括弧に入れ、そのスイッチを切り、そうした言説や常識が機能しないようにする方法である。あらゆる学問や常識を脇におき、それらから自由になって、事柄をありのままに見ようというのである。

　ただし、「還元〔＝遮断〕の最も偉大な教訓とは、完全な還元は不可能だということである」[22]と洞察されているように、先入見を「完全」に遮断することはできない。しかし、「不完全」になら遮断は十分可能である。そして、不完全な遮断が大きな変化なのだ。特定の学説なり常識なり偏見にどっぷりつかって、自分がそうした特定の見方しかしていないことさえ気づかないのと、その先入見に気づき、それを一時的に遮断し、そこから自由になって事柄を見ようとするのとでは、大違いである。また、学説やテキストがそれについて語っている事柄をまったく度外視し、学説やテキストの言葉や概念体系だけを研究するのと、学説やテキストが語る事柄なり現実に目を向け、その事柄との関係で学説やテキストを吟味するのとでは、大違いである。

　加えてフッサールは、遮断について、いっそう大胆に考え語った。学問や常識だけでなく、私たちの自然的態度のなす定立を、すべて遮断しようというの

第7章　現象学と臨床教育学――科学技術への新たな架け橋

である。「自然的態度」とは、私たちが最も自然にこの世界を生きているときの態度であり、何かを考えたり、何かを見たり聞いたり、何かを感じたり、操作したり、誰かとコミュニケーションしたり、相手を思いやったり、攻撃したりしているときの態度である[23]。こうした自然的態度において、私たちは、思考や知覚の対象とか、やり取りしている他者とかが、それらを取り巻く世界とともに確かに存在していると素朴に信じているが、この自然な存在信念が「定立」である。フッサールは、こうした自然的態度を徹底的に変更し、自然的態度によるすべての定立のスイッチを切り、括弧に入れることを提案する。つまり、自然的態度の意識とその相関者である対象や世界すべてを、括弧に入れるというのである[24]。

　そんなことができるのか、そんなことをやってなんのためになるのか？　確かに、この私の具体的な意識と、それが志向する対象と世界全体を括弧に入れることは、フッサールほど上手くはできないかもしれないが、やろうと思えばできないことでもない。フッサールはこの遮断を全力で実行し、その結果、括弧に入れられないで残るものがあることを発見した。それは、「〈自然的態度の私〉と〈世界〉を括弧に入れる私」であり、この残余として出てくる「私」を、フッサールは「純粋意識」とか「純粋自我」とか「超越論的主観」と呼んだ[25]。この超越論的主観は、世界に志向的に関わっている自然的態度の主観とは、まったく質の異なる主観である。この二つの主観がどのように異なるか、その違いを一つだけ挙げるならば、括弧に入れられる主観がこの世界内に時間空間的に場所を占めるのに対して、括弧に入れる主観は、この世界を超越しており、この世界内に場所を占めないという違いである。括弧に入れる主観は、自然的態度の主観にそれまで隠れていたのだが、「括弧に入れる」とか「スイッチを切る」といった語り口をフッサールが編み出すことによってはじめて、スイッチを切る意識がおのれを示すようになったのである。それゆえ、こうしてあらわになった超越論的主観は、まさしく「事柄のなかの事柄」であり、当然、第一発見者のフッサールは、これを現象学最大の事柄と見なし、彼の現象学は超越論的主観の現象学になった。

　それでは、現象学の「事柄」は超越論的主観かというと、そうとも限らない。

ハイデガーは、全く異なる解答を与えた。現象学最大の事柄は、「存在者の存在」だと彼は考えた。ちなみに「存在者」とは、無機物、有機物、動植物、人間、社会、歴史、神々、幾何学など、存在するあらゆるもののことで、存在者の「存在」とは、それらがそれぞれの仕方で存在することである。現象学の事柄が何であるか、に対するハイデガーの結論部分を引用しておこう。

　　現象学が「見えるようにさせる」べき当のものは、何であるのか。際立った意味において「現象」と名づけられなければならないのは、何であるのか。……差しあたってたいていはおのれをまさしく示さないところのもの、つまり、差しあたってたいていはおのれを示すものに対して秘匿されてはいるが、しかし同時に、差しあたってたいていはおのれを示すものに本質上属し、しかも、このものの意味と根拠をなすというふうに属している或るものであるところの、そうしたものである。しかし、格別の意味において秘匿されたままのもの、あるいは隠蔽のうちへとふたたび落ちこむもの、あるいは「変装して」しかおのれを示さないもの、このようなものは、あれこれの存在者ではなく、さきの諸考察が示しておいたとおり、存在者の存在なのである。存在者の存在は、この存在が忘却され、この存在とその意味との問いが発せられないほど、はなはだしく隠蔽されていることがある。したがって、際立った意味において、つまり、その最も固有な事象内容のほうから、現象となることを要求しているもの、そのものを〔つまり存在者の存在を〕現象学は対象として主題的に「つかんだ」わけである[26]。

　超越論的主観か存在か。現象学運動に火をつけたこの二人の巨人でさえ、現象学の事柄のとらえ方にこれほどの隔たりがある。とすると、現象学の事柄（X）とは、いったい何なのか。あっけない答えかもしれないが、このXには、ある条件つきで何でも入ると私は答えたい。何でも入るというのは、ハイデガー流に言えば、存在だけでなく、いかなる存在者でも入るという意味である。その条件とは、現象学運動に身を投じるのは、他ならぬこの私とかあなたなのだから、この私やあなたにとってゆるがせにできない事柄ならば、という条件である。つまり、この私に謎として迫り、さしあたり見せかけしか示さず、その見せかけに隠れた真なるありさまを、私が白日のもとにさらさないではいられないような事柄ならば、という条件である。この条件下なら、どんな事柄も現

象学の事柄になる。だからこそ、様々な領域で実践者や研究者が、それぞれ身を入れて取り組んでいる事柄を、現象学の方法で探究してきたのだろう。そしてどの領域でも、現象学的に迫ってみると、それまで隠れていた事柄が新たに発見されるからこそ、現象学運動は止まらないのだろう。

第4節　現象学と臨床教育学

　それでは、現象学を導入することで、臨床教育学はどんな恩恵にあずかるのだろうか。現象学は、臨床教育学に何をもたらすのだろうか。理念的に答えると、現象学は、臨床教育学を、それどころかすべてを変貌させる。理念的には、現象学は、世界を、いっそう覆いのない世界に変える。これは何も、現象学が世界に正義の大革命を起こすという意味ではない。そうではなく、私にとって世界の見え方が変貌するという意味である。現象学を自分のものにすることは、フッサール流に言えば、理念的には、現象学をする私の自然的態度を徹底的に変更することであり、超越論的主観というそれまで眠っていた私の主観を目覚めさせ、この超越論的主観のパースペクティブから、すべてを見るため、それまで素朴に生きていた私と、私にとっての世界とが、変わるのである。

　ただし、私にとっての世界の変様は、カフカの変身よろしく一夜のうちに成し遂げられるわけではなく、現象学を、つまりフェノメーンのロゴスを、つまり現象の語りと理性を、年月をかけて自分のものにするにつれ、徐々に達成される。しかしその一歩一歩の変容は、それがいかに小さな一歩でも、驚きに満ちており、まるでこの世界にはじめて誕生したかのような圧倒的な新鮮さをもっている。

　少し言い方を変えて復唱しよう。現象学は、なま身のこの私、日々生活し、実践したり研究したりするこの私から出発する。そしてこの自然的態度の私に根本的な態度変更をせまる。自然的態度の私はスイッチを切られ、スイッチを切る私、世界を超越した超越論的な私が覚醒する。スイッチを切られた私とスイッチを切る私、反省される私と反省する私とも言える。後者の私は、いわばメタ認知する私である。自然的態度の私は、世界のなかで日々の出来事にあく

せくし、思い悩み、喜ぶ私であるが、それらを括弧に入れて眺めつつ考える私は、そうした自然な私ではない。自然な私とは違った場所（そこがどこかはまだわからない）にいて、違った思考をし、違った気分をもつ私である。

　現象学はこのように、私という一人の人間を、それまでとは全く違った人間に変える哲学である。現象学のロゴスは、人間を従来とは違った仕方でとらえる理‒論であり、同時にその理‒論をまずは私という一人の人間で実演してみる実践方法である。この理‒論を実践的に生きることができるようになると、私は、他の人びとも、たとえば目の前の子どもも教師も、私と同じ人間として、自然的主観と超越論的主観の二重性を秘めた主観とみなすようになる。そうすると、私が自然的主観だけに閉ざされていたときには考えもしなかった問題系が現われる。自然的主観としての私と子どもは、言語的非言語的表現を介してしかお互いを知ることはできず、主観の多くは相互に隠されているが、超越論的主観としての私と子どもは、何らかの仕方でお互いを知ったりすることがあるのか、そもそも超越論的主観は単数なのか複数なのか、複数ならば相互の関わり合いはどうなっているのか、といった問題系が現われる。自然的主観どうしのコミュニケーションについては、従来の心理学や社会学が多くの学説を展開しているが、超越論的主観のコミュニケーションは、現象学にしか接近できない事柄である。

　そこで、現象学と臨床教育学との接点を考えるために、「他者理解」をテーマにしてみよう。臨床教育学が、教育の実践現場に臨んで教育について何かを明らかにするロゴス（理性と語り）であるならば、研究者、子ども、教師、保護者や地域の人々がお互いに相手をどう理解するかという「他者理解」は、大問題の一つであろう。

　ふつう、人の気持ちや心は、本人でなければわからない、と思われている。せいぜい相手の言語的非言語的表現を通してしか、相手の内面や意識は理解できない、というのが常識である。「私には子どもの心理が手にとるようにわかる」と誰かが言えば、非常にうさんくさいと感じるのが常識である。この常識を少し洗練させると、古典心理学の他者理解モデルになる[27]。そこでは、四つの項をもつ一つの系が考えられる。第1項には私の心理作用があり、第2項に私

が自分の身体について感じる身体イメージがあり、第3項として私に見える他者の身体があり、第4項として他者の心理作用がある。常識的な前提として、私と他者のそれぞれの心理はそれぞれの主観に閉じ込められているので、この第4項は、私には与えられていない。私は、私に与えられる第1から第3までの項を使って、第4項つまり他者の心理を「類推」する、というのが古典心理学の他者理解モデルである。「類推」というかわりに、「推論」とか「想像」とか「推定」と言ってもいい。つまり、相手の表情や身振り手振りから、相手の心を私は暗号解読のように推論しているというわけである。その推論は、当たることもあれば外れることもある。比較的最近まで説得力をもっていた「心の理論」も、これとほとんど同じ考えである。ちなみに、自閉症の子どもが相手の気持ちを理解できないのは、こうした推論を行なう「心の理論」が障害を被っているからだと最近まで考えられていた[28]。

　さてここで、こうした常識と学説を、否定しなくてもよいので、一時的に括弧に入れてみよう。そして、子どもの気持ちを、私たちが「類推」も「想像」もせずに、一目でわかる場面を、私たちの日常から探してみよう。人の気持ちはわからないという常識的な前提のスイッチを切って、改めて私たちの日常を見直してみよう。これが現象学的「遮断」の小さな第一歩である。そうするときっと多くの人が、相手の気持ちを一目でわかる場面を思い出せるだろう。

　たとえば、休み時間、一人の子どもがしくしく泣いているのを見れば、その子のつらさ悲しさは私たちにたちどころに伝わってくる、お喋（しゃべ）りを楽しんでいるのか言い争いをしているのかは、話し合っている二人を見れば一目瞭然（りょうぜん）である。手をつないで動物園に向かう家族の心のはずみは、それを見る私に自然と伝わり、こちらまで楽しくなるほどだ。こうして現象学は、常識や学説によって隠れていた日常の他者理解の現象を明るみに出し、おのれを示すようにさせる。

　「『人の感情が私に伝わってくる』などというのは主観的印象で、客観的ではない」といった学説めいた常識のスイッチも切ってみよう。こうした学説めいた常識も、私たちが自然に行なっている他者理解も、両者ともスイッチを切った状態で優劣をつけず、冷静に事柄を見つめて考え直してみるのが現象学であ

る。ふつうは常識とか支配的な学説のほうがもっともらしくて強いので、日常生活の自然な経験は劣勢に追いやられ抑圧され沈黙させられるが、現象学は両者を括弧に入れてスイッチを切った状態で眺めるので、両者の重みは同じになり、後者にも同等の発言権が認められることになる。

相手の表情から相手の気持ちが私に一目瞭然となることを、メルロ＝ポンティは、「私は、自分がただ見ているにすぎないその行為で、言わば離れた所から生き、それを私の行為とし、それを自分で行ない、また理解する」[29]とか、「私は初め〈他人の顔の表情〉の中で〈私の志向〉を生きたり、また逆に〈私自身の行為〉の中で〈他人の意志〉を生きて」[30]いる、と現象学的に語った。

同様の作業を進めると、私は、日常や教育実践場面で、子どもや教師のことをいろいろとわかることに、かえって驚かされるほどである。「何を考えているかわからない人」というのは言わば例外的で、たとえば、非常に無表情な人とか、突拍子もないことをする人である。そして、私は、子どもの感情だけでなく、子どもに関わるもっと別のことさえ感じ取っていることに気づく。たとえば、私は、子どもに新しい考えが閃いたのを、子どもの目の輝きに見たり、「あっ！」という声に聞くことがある。また、話し合いの時間には、沈黙の「重み」を感じたり、議論が「白熱」するのを感じ、この感じが参加・見学した多くの人びとと共有できることを知る。あるいはまた、私たちは、職員室の風通しの良さや悪さを実感する。このように私たちが感知する「空気」や「熱」や「重さ」や「光」は、いったい何なのだろう。こうした現象さえ、現象学や現象学的臨床教育学は、探究の「事柄」にできるはずである。

第5節　現象学と科学

実は、他者理解について先に言及したメルロ＝ポンティの現象学は、最先端の科学者にインスピレーションを与え、新発見に導いた。それは、ミラーニューロンという新しい脳細胞の発見であり、脳神経科学におけるこの発見は、生物学におけるDNAの発見にも比肩するとさえ評された。ミラーニューロンは、1990年代初めに発見され[31]、1998年のガレーゼ（Vittorio Gallese）の発表を機

第7章　現象学と臨床教育学―科学技術への新たな架け橋

に科学界に広く知られるようになったが[32]、この奇妙な細胞は、それより20年近くも前に、パルマ大学の研究室で記録されていたという[33]。ミラーニューロンが最初に記録された場面の描写を引用しよう。

　神経生理学者のヴィットリオ・ガレーゼは実験の合間の休憩中にぶらぶらと研究室を歩いていた。一匹のサルがおとなしく椅子に座って次の課題を待っていた。そのとき、ヴィットリオがなにかに……手を伸ばしたのとほぼ同時に、サルの脳に埋め込まれた電極につながっているコンピューターから大きな稼働音が聞こえてきた。素人の耳には、ただの雑音にしか聞こえないだろう。しかし神経科学の専門家の耳には、それはまさに調査中のF5野の細胞から放電が起こっていることを意味する音だった。ヴィットリオはとっさにおかしいと思った。サルはおとなしく座っているだけで、なにかをつかもうとはしていない。にもかかわらず、つかむ行為に関連するニューロンが発火しているのだ[34]。

　この神経生理学者が「おかしい」と思ったのは、実験台のサルが「つかむ行為」を実際していないにもかかわらず、実験者が何かをつかむ行為をこのサルがただ見た（知覚した）だけで、つかむ行為をこのサルがするときに発火するニューロンが発火したことである。この現象は素人にとっては「おかしく」もなんともないかもしれないが、それは、神経生理学者の先入見をまだ共有していないからである。つまり、素人には、おかしくもなんともないこの現象は、神経生理学の伝統的な先入見を身につけたときはじめて、正体不明のおかしな現象として現われる。先入見は、同じ現象に、なにか新しい見え方を与えている。
　ミラーニューロン発見以前の1980年代の神経学者は、脳のはたす機能はそれぞれ別の枠に収められており、知覚をつかさどる細胞と、運動をつかさどる細胞とは、全く別物であるという前提に立っていた[35]。この大前提は、脳神経科学の世界で何十年ものあいだ受け継がれ、この間いくつもの発見を導き、どの実験でも覆されたことのない、科学的に確かな学説だった。ところが、この学説に矛盾する不可解な現象が、パルマ大学の実験室で起きてしまったのである。
　しかし、この現象の確認と記録だけでは、まだ伝統的な学説を覆すにはいたらず、科学的な「発見」にはならなかった。ほとんどの科学者は、この不可解

な細胞など気にもとめず問題にもしなかった。はじめは誰も、運動ニューロンが同時に知覚ニューロンであるなどとは、信じなかったのだ。しかし、第一発見者のガレーゼには、大いなる予感があったのだろう。彼は「メルロ＝ポンティの著作を徹底的に読み込み、哲学と神経科学との適切な類似点を見つけて、チームの発見したことを科学的というよりは哲学的な言語で説明しようとした」[36]。これによって、科学者たちはこの奇妙な現象の正体を理解できるようになった。こうしてこの細胞の正体を語り理解すること、すなわち正体をあらわにすることによって、この細胞を見つけたことは、神経科学の伝統的な学説を覆すほどの発見になった。

　この新手のニューロンは、従来の学説に反し、知覚と運動の両方に同時に関与し、自分が見ているだけの他者の運動を、自分が行なう運動へと一挙に変換する。このニューロンは、あたかも自分がやっているかのように、他者の運動を知覚する。まさしく先のメルロ＝ポンティが語ったとおり、このニューロンは、自分がただ見ているにすぎないその行為を、いわば離れたところから生き、あたかも自分が行なうように理解できるようにする。こうした細胞の存在が認められた以上、他者の行動を理解するために、私は、「類推」や「推論」や「想像」といった手間のかかる作業を介在させる必要は全くなくなる。他者の行動を見て、私のミラーニューロンが発火しさえすれば、私は他者の行動を、同じ私の行動として瞬時に理解できるからである。逆に、私のミラーニューロンが発火しなかったり、発火が弱かったりすると、私は他者の行動をよく理解できないことになる。

　そこで、ミラーニューロン説の科学者は、他者理解がうまくゆかない子ども、例えば自閉症の子どもには、ミラーニューロンの機能不全があるのではないかと仮説を立て、それを支持するいくつかの実験に成功したという[37]。こうして、従来の認知心理学を背景とした、自閉症研究における「心の理論」説は、ミラーニューロン説からも批判されることになる。

　ここで立ち止まって考えてみたいのは、科学と現象学との関係である。

　確かに、現象学の基本的姿勢の一つには、科学批判、反科学がある。それは、近現代の私たちのものの見方が、目覚ましい進歩をとげ膨大な成果をあげた緒

科学の影響下にあり、科学が私たちの先入見になっているからである。それゆえ、現象学は、科学的な先入見を括弧に入れ、それによって隠されていたもの、たとえば生活世界とか自然な実感をあらわにする。そればかりか、晩年のフッサールは、ガリレオによる自然の数学化を問題視したし[38]、第二次世界大戦後のハイデガーは、『ブレーメン講演』を嚆矢(こうし)に科学技術の時代、原子力時代を痛烈に批判した[39]。衣鉢を継いだアーレントは、現代の科学は宇宙科学と化し、世界と大地から人間を疎外し、人類を絶滅させるリスクをおかしていると批判する[40]。

　しかし、仮象の覆いを取り除くという点では、現象学も科学も同じである。それにとどまらず、両者には、驚くような偶然の一致がときに見られる。ミラーニューロンもその一つである。正体不明の細胞が科学的に観察され、メルロ＝ポンティの語りをあてると、それがどんぴしゃり一致し、その語り（ロゴス）によってはじめて奇妙な細胞の正体（ミラーニューロン）がおのれを示した。別の例を挙げれば、伝統的な心身二元論、つまり精神と物質は別であり、精神は物質に対して無力であるという学説を誤謬として論駁したヨナス（Hans Jonas）の現象学を、理論物理学者フリードリクス（Kurt Friedrichs）が支持し、ヨナスの思考モデルを、量子力学によって裏づけ、補足し、洗練したのは、驚くべき偶然の一致以外の何であろうか[41]。

第6節　現象学的臨床教育学と現代物理学の「偶然の一致」──観察者問題

　教育実践現場で観察することに関して、四半世紀ずっと私の頭を離れない問題がある。それは、研究者である私が現場に入ると、子どもも教師も私を歓迎してくれたり、私に緊張したり興味をもったり、あえて私から眼をそらせたり、いいところを見せようとしたりと、現場に変化が生じるという問題である。私は、現場に入って、現場の本当の姿を見ているのだろうか。私が保護者であっても、他校の教師であっても、この問題に変わりはない。どのような立場であろうと、日常的にその学校や教室にいない人物が入ると、その学校現場は大な

り小なり違ったものになる。これを「観察者問題」と呼ぼう。実はこの問題は、量子論や相対性理論といった現代物理学が取り組んだ問題と奇妙なまでに一致している[42]。

光が粒子でもあり波動でもあることを数学的に証明したとされるハイゼンベルク（Werner Karl Heisenberg）は、次のように語る。「観測が事象において決定的な役割を演ずること、そうしてリアリティは我々がそれを観測するかしないかによって変わってくる」[43]。また、彼はボーア（Aage Niels Bohr）を引きながら、観測者である「われわれが劇場で観客であるばかりでなく、いつも共演者でもあることに気付かねばならない」[44]とも言う。これは現場観察の実感とどんぴしゃりである。

この偶然の一致に関してこれまで看過されてきたのは、物理学的観察でも教育実践観察でも、この「観察者問題」は、いつでもどこでも生じるわけではない、という点である。教育現場に参入しても、無頓着な観察者は、自分が入ったことによる現場の変化に気づかない、あるいは変化を問題にしない。この点でも、ハイゼンベルクの言葉は示唆的である。

> 最も精巧な道具を使ってはじめて入りこむことのできる自然の部分を取り扱わなければならないときに、〔観察する〕我々自身の活動が極めて重要なものになる[45]。

「最も精巧な道具」を使わなければ観察できない対象を相手にするとき、「観察者問題」が発生し、観察者や道具が対象に与える影響が無視できなくなる。そうした道具を使わなければ観察できない対象は、科学では、ガリレイやニュートンが相手にした自然とは異なり、量子論や相対性理論が扱うミクロコスモス（小宇宙）やマクロコスモス（大宇宙）であり、原子（10^{-10}m）や原子核（10^{-15}m）やそれ以下の電子、あるいは光速（$3・10^8$m/s: 秒速300,000km）などである。

こうした世界に入り込むために使用する「最も精巧な道具」は、ウィルソン（Charles Thomson Rees Wilson）の霧箱やヤング（Thomas Young）のスリット、ヒッグス粒子で注目された「セルン（CERN）」とよばれる大型ハドロン衝突型加速器（Large Hadron Collider＝LHC）などである。先のミラーニューロン

にしても、1個の脳細胞の大きさは、0.01〜0.05mmであり、ニューロンはその40〜200分の1程度とされ[46]、その観測には、非常に細い電極やいわゆるfMRI、つまり人体の細胞がもつ磁気を核磁気共鳴を利用して検出し、それをコンピューターで画像化する核磁気共鳴映像の道具である。

　もちろん、教育現場の観察では、電極だのfMRIだのを使うわけではなく、せいぜいボイスレコーダーやビデオカメラである。そして、なんと言っても最大の道具は観察者の眼や耳、つまり感覚である。子どもたちが課題に取り組む「熱意」を感知する「精巧な道具」は、科学技術ではまだ開発されていないため、いまのところ唯一、観察者の感覚だけである。こうした熱を察知するのが、五感のどの器官なのか不明であるため、さしあたり第六感としておこう。第六感を含む私たちの感覚は、科学技術で開発された最も精巧な道具に匹敵するような、精巧な道具と言ってもよいだろうか。まさしくそうだ、という洞察がある。

　　人間は自分の健全な感覚を用いるならば、それ自身、存在しうるかぎりもっとも偉大かつもっとも精巧な物理的装置である[47]。

　これはゲーテ（Johann Wolfgang von Goethe）の箴言（しんげん）である。箴言によれば、自分の健全な感覚を用いる人間は、それ自身、存在しうるもっとも偉大でもっとも精巧な物理的装置である。なんということだろう、健全な人間の感覚が、核磁気共鳴映像装置（fMRI）や大型ハドロン衝突型加速器（LHC）に匹敵するとは。もしもゲーテがこれら現代科学技術を知っていたならば、この箴言はなかっただろうか。いや、おそらくいっそう大きな危機感とともに、ゲーテは同じ言葉を語ったにちがいない。

　「もっとも精巧な物理的装置」を使う点で、近現代の科学と、現象学的臨床教育学と、ゲーテの自然科学とは、偶然にも一致する。しかし、この一致において、深淵のような差異が現われる。ゲーテは次のように続ける。

　　そして、まさしく近代物理学の最大の災いは、ひとが実験を人間から切り離し、人工的な機器が示すもののなかにのみ自然を認識し、そればかりか、自然がなしあたうことを、人工的機器が示すものによって、制限し証明しようとすることで

ある⁽⁴⁸⁾。

　鋭く対立するのは、精巧な道具が、自然の恵みなのか、それとも人工物なのか、である。人間の感覚は自然から贈られたものであるが、fMRIやLHCは自然界には存在せず、人間が造り出した人工物である。この違いに、どんな意味があるのだろう。使う道具が違えば、当然、その道具を介して見えるものが違ってくる。では、もっとも精巧な道具を通して見えてくるものは何か。近代科学は、はじめ望遠鏡という精巧な道具を使って、月や木星といった自然を観測した。望遠鏡を通して見ているものは、自然の本当の姿だと考えていた。しかし、科学技術の進歩とともに、いっそう精巧になった道具で科学者に見えはじめたものは、もはや自然ではなくなった。これが現代物理学者の見解である。ハイゼンベルクは、次のように言う。

　　自然科学においてもまた、探究の対象はもはや自然自体ではなく、人間の質問にかけられた自然であり、その限りにおいて人間はここでもふたたび、自分自身と向かい合うのである⁽⁴⁹⁾。

　この言葉が本当ならば、精巧な道具は循環構造を生む仕組みになっている。科学者が精巧な道具を使って見るのは、「自分自身」である。だが、この「自分自身」とは何か。もちろん人間なのだが、自然界には存在しない究極の人工物を造り出しそれを使ってみようとする人間、それゆえ最大限に人工的な人間、いわば人造人間である。対照的に、精巧な自然の恵みを最大限生かし、それを介して見ている人間は、最大限自然的であろうとする人間、自然な人間であるだろう。教育を探究する人間が、自身の感覚を最大限生かし、それによって実践現場で見ようとするもの、それは自然な子どもたちであり、子どもたちと関わる人びとの自然な姿である。

　近代教育は、子どもを大人の操作能力によって人工的に発達させようとする傾向、つまり人間を人工的に造り上げようとする傾向を本質的に持っている。しかし一方で、教育には、人間の自然な営みとしての育成もあり、子どもの自

第 7 章　現象学と臨床教育学—科学技術への新たな架け橋

然な生育を守り助けようとする傾向もある。現象学的な教育学があらわにしようとするのは、これら両者の真相である。ただ、この原子力時代にいっそう厚い覆いに覆われ、「格別の意味において秘匿され」忘れ去られようとしているのは、自然な育成のほうである。時代的な制約によって強力に秘匿され、ほとんど忘れ去られようとしている自然な育成を見るためには、極めて精巧な道具、つまり極めて健全な感覚が必要である。私たちは、まずは、私たち自身の自然な感覚を信頼することからはじめよう。そして、この感覚をいっそう健全に育成することをめざしてみてはどうだろう。その一つの方法が、現象学、つまり「一切を放棄する」方法である。

　人工物に頼らず、私たちの感覚器官を信頼してもよい、と思わせてくれるゲーテの謎めいた言葉で、本章を結びたい。ゲーテもまた、精巧な道具の循環構造を見抜いていたことを暗示する一節である。

　　眼が眼であるのは光のおかげである。動物の取るに足らない補助器官のなかから、光は光と同一な一つの器官をつくり出した。つまり内なる光が外なる光に呼応すべく、眼は光のもとで光のためにみずからを形成したのである[50]。

〈注〉
（1）ゲーテ（高橋義人・前田富士男訳）『自然と象徴——自然科学論集』冨山房百科文庫、1999年、86-87頁。
（2）哲学における現象学の広がりについては、スピーゲルバーク、ヘルバルト（立松弘孝監訳）『現象学運動〔上〕〔下〕』世界書院、2000年を、また精神医学や心理学といった他領域への広がりについては、シュピーゲルベルグ、ヘルバルト（西村良二・土岐真司訳）『精神医学・心理学と現象学』金剛出版、1993年を参照。
（3）ボーヴォワール、シモーヌ・ド（朝吹登水子・二宮フサ訳）『女ざかり（上）』、紀伊國屋書店、1963年、125頁。
（4）フッサール、エトムント（渡辺二郎訳）『イデーン Ⅰ-Ⅰ』みすず書房、1992年、126頁。
（5）フッサール、エトムント（山口一郎・田村京子訳）『受動的総合の分析』アウロラ叢書、1997年、222頁。

（6）ハイデガー、マルティン（茅野良男・ハンス・ブロッカルト訳）「芸術作品の起源」『杣径』創文社、1988年、22-29頁参照。
（7）ハイデガー、マルティン（関口浩訳）『技術への問い』平凡社、2009年、88頁。
（8）たとえば、アーレント、ハンナ（森一郎訳）『活動的生』みすず書房、2015年、第6章「活動的生と近代」など。
（9）アーレントには、アイヒマン裁判の傍聴をもとに記した書物『イェルサレムのアイヒマン』（大久保和郎訳）みすず書房、2007年がある。
（10）メルロ＝ポンティ、モーリス（竹内芳郎・小木貞孝訳）『知覚の現象学　1』みすず書房、1989年、25頁。
（11）ハイデガー、マルティン（原佑・渡邊二郎訳）『存在と時間　Ⅰ』中公クラシックス、2003年、71頁。なお、英語の「phenomenology（フェノメノロジー）」は、ドイツ語では「Phänomenologie（フェノメノロギー）」である。
（12）「『中動相』というのは、ギリシア語において、能動相と受動相の中間的機能をもち、形のうえでは受動相と多くの場合同じだが、能動的な意味をもち、働きが主語に返ってくる再帰的な意味をもった動詞のことである」（ハイデガー、前掲書、2003年の訳者注、80頁）。
（13）ハイデガー、前掲書、2003年、72頁。
（14）ハイデガー、前掲書、2003年、72頁。
（15）ハイデガー、前掲書、2003年、73頁。
（16）ハイデガー、前掲書、2003年、81頁。
（17）ハイデガー、前掲書、2003年、82頁。
（18）ハイデガー、前掲書、2003年、86頁。
（19）同じことを表現しても、ハイデガーが言うと難しそうに聞こえる。現象学とは何かについてのハイデガーの結論部分を引用しておこう。「現象学は、アポファイネスタイ・タ・ファイノメナ、すなわち、おのれを示す当のものを、そのものがおのれをおのれ自身のほうから示すとおりに、おのれ自身のほうから見えるようにさせるということにほかならない。」（ハイデガー、前掲書、2003年、87-88頁）
（20）フッサール、1992年、前掲書、102頁。ドイツ語原文をもとに、訳語を変えた部分がある。Husserl, Edmund, *Ideen zu einer reinen Phänomenologie und phänomenologischen Philosophie: erstes Buch, Allgemeine Einführung in die reine Phänomenologie*, neu herausgegeben von Karl Schuhmann, Den Haag, Martinus Nijhoff, 1976, S.41.
（21）Husserl, Edmund, *Erste Philosophie (1923/1924): Zweiter Teil, Theorie der Phänomenologischen Reduktion*, heausgegeben von Rudolf Boehm, Kluwer Academic

Publishers, 1996, S.166.
(22) メルロ＝ポンティ、前掲書、13頁。以下〔 〕内引用者。
(23) フッサール、前掲書、1992年、125-126頁参照。
(24) フッサール、前掲書、1992年、31節参照。
(25) フッサール、前掲書、1992年、33節参照。
(26) ハイデガー、前掲書、2003年、89-90頁。傍点は原文。以下、「……」部分は引用者による省略を示す。
(27) 古典心理学の他者モデルについての以下の叙述は、メルロ＝ポンティ、モーリス（滝浦静雄・木田元訳）『目と精神』みすず書房、1991年、131頁にもとづいている。
(28) たとえば、フリス、ウタ（冨田真紀・清水康夫訳）『自閉症の謎を解き明かす』東京書籍、2002年、294-296頁。なお、本書は自閉症を理解するための優れた書物である。また、本書は後に大幅に改訂され、第二版では、「心の理論」説には慎重になっている。
(29) メルロ＝ポンティ、前掲書、1991年、136頁。
(30) メルロ＝ポンティ、前掲書、1991年、137頁。
(31) イアコボーニ、マルコ（塩原通緒訳）『ミラーニューロンの発見―「物まね細胞」が明かす驚きの脳科学』ハヤカワ書房、2011年、33頁参照。
(32) イアコボーニ、同上書、30-31頁参照。
(33) イアコボーニ、同上書、22、26頁参照。
(34) イアコボーニ、同上書、22頁。
(35) イアコボーニ、同上書、24-25頁参照。
(36) イアコボーニ、同上書、30頁。
(37) イアコボーニ、同上書、212-216頁。
(38) フッサール、エトムント（細谷恒夫・木田元訳）『ヨーロッパ諸学の危機と超越論的現象学』中央公論社、1974年、第9節など参照。
(39) 森一郎『死を超えるもの―3・11以後の哲学の可能性』東京大学出版会、151頁参照。
(40) アーレント、2015年、前掲書、35節、37節などを参照。
(41) ヨナス、ハンス（宇佐美公生・滝口清栄訳）『主観性の復権―心身問題から「責任という原理」へ』東信堂、2000年、iii-iv頁参照。
(42) 日本の教育研究ではじめてこの一致に論究したのは、中田基昭であろう。中田基昭『重症心身障害児の教育方法』東京大学出版会、1984年、28-29頁を参照されたい。
(43) ハイゼンベルク、ヴェルナー（河野伊三郎・富山小太郎訳）『現代物理学の思想』、みすず書房、2008年、30頁
(44) ハイゼンベルク、ヴェルナー（尾崎辰之助訳）『現代物理学の自然像』みすず書房、

2006年、9頁。
(45) ハイゼンベルク、前掲書、2008年、37頁。
(46) ベアー、マークほか（加藤宏司ほか訳）『神経科学―脳の探究』西村書店、2013年、20頁参照。
(47) ハイデガー、前掲書、2009年、226頁。なお原典を参照し、一部訳語を改めた。Heidegger, Martin, *Vorträge und Aufsätze, Gesamtausgabe, Bd.7*, Vittrio Klostermann, 2000, S.57.
(48) ハイデガー、前掲書、2009年、226頁。(Heidegger, *ibid.*, S.57.)
(49) ハイゼンベルク、前掲書、2006年、18頁。
(50) ゲーテ、前掲書、53頁。

〈推薦図書〉

田端健人『学校を災害が襲うとき―教師たちの3・11』春秋社、2012年。

ハンス・ヨナス『新装版 責任という原理―科学技術文明のための倫理学の試み』（加藤尚武監訳）東信堂、2010年。

山口一郎『感覚の記憶―発生的神経現象学の試み』知泉書館、2011年。

森一郎『死を超えるもの―3・11以後の哲学の可能性』東京大学出版会、2013年。

吉田章宏『絵と文で楽しく学ぶ 大人と子どもの現象学』文芸社、2015年。

第8章

仏教と臨床教育学
――学校の現場に「死者」が訪れるとき

第1節　お坊さんであり、スクールカウンセラーでもある

　仏教は教育と何か関わりがあるのだろうか。
　おそらく、ほとんどの読者が、そんなふうに感じながら、この章のページをめくったのではないかと思う。
　大学で教職科目の講義を聴講するとき、あるいは教育実習のとき、学校という現場で、教師という立場で児童や生徒と関わるとき、そこでは、仏教の"ぶ"の字すら出てくることはないだろう。
　もちろん、仏教系の学校にでも行けば、建学の精神などに「仏教」という言葉が出てくることはある。しかし、公教育の場ではまずありえない。
　公教育の場で仏教にかろうじてふれる機会があるとすれば、歴史の教科書に出てくる僧侶の名前を覚えるときか、修学旅行や校外学習などで京都や奈良のお寺を訪れるときくらいであろう。しかし、たとえそうした機会であっても、仏教がどんな教えなのかを学ぶことは、ほとんどないのである。
　要するにこれは、教育基本法（15条）の中で、「国公立の学校では、特定の宗教のための宗教教育や宗教的活動をしてはならない」と定められているからであるが、こうした影響のもとで、仏教と教育が結びつくイメージがわいてこない、というのが一般的な感覚である。
　だから、「仏教と臨床教育学」と言われても、なんだかピンとこないし、そもそもどんな内容を扱おうとしているのか、まったく予想すらつかないことだろうと思う。

無理もない。正直なところ、筆者である私自身も、この章題を前にして戸惑っているのだから、読者であればなおのことであろう。

私は普段、公立の学校で、スクールカウンセラーをしている。一方で、私は、実家がお寺であり、お坊さんでもある。土日や祝日になると檀家の法事に呼ばれるし、葬式になれば導師としてお経を読誦する。そのときは袈裟を着ながらである。

学校とお寺。二つの現場は、様相がかなり異なっていることは想像に難くないだろう。私は、学校ではお坊さんの顔は出さないし、お寺ではカウンセラーの顔は出さない。ひとまず切り離して考えている。

ただ、お坊さんとして檀家の人々に接するときには、カウンセリング・マインドを心がけるようにはしている。一方で、学校でカウンセリングを行っているときには、来談する人に仏教の話をしたり、勧めたりするようなことはしない。けれども、心のどこかでは、カウンセラーの仕事を仏教に結びつけたいと思っている自分がいることも否めない。

以前、お坊さん仲間の一人にこの話をしたら、「だったら、袈裟を着てカウンセラーをやれば、問題は一気に解決するんじゃないか。」と冗談まじりに言われたことがあった。しかし、そういうパフォーマンスは個人的には嫌いではないが、公教育の場である学校ではあまり歓迎されないことは目に見えている。それに、私が求めているのは、もっと理念的なことなのである。言わば、お坊さんであり、スクールカウンセラーでもある自分のあり方を意味づける、「視点」というか、「基軸」を求めているのである。

第2節　仏教と教育

そこで、そのような「視点」もしくは「基軸」を見出すために、手始めに、こんな切り口から仏教と教育の関係を位置づけてみようと思う。

すなわち、仏教は「死」を問題にし、教育は「生」を問題にする。言い換えると、お寺は「死」の現場であり、学校は「生」の現場である。

こうした対比の仕方には、どれほど説得力があるものだろうか。

第8章 仏教と臨床教育学―学校の現場に「死者」が訪れるとき

　学校にも、もちろん死はある。ただし、ほとんど表には出てこない。忌避されているようにも見える。生と死がつながっていないのである。
　一方、お寺は、死であふれている。さらに言えば、死者に心を寄せる場でもある。お寺にも生はあるが、その生はかならず死と直結している。
　教育は、成長・発達の軸によって語られる。個人差があり、角度は様々であるが、ともかく右肩上がりに人間を見ようとする傾向がある。と言うより、そのように見ようと強く願っているのかもしれない。そして、時間的には未来に向かっている。
　ところが、仏教というのは、人間は、生まれたからには、いずれは老いてゆき、病気になり、死んでゆく存在である、と語る。諸行無常である。人間の成長・発達の側面については、どちらかと言うと、冷淡である。むしろ、人間の苦悩や悲しみや挫折などに注目する。あるいは、人生が自分の思い通りにはならないことを強調する。
　教育だって、苦悩とか困難や挫折を問題にしないわけではない。けれども、人間のもつ潜在的な可能性や能力を信じて、いずれは自分を高めていき克服することを望んでいる。やはり成長・発達の軸からこの問題を考えるのである。
　これに対して、仏教は、現実を諦めよ、と語る。これは、誤解されがちな表現であるが、決して虚無的、退廃的になることを勧めているのではない。諦めるとは、今をあるがままに受け容れる、ということである。だから仏教は、時間的には、徹底して現在を問題にしていると言える。
　この時間という視点について、もう少し考えてみよう。
　教育であっても、やはり現在を大事にする。同様に、過去についても軽視しているわけではない。「今をしっかり生きよう！」「今やらなくて、いつやるの！」などと生徒に呼びかけることは、学校でもよくあることだ。その今とは、希望ある未来のための今、未来に備えての現在である。そして、過去とは、振り返りや反省や復習などの材料であり、これもまた、未来に備えての過去と言ってよい。過去や現在を踏まえて、未来に希望を託してゆく。学校で行われる教育は、より良い未来のための準備なのである。
　では、仏教の見据えている現在はどうか。教育とは捉え方がちがうのだろう

か。実は、仏教の言う現在は、過去とか未来といった想定自体をもはや取り払った現在なのである。まったく純粋な現在というか、絶対の現在、永遠の現在とでも言えるだろう。

今、今、今、今、……、今の連続が、「私」を成立させる。逆に言うと、現在の真っ只中(ただなか)、この瞬間において、「私」は、生成し、消滅している。そこでは、生と死とが、刹那(せつな)に反転をくり返しながら、循環している。生死(しょうじ)一如である。

何が言いたいのか、さっぱりわからなくなってしまった、と思われたかもしれない。

もし不都合がなければ、少しの時間でいい。その場で、静かに目を閉じて、耳を澄ませ、ゆっくりと呼吸を整えながら、周りの世界を肌で感じてみてほしい。

そのようにして、身体の感覚を突出して鋭敏にしてゆくと、未来とか過去ではなく、ただ現在のみを身体が感じ取っていることに気づくのではなかろうか。感じた直後にすぐさま過ぎ去ってしまうけれど、「私」が体験している出来事は、常に、「今」、だということがわかるはずである。

第3節　いのちと死者

「今」という真実に目覚めると、「私」はもはや私ではなくなっている。「私」は、「今」の連続の中で仮に形成されたものにすぎない。呼吸に焦点を合わせるならば、息を吸って吐く、そのリズムに合わせるように、生じては消えてゆき、また生じてくる。生と死が刹那にくり返されるはざまに、同一の「私」があるかのように見えるだけなのだ。

さらに言うと、「私」に代わって、そこには「何か」がはたらいてくる。と言うより、もともと「何か」がはたらいているのだ。この「何か」は、ちょっと瞑想(めいそう)すれば、すぐにわかるというものでもない。おそらくは、悩みとか悲しみとか挫折など、心に苦しみや痛みを伴うような経験を通して、しみじみと感じられるものだろうと思う。

仏教は、この「何か」に様々な言葉を与えている。「空(くう)」というのも、その

第8章　仏教と臨床教育学─学校の現場に「死者」が訪れるとき

一つ。それから、「智慧(ちえ)」、「縁起(えんぎ)」、「仏性(ぶっしょう)」、「涅槃(ねはん)」、「真如(しんにょ)」など、呼び方は本当に多様である。信仰する者からすれば、これを「仏の大悲」と呼んだりもする。

「仏の大悲」を、「大いなるいのち」とでも言い換えてみよう。いのちは、私が生み出したものではない。与えられたものである。私が生きているのではない、私は生かされているのである。

「大いなるいのち」に支えられて、生かされている。なんだか宗教っぽくて、引いてしまうような言い回しだ。でも、考えてみてほしい。これまで育ってこられたのも、様々な人々に支えられてきたからだし、様々な環境に支えられてきたからだ。そして、これからもそうであろう。それらはみんな、いのちの表れではないのか。

さて、近年では、こうした表現ならば、学校の現場でも語られ、道徳の教材などにも載せられるようになった。けれども、お寺の現場は、ここから一歩ふみ出している。「死」について扱っている。もっと端的には、「死者」と関わっているのである。

「死者」もまた、「大いなるいのち」のはたらきの一つの表れである。葬式や法事は、死者の供養のために行われる。葬式や法事を経験したことがない人でも、お墓参りになら行ったことがあるだろう。お墓もまた、死者を供養する場である。なぜ、そんな文化があるのかと言えば、死者が連綿として私たちのいのちに受け継がれているからである。

読者の中には、「死者」と聞いても実感がわかないという人もいるだろう。普通は、事故や犯罪や災害などが起きたときに、死者が何名出ました、とニュースで伝えるときに用いる言葉だ。だけど、ここで言う「死者」は、そういう死者ではない。

妙な言い方をすれば、「生きている死者」とでも言ったらよいだろうか。こうした表現を見て、ひょっとして霊魂とか幽霊の話か、と思われたのであれば、とてもうれしく思う。そういう話とも深くつながっているのだから。

「人間は死んだら終わりでしょ。死後の世界なんてあるわけがない」と、現代人の多くは考えている。だけど、それは、はっきり言ってしまうが、迷信で

ある。合理主義に毒された近代の教育が、暗黙裡に教えてきたおとぎ話である。
　とても大事な人を亡くした人の傍らに、そっと座ってみるとよいだろう。あなたは、その人に向かって、ほらね、死んだら終わり、何にも残らないでしょ、と言えるだろうか。とてもそんなことは言えないはずである。それは心理状態だとか気分の問題ではない。あなたも、その人も、そこに死者の実在を感じ取っているからなのである。
　あるいは、震災の被災地で、幽霊を見た、出会った、気配を感じた、という話を聞いたことはないだろうか。死者は幽霊という姿で現れることだってある。悲しみや不安が癒えない場所では、そういう形で、死者の実在を感じることもあるのである。
　この感覚。死者が実在する、という感覚。これが葬式や法事やお墓参りといった文化を生み出した原初のきっかけである。歴史的に言えば、日本仏教の僧侶たちの慈悲心をゆり動かし、死者供養の伝統を作り上げてきたのである。
　ちなみに、日本仏教は、その実在を死者とは呼ばない。いつの頃からか「ホトケ」と呼び習わしてきた。ホトケは、私たちとは別次元の世界、聖なる世界のうちに生きている。お寺という現場は、ホトケと私たちとを媒介し、交歓を可能にする聖域でもあるのだ。
　お寺の持つこうした機能を、学校が肩代わりすることなどできはしない。そんなことは考えも及ばないことだ。だから、仏教を現代の教育の中に見出そうとしても、なかなか難しいのである。とはいえ、学校という現場にも、仏教が関わっている「死」や「死者」が、思いがけず入り込んでくることがある。スクールカウンセラーをしていると、ときどきそういう場面に出くわすこともあるのだ。
　次の節では、スクールカウンセラーの活動を通して筆者が経験したそういう場面を、文章のスタイルを少し変えて、ひとつの物語として紹介することにしよう。

第8章　仏教と臨床教育学——学校の現場に「死者」が訪れるとき

第4節　傍らにいて、共に悲しむ

　日曜日の昼下がり、携帯の着信音が鳴った。教育委員会からだった。
　「突然にお電話してすみません。明日なんですが、お時間は空いていませんか。緊急支援のために学校に入ってほしいのですが……」
　一瞬、耳を疑ったが、すぐに用件の意味することが理解できた。次の日はたまたま予定が入っていなかった。
　自分に声がかかったことに少し驚きつつも、たいして迷わずに承諾した。
　「わかりました。大丈夫です、私でよければ支援にうかがいます。」
　決して多くはないのだが、学校では、児童生徒のいのちにかかわるような事件や事故が起こることがある。このときは、児童生徒のみならず、教員たちも不安や動揺にさらされることになる。そんな危機状態に陥った学校の体制を立て直すために、専門家が入って、数日のあいだ心のケアを行う。これが緊急支援である。
　土曜日の夕方、その学校の生徒の一人が、誰にも気づかれずにみずからのいのちを絶った。遺書はなかった。いじめを受けていたとか、そういう話はとくに聞いていない。なぜそんな行動に出てしまったのか、家族にも見当がつかないらしい。
　このことは連絡を受けた一部の教員しか知らない。知っている生徒はまだ誰もいない。しかし、月曜日の朝には、全校にこの悲しい事実を伝えなければならない。
　かなりの衝撃が走ることだろう。予測の立てにくい事態である。教育委員会と学校とが協議した結果、ひとまず専門家に入ってもらって、緊急の心のケアを実施したほうがよいという話になった。
　月曜日の朝、7時半くらいに学校に着いた。早速、校長室に通された。心のケアのために派遣されたカウンセラーは、私のほかにもう一人いて、すでに来ていた。もともとこの学校を担当しているスクールカウンセラーである。
　重苦しく緊張した面持ちのまま、打ち合わせが始まった。

養護教諭のほうから、「動揺して来談してくるかもしれない心配な生徒のリストを作ったので、」と紙を渡された。走り書きのようなコピーで、クラスと名前のほかに詳しいことは何も書かれていない。
　8時半をすぎた頃、朝のホームルームが行われるのに合わせて、校長から臨時の放送が入った。静まりかえった校舎に、放送の声が響きわたる。
　一人の生徒のあまりに悲しい出来事。声はふるえていた。ときおり鼻をすすり、涙まじりの声になっていた。校長室で放送を聞いていたので、生徒たちがどんな様子なのかはわからない。ただ、全体の空気が急速に張りつめていく感覚が、この学校を初めて訪れた者にも十分すぎるほど伝わっていた。
　カウンセラーは、二つの部屋にそれぞれ分かれて待機する。生徒たちには、気分が変調して授業が受けられないと感じたら、今日はいつでもカウンセラーのところに来談してもよいと告げられている。
　私が待機することになったのは、特別棟の二階の奥にある音楽準備室で、教室棟とは離れていた。急いで用意したのか、簡易のソファが隅のほうに置かれ、真ん中に椅子と机が雑然と置かれていた。
　部屋に案内されると、すぐに一人の女子生徒が先生に連れられて入ってきた。うつむいたままで、すすり泣きながら涙を流していた。
　ソファに座っても、彼女はハンカチで涙が流れるのを抑えながら、ずっと泣き続けたままだった。私は、そばに椅子をもっていき、傍らに座ることにした。
　話しかける必要はまったくなかった。彼女は悲しみの中に包まれていて、静かに深くむせび泣いている。ただそれだけだった。一緒に空間をともにすることが、きっと今は大事なのだろう。何もしなくてもいい。そばにいて涙する自分をありのまま受け止めてくれればそれでいい。彼女は全身でそう訴えていた。
　亡くなった生徒とどんな関係にあったのかはわからない。心配な生徒のリストには彼女の名前が書いてあった。学年は同じだがクラスは違っている。
「友だち……なのかな？」
　悲しみの時をさえぎるように問いかけてしまったことを後悔したが、もう遅かった。
「保育園のときからずっと一緒でした。」

第8章　仏教と臨床教育学―学校の現場に「死者」が訪れるとき

搾り出すような涙声で、こちらの気持ちを察するかのように答えてくれた。

彼女と交わした会話はこれきりだった。だが、その一言で、彼女が泣きくずれてしまった理由がすべて語られていた。涙はとめどもなく流れてくる。自分でもどうすることもできないくらいに。なぜ涙があふれ出てくるのかもわからないくらいに。

どれくらい時間が経ったのだろうか。彼女はハンカチで涙をふくと、しばらくじっと一点を見つめて、放心していた。

一限目の終了のチャイムが鳴った。

彼女はおもむろに立ち上がった。「一人で戻れそう？」と声をかけると、ゆっくりと首を縦にふった。それから、一礼をして去っていった。

緊急支援に入ってみて、ずっと感じていた感覚があった。いつもとは違う感覚である。何かに突き動かされている感覚と言ったらよいだろうか。

この臨時に設置されたカウンセラー室を訪れる生徒たちはみな、得体の知れない何者かに導かれてやって来る、という感じがした。妙な言い回しであるし、誤解を招く表現であると思うが、確かにそんな感覚なのである。

生徒たちは悩みを相談するために訪れるのではなかった。言葉を求めているわけではない。ただ誰かが近くにいること、傍らにいることを、静かに欲しているのだ。

午前中の終わりに来談してきたのは、男子生徒だった。

リストに名前はなかった。亡くなった生徒とはクラスも学年も違っていた。「知り合いなのか」と聞いても、「よくは知らない」と答えるだけだった。

彼は、私の斜め前に座ると、少し前のめりの姿勢で、両肘を机にのせて手を組み、そこに頭をつけて、祈るようなポーズをしながら、じっと目をつぶった。私は、深く静かな呼吸を感じながら、どこともつかないところを眺めていた。

沈黙の時が、ゆっくりと流れていく。

あたりには楽器のケースがいくつか置かれている。音楽が奏でられているわけでもないのに、沈黙の主旋律に合わせて、音色が聞こえてくるかのようだった。

「悲しいことを思い出した。」

ポツリと彼はつぶやいた。うっすらと沈黙が引いてゆく。
「教室で放送を聞いてから、何だか落ち着かなくなった……。それで来てみた。」
　ぶっきらぼうな口調で、彼は自分の気持ちを解き放った。
　それから、かわいがっていた飼い猫が車に轢かれて死んでしまった話を、自分自身に言い聞かせるように語り出した。しばらく忘れていたはずなのに、心の底からこみ上げてくるように思い出したのだという。
　語り終えてから、また沈黙になった。なぜかはわからないが、私のほうからは問いかけないほうがよいように思った。
　チャイムが鳴った。しばらく彼は動こうとしなかった。やがてあたりを見渡すと、立ち上がり背伸びをした。
「なんか、良かった気がする。」
　それだけ言って、彼は音楽準備室をあとにした。
　サンスクリット語に、「ウパスターナ」という言葉がある。意味は、傍らに立つ、近くに立つ、ということ。とても魅力的な言葉だ。仏教語に由来する日常語に「看病」というのがあるが、この「看」に当たるのが、ウパスターナである。
　看病とか看護というと、普通は能動的に病人にはたらきかけることだと考えてしまいがちである。ところが、ウパスターナはあくまで受動的。ただそばにいる。何かするわけではない。いや、むしろ何もできないのだ。できることは、その人の傍らにいて、その時がやってくるのを共に待つことだけである。
　初期仏教の修行僧は、ときに看病人と呼ばれることがあった。最も古い経典とされるパーリ語の仏典には、「目覚めた人、ブッダに仕えようと思う者は、病者を看病せよ」と説かれている。
　どういう状況なのか、少しわかりにくいかもしれない。病とは、身体的な病気ももちろん指しているが、それ以上に、精神的な苦悩や悲しみを問題にしている。
　苦悩や悲痛のなかで打ちひしがれている者にとって、言葉は補助的なものにすぎない。正確に言えば、彼らは真の「言葉」を欲している。言葉はそのためのスパイスである。

第8章　仏教と臨床教育学——学校の現場に「死者」が訪れるとき

　「死の床にある人、絶望の底にある人を救うことができるのは、医療ではなくて言葉である。宗教でもなくて、言葉である。」

　哲学者池田晶子は、このように言った。この一文に出会ったとき、ウパスターナのことだと直観的に感じ取るまでに、多くの時はいらなかった。
　ここで言う「言葉」とは、言葉以前の「言葉」にほかならない。何かを伝達するための手段としての言葉ではない。それは、存在のむこう側から開かれる根源語。いみじくもダイアローグの思索家マルティン・ブーバーが言った、「あなた（Du）」のことだ。
　「あなた」は、その人の傍らに立つことによって、初めて立ち現れてくる。

　「悲しいと感じるそのとき、君は近くに、亡き愛する人を感じたことはないだろうか。ぼくらが悲しいのは、その人がいなくなったことよりも、むしろ、近くにいるからだ、そう思ったことはないだろうか。」

　悲しみは、死者が訪れる合図である。来室した生徒たちが悲しいと感じていたそのとき、その傍らで共に悲しんでいたのは、死者だったのだ。そこにたまたま居合わせた私は、死者に突き動かされ、死者の訪れを媒介していたにすぎない。
　泣き続けていた女子生徒も、悲しみを思い出して落ち着かなくなった男子生徒も、決して言葉を必要とはしなかった。なぜなら、彼らは、彼らの最も近くにいた死者の「言葉」に身をゆだねていたからである。
　ウパスターナ。本当に傍らに立っているのは、死者である。死者は、「言葉」となって生者の魂にはたらきかけ、深く静かに寄り添う。悲しみに暮れる者にとって、死者こそが最も身近にいて、悲しみを癒してくれる「あなた」なのだ。
　午後になった。
　食事を終え、昼休みを窓の外を眺めながら何気なく過ごしていると、ノックの音がした。
　「お時間、よろしいでしょうか？」

入ってきたのは、女性の教員だった。
「どうぞ……」と、やや小さな声で迎え入れた。
　亡くなった生徒の担任だと自己紹介し、「もう一人のカウンセラーが他の生徒で一杯なので、ここに来た」と告げた。それから、「プロフィールに僧侶とも書かれていたので興味をもった、ぜひともアドバイスが聞きたい」とのことだった。
　だいぶ憔悴(しょうすい)した表情を浮かべている。きっと普段は、もっと明るく快活で、人当たりのよい先生なのだろう。そんな雰囲気がにじんでいた。けれども今は、自分の身近で起きた出来事をどう考えたらよいのか、混乱し戸惑いを隠せない様子でいる。
「ひとまず座って話しましょうか。」
　彼女の困惑のようなものが伝わってきて、私も落ち着かなくなった。早口に報告するような口調で、昨日の夜に、その生徒の自宅にお悔やみに参り、変わり果てた姿と対面してきたこと、今日の夕方のお通夜にも参列する予定であることを語った。
　意識してゆっくりと頷(うなず)いてみた。彼女も少しずつ口調が柔らかくなっていった。
　決して目立つタイプではなかったが、まじめで穏やかな性格の子だった。たぶん部活のことで悩んでいたのではないかと思うが、はっきりとはわからない。生活ノートにも兆候が感じられなかった。ただ、思い出してみれば、最近は元気がなかったように見えた。気づいてあげられなかったことが本当に悔しい、と涙目で訴えるように話してゆく。
　しばらく亡くなった生徒のエピソードが続いたが、そのうち、今朝の出来事、校長の放送のあとのホームルームでのクラスの生徒たちとの会話のやりとりについて、話が及んだ。
「ご相談というのは、実はこのことなのですが……。」
　彼女は、少し前のめりの姿勢になり、神妙な面持ちでこちらを見た。
「放送のあと、生徒たちに事情を説明しました。ここは泣いてはいけないなと思って、なるべく冷静に話したつもりなのですが、やはり感情は抑えられな

くて……、泣きはじめる生徒も出てきたりして……。

　だんだん私の気持ちも苦しくなってきて、クラスの子たちに、みんな絶対に死なないでね、こんなことしちゃダメだよ。苦しいことや辛いことがあったら、先生に話してほしいし、友だちや家族の人に相談して。死ぬ必要なんて絶対ないからね。私はもう誰も死んでほしくない。自分のいのちを粗末にしないで。自分をもっと大事にしてね。先生のお願いだからって、そう言ってしまったんです。」

　そのときの情景が強く伝わってくるようだった。

　「そう言ってしまった」という最後の語尾が少し気になった。ひと呼吸おいてから、さらに続けて彼女は話した。

　「教室がいったんシーンとなって、これでひとまず朝のホームルームは終わりにしようと思った矢先、一人の男子が言ったんです。「先生、あいつが死んだことって、悪いことなのか？」って。ちょっと一瞬、彼が何を言いたいのかわからなかったんですが、あっ、と思ったんですね。いのちを大切に、辛いことがあっても死んじゃダメだって、クラスの生徒たちに切々と訴えていたんですけど、それって要するに、亡くなったあの子のことを全面的に否定していることになるんだなって……。」

　盲点をつかれたような話である。自殺は悪いことなのか。あまりにストレートな問いかけだった。この先生が言葉に詰まってしまうのも無理はない。

　「私は、すぐには言葉が出なかったのですが、その代わりに、ちょっと涙が出てしまいました。「悪いことじゃないよ、別に悪いことをしたわけじゃないからね……」って、それが精一杯の答えでした。何の答えにもなっていませんが……。

　明日の葬式には、クラスの子たちもみんな、お参りをする予定です。ショックはまだやみそうにありません。明日はさらにきつくなりそう。生徒たちが、あの子の死、みずから死を選んだあの子をどのように受け止めるのがよいのか、どんな風に生徒たちに言ってあげたらよいのか、そのことをずっと考えてしまって。先生、どうしたらよいでしょうか？」

　少しの間、沈黙が漂った。

「そう……、ですね……、」
　何とも答えようがない。しかし、とても重大なことが問われているのは確かだ。
　亡くなったその生徒のことは、よく知らない。ただ、このクラスの生徒たちにとっては、その生徒は本当に仲間だったのだろうと思う。そうでなければ、こんな問いは出てこない。クラスの生徒たちは、自分のことのようにその生徒の死を感じ取っている。
　「二人称の死」という言葉がよく使われる。親しい人、大切な人の死のことである。けれども、このクラスの生徒たちにとって、その死は、二人称なのだろうか。
　あなたの死でも、彼・彼女の死でも、私の死でもないのではないか。何人称かなどという区切りに振り回される必要がないほど、このクラスには一体感があるのだ。そして、そうしたクラスの仲間関係を築いてきたこの担任の女性には、心から敬服したいものである。
　そんなことをまずは伝えようか、と考えたときだった。
「先生はお坊さんでもあるんですよね。仏教では自殺をどう考えるものですか？」
　ありがたい質問だった。仏教では、という前に、私自身が自殺をどう考えているのかを意識させられた問いでもあった。私は、自分がなぜこの学校の緊急支援の場に導かれたのか、その意味を突きつけられたような思いがした。
　仏教は、自殺を肯定も否定もしない。自殺という死に方を特別なものと考えることもない。これが端的な答えであると思う。
　自殺というと、殺すという文字が入るので、殺人を連想させる。だから、自死という言葉を用いたほうがよい、という考え方も広がっている。
　こうした言葉の置き換えはどこまで有効なのだろうか。遺族の心理的な負担に配慮するという意味では、確かに良いのかもしれない。ただ、当事者からすれば、自死というニュアンスよりも、自殺という表現のほうが近いようにも感じられる。
　人は、みずからの意志に従って積極的に死を選択する場合もあれば、やむに

第8章　仏教と臨床教育学——学校の現場に「死者」が訪れるとき

やまれぬ事情から死を選ばざるを得ない状況になる場合もある。たいていは、後者の場合を指して、自殺という表現をとっているように見える。しかし、実際には区別がつかないことのほうが多いのではなかろうか。

　私自身、ある時期、自殺という衝動にとり憑かれていたことがある。死にたいというより、死のほうから誘われているような感覚だった。本当は死にたくないし、できれば生きたい。けれど、自分でもどうすることもできない、内から襲ってくる何とも言いようのない不安から逃れるには、死ぬのが一番楽なのではないか。こんな不安を抱えながら、これからの気の遠くなるような人生を送るのは耐えられない。そんな状態だった。

　夏目漱石が『行人』の中で登場人物に語らせたフレーズが、たびたび頭の中をぐるぐるめぐっていた。

「死ぬか、気が違うか、それでなければ宗教に入るか。僕の前途にはこの三つのものしかない。」

どちらかというと、私は気が狂いそうな感覚と懸命に闘っていたのかもしれない。

　一方で、私には、「与えられたいのち」という宗教的な観念もあった。自分のいのちではない、生かされていることに感謝しなければならないはずなのに、みずからいのちを絶つなんて身勝手な考え方だ。そんな思いもまた、葛藤の種だった。

　カウンセリングに興味をもったのは、そんな時期である。

　ある人の紹介で、私は、仏教カウンセリングを提唱し、実践されていた西光義敏（ぎしょう）先生の主催する勉強会に、導かれるように参加することがあった。

　西光先生は、お寺に生まれ育った僧侶である。一方で、高校の教員として勤務していた経験があり、生徒たちの教育相談にも関わっていた。教育相談を通して、カール・ロジャーズの来談者中心のカウンセリングの考え方を学ぶことで、そこに仏教に通底するものを見出した西光先生は、仏教とカウンセリングの融合を目指すようになった。言うなれば、仏教から心のケアについて考え、

実践されたパイオニアの一人である。

　今思うと、私は、西光先生からかなりの影響を受けている。お会いしたのはごく短い期間であったが、自分の思索の原点の一つになっていると言える。

　さて、それは、ちょうど休憩でお茶を飲んでいたときだった。たまたま西光先生の隣に座る機会があった。静かな佇(たたず)まいのある方だった。

　私は思い切って質問をしてみた。

「自殺について、先生はどう思われますか？」

　何の前置きもなく、不躾(ぶしつけ)に問いをぶつけてしまった。にもかかわらず、先生はあっさりと次のように答えてくださった。

「自殺をすることもあるでしょうね。『さるべき業縁のもよおせば、いかなるふるまいもすべし』でしょう。縁があれば、自殺だってします。」

「自殺をしようとする人がいれば、先生は止められますか？」

「それは……、まあ、止めるでしょうね。死んで欲しくない、というのは人間の情念です。しかし、それでやめてくれるかどうかは、わからんです。こちらが止めるのも縁ですし、それで思い留まってくれればそれも縁ですな。」

「自殺はやはりするべきではない。良いことではないですよね？」

「良いか悪いか、それもわからんですな。それは人間のはからいで決めることじゃないと思いますね。ただ、悲しいという思いは、どうしても起こってしまいますがね。自殺で死んでも、病気や事故で死んでも、別れるときは、悲しいものですな。」

　先生の自身の内面と対話するような語り口がとても印象に残っている。何度か読んでいた『歎異抄』の言葉が、実感をもって迫ってきたような気がした。

「さるべき業縁のもよおせば、いかなるふるまいもすべし」

　業縁(ごうえん)とは、生まれる以前から背負っている宿業(しゅくごう)が、因縁に導かれて発現することを言う。人間の行動の背後には、はかり知れない業の力が深く宿っている。

　なんで自殺なんてしてしまったのか。遺された者たちは、その行為をなんと

第8章　仏教と臨床教育学―学校の現場に「死者」が訪れるとき

か意味づけようと躍起になる。情念の世界からすれば、そこからまた、葛藤や罪責感や悔恨や争いなどのさまざまな種が芽吹いてくることにもなるだろう。

だが、宿業というのは、そうした人間の思いを無残にも切り捨てるのである。何とも言いようのない衝動が、どこからともなく湧き出てきて、心の内を席巻し、死の行動へと誘（いざな）われてゆく。宿業とはそのようなものだ。宿業の前では、理性も感情も自由意志もちっぽけなものでしかないことを思い知る。ましてや、そこに良いとか悪いとかの裁量が入る余地などないのである。

ならば、遺された者たちは、一体どうしたらよいのだろうか。

できることは、すでに用意されているようにも感じられる。それは、悲しいという思いに、静かに向き合い、受け止めることなのではないだろうか。

結局のところ、私は自殺をすることなく、これまでの日々を生きてきた。しかし、だからと言って、自分の一生を自殺という死に方をせずに終える、と言い切ることなどできはしない。それは誰でもがそうであろう。

仏教は、自殺を肯定も否定もしない。自殺という死に方を特別なものと考えることもない。自殺もまた、業縁である。

だから……

「その生徒の死を、あってはならない死としてではなく、一人の仲間の死として受け止めることが大事なのかもしれませんね。」

クラス担任の質問に、ためらいがちに私はこのように答えた。

「やっぱり、クラスの生徒たちには、死んで欲しくない、死んじゃダメだなんて、あえて言わなくてもよかったんでしょうか？」

「いや、それは……、そういう思いが起きてきたというのは、先生の正直な気持ちなのだから、伝えてもよかったんじゃないかと思います。きっと、クラスの子どもたちにも感じたこと、考えたこと、あふれるような思いが一杯あるんじゃないでしょうか。もし明日の葬式に参列したあとにでも、時間が取れるのであれば、みんなで亡くなった生徒のことについて自由に語り合えるような場を設定してみてはどうでしょうか。いろんな思いを共有することができるかもしれません。」

思いがけず、こんな提案をしている自分がいた。それはきっと、亡くなった

生徒の願いでもあるのではないかと思われた。
「そうですね。ありがとうございます。学年主任と相談して、そういう時間をぜひ作ってみたいと思います。それって、要するに、あの子への供養ってことですよね。」
「くよう……？　そうか、そうですね、確かにそれは供養だと思います。」
供養という言葉をこういう形で用いることが、とても新鮮に感じられた。
死者を悼み、その悲しみや辛さを共有すること、思いを語り合うこと。それは確かに、死者への供養と言っていいだろう。
死者を供養することの本来の意味は、心からの供物を捧げることであり、死者に敬意をもって触れることである。そして、もっと重要なことは、供養とは、遺された者たちからの一方的な思いではない、ということである。
そこでは、死者が傍らにいて、共に悲しんでくれているのだ。
だから、死者を供養するというのは、死者から供養されていることなのである。
5限目の始まりのチャイムが鳴り響いた。
「そろそろ授業に戻ります。お話できてとても良かったです。亡くなったあの子との向き合い方を教えていただいたように思います。どうもありがとうございました。」
担任の女性は、一礼をして、顔を上げた。
憔悴していたはずの表情は、心なしかほころんでいるように見えた。

第5節　死者からのケア

教育という営みの本質は、ケアにある。
教える／教えられる、というシンプルな教育の関係性は、単に知識や情報や技術の伝達の経路を示しているのではない。また、一方的な指導や強制ともちがう。
ここには、共に人間性を高めていこうとする精神の相互性がある。したがって、この関係性の深層を探っていけば、トータルな人間性が、変容し、成長し、

第8章 仏教と臨床教育学──学校の現場に「死者」が訪れるとき

成熟してゆく、そのための関わりであり、促しであり、支援であることがわかるのである。

教育＝ケアには、「何かを教える」というよりは、「人を育てる」、あるいは、「共に育つ」といったニュアンスがある。その意味で、カウンセリングは、ケアとしての教育の営みにとって、重要な位置を占める活動であるとも言えるだろう。

仏教もまた、その営みの本質は、ケアにあると言える。

仏教の実践は「慈悲」に基づく。慈悲とは、他者の苦しみや悲しみに向けられた共感力を指している。これはケアにおいて不可欠な精神性である。

ただし、慈悲に基づくケアは、人間同士の関わりにとどまらない。仏教には、「無縁の慈悲」という考え方がある。これは慈悲の対象を限定しない。無限にはたらく慈悲であり、「仏の大悲」にたとえられる。言うなれば、すべての生きとし生けるものに向けられた、「仏からのケア」である。

この中にはまた、「死者からのケア」というあり方も含まれている。死者は、生前の個人があり、限定的で個性をもっている。にもかかわらず、死者を前にしたときには、私たちは畏敬の念に満たされるとともに、トータルな人間性の高まりが賦活される。それは、生前に直接的な関わりがなくても、である。

戦争や災害の犠牲となった死者たちを前にしたときに、祈りを捧げたいという思いが心の奥底からどうしてもこみ上げてきてしまう、といった場面を思い出してほしい。

このとき、表面的には、私たちが死者をケアしているように見えるが、本当は、私たちが死者からケアされているのである。

死者の前では、教師も生徒もないだろう。大人も子どもも区別なく、本来の人間性が実現している。ここでは、私たちはみな、無私になっている。もはや私を主張する必要がなくなっている。それほどまでに、「大いなるいのち」の中に溶け込んでしまうからである。

仏教と教育は、ひょっとすると「死者からのケア」を通してつながるかもしれない。スクールカウンセラーであり、お坊さんでもある私のあり方を意味づける、「視点」もしくは「基軸」は、そんなところにあるのではないかと戸惑

いながら思うのである。(本講座第 6 巻第 2 章第 2 節参照)

〈推薦図書〉
池田晶子『あたりまえなことばかり』トランスビュー、2003年。
古東哲明『瞬間を生きる哲学―〈今ここ〉に佇む技法』筑摩書房、2011年。
坂井祐円『仏教からケアを考える』法蔵館、2015年。
末木文美士『反・仏教学―仏教 VS. 倫理』筑摩書房、2013年。
藤腹明子『仏教と看護―ウパスターナ 傍らに立つ』三輪書店、2000年。
若松英輔『魂にふれる―大震災と、生きている死者』トランスビュー、2012年。

第9章

パトスの知と臨床教育学
―ひとりで在ることと共苦すること

第1節　受苦的経験と臨床教育学

　ひとりで在ることと、誰かの苦悩や悲哀に共苦することは、いったいどのような関係にあるのだろうか。
　ひとりで在ること。それは、ただ孤独になるという次元の話ではない。誰かとのつながりを求めれば求めるほど、ひとりで在るという事実が厳然と立ちはだかって極まる。そういうことはしばしば日常でも見られるが、しかしそれよりも深い次元において、ほんとうに、ひとりに還ること。少し硬い表現をとるなら、存在論的に単独者であること。そのことが、しかし逆説的にも誰かとのつながりを生み出してゆく契機になることはありうるのだろうか。
　いったい、ひとりで在るとはいかなる事態なのか。そして、にもかかわらず誰かとのあいだで何らかの共同性が可能になるとすれば、その共同性とはいったいいかなる事態なのか。
　ひとが、それぞれの立場を超える視点を得るためには、ただ水平方向に開かれるだけでは充分とは言えず、かえって自己の立場を内在的に深めるほかないこと。自己の底を深く掘りすすめると、内へ内へと破り出て、不思議にも外に在る他者に出会い、世界につながるということがありうること。
　いや、そのようなとき、つながりというものの意味それ自体が、それまでのものからすっかり変わってしまいさえすること。
　そのような逆説的なできごとは、しかし、どのようにして可能なのか。そうしたことが、本章で考えてみたいことがらの根底にある、大きな問いである。

これは、臨床教育学を学ぼうとする者、それを理解し実践しようとする者にとって、とても大切で、しかも切実な問いではないだろうか。というのも、臨床教育学は、病や死の床に臨むという語源のギリシア語クリニコス（klinikós）すなわち「臨床」にインスピレーションを受けているからには、誰かの受苦的経験を理解し、それに寄り添うことがまず何よりも求められるからである。と同時に、また、そうした病や死や苦悩の場面こそ、ひとが「ひとりで在ること」を強烈に意識させられ、自らの実存が問い直される瞬間だからである。自分自身のものであれ、誰かのものであれ、絶望や悲嘆の極みのような受難や受苦の経験に接すると、その受苦は誰も代わりに引き受けることができない、という事実をまざまざと突きつけられる。

　とはいえ、そうした場合、この実存を自ら引き受けることは、ただ無力な孤独感のようなものがつのることのみに終わるのか。それとも何かそれ以上に、ある種のつながりのようなもの、あるいは誰かと共に生きているという「共－存在」の事実がむしろ感得される契機でありうるのか。

　このような問いにおもいをめぐらすとき、もう一方の、共苦することというテーマがきわめて重い意味をもつことがわかる。それは、ただ他者を理解することを指すわけでもないし、ただ苦悩や悲嘆に共感することでもない、何かそれ以上のできごとである。共に苦しむとはいったいどういうことであり、そこにどのような意味があるのか。

　「共苦して知にいたる、けがれなき愚者を待て」というフレーズが、ふと想い起される。聖杯伝説にもとづくヴァーグナー（Wilhelm Richard Wagner）の有名なオペラ『パルジファル』のなかで、聖槍によって傷を得て死に瀕している聖杯守護者アンフォルタス王を救うために語られる神託のフレーズだ。物語が進むにつれ「けがれなき愚者」とはパルジファルであることがやがて明かされ、彼は苦悩と彷徨(ほうこう)の末に、救い主の役目を自覚し、聖杯の新しい守護者となる。ナザレのイエスがそのイメージに投影されていることは、容易に想像がつく。

　愚者（に見える者）こそがじつは真の知の所有者であるという価値転倒は、古今東西のさまざまな神話や宗教や民間伝承に見られるモチーフであり、教育

第9章　パトスの知と臨床教育学―ひとりで在ることと共苦すること

に携わる者にとってはとりわけ、知とは何かという問いとかかわって、それ自体きわめて興味深いテーマではある。しかし、ここでそれ以上に考えてみたいことは、「共苦して知にいたる」という部分である。なぜ、共苦なのか。共苦することと知ることとは、いかなる関係にあるのか。

ここにはむろん、技術的合理性と計画的方法原理によってますますシステム化が進む近代教育制度のなかではいまや忘れられそうになっている、あのギリシア悲劇以来の「パテイ・マトス（pathei mathos）〔受苦を通じて学ぶこと〕」という、伝統的な学習思想が控えている。経験することなしにあらかじめ何かを知ろうとすることは人間のヒュブリス（傲慢）であり、悲劇にゆきつくほかない、というこの認識は、じつのところ古代より連綿と続いてきたひとつの智慧とさえ言えるだろう。

経験（experience）とは、語源的に言えば「何かをやってみること」や「危機をくぐり抜けること」を原意とする概念であるからには、ことの本性上、あらかじめ何かを経験することなどできない。経験において、何かを験し、苦しみ抜いてはじめて何かを知るというからには、ここで求められている知は、パトス（受苦）と結びついた知だというべきだろう。苦悩してはじめてひとは学ぶ。否、むしろ、学びとはつねに受苦的経験と結びついたものにほかならない。これが、パテイ・マトスという思想が示唆する内実である。知のパトス性、あるいは「パトスの知」と呼ぶべきだろうか[1]。

臨床教育学にとって「パトスの知」は、ことの本質にかかわる主題とさえ言ってもよい。なぜなら、臨床教育学は、他者の何らかの苦悩や悲哀や問題に寄り添いながら、いずれはその苦悩や悲哀や問題が癒され解決されることを願いつつ、その困難な現実にあたることを教育の課題と位置づけるいとなみだからである。つまり、臨床教育学は、端的にいって「ホモ・パティエンス（苦悩する人間）」に向き合うことを実践的課題のひとつとし、あるいは「ホモ・パティエンス」という視点からその人間理解を深め、それにふさわしい人間学的知見、理論や実践を構想する学問的営為と言えるからである[2]。

ひとの痛みや苦しみ、悲しみといった受苦的な経験に寄り添おうとするとき、あるいはそうした受苦的な経験を理解し、その受苦を思索の対象にしようとす

るとき、「ひとりで在ること」と「共苦すること」が、いずれも深く、鋭く問われざるをえない。

　本章では、以上のような関心から出発して、「ひとりで在ること」と「共苦すること」というテーマが臨床教育学にいかなる問いを投げかけ、どのような意味や示唆を与えてくれるかを考えてみる。これを裏返しに言うなら、臨床教育学が必要とされる精神的土壌のなかで、「ひとりで在ること」や「共苦すること」というテーマはどのような問題系として問われうるかを描く試みということになる。

　ただし、このような大きな課題を前にして、わずかな紙幅で論じうることは限られている。本章ではまず、日本初の臨床教育学専攻が京都大学大学院教育学研究科に創設されるうえで主導的役割を果たした和田修二の「臨床教育学専攻を設置した経緯と期待」[3]を紐解き、臨床教育学の制度的〈起源〉に、本章のテーマにかかわる「同行同苦」という思想があったことを確認する。つづいて、「ひとりで在ること」と「共苦すること」の双方についてきわめて深く思索した作家・石牟礼道子と水俣病患者で漁師の緒方正人をとりあげ、受苦をめぐって両者が提起するいくつかの重要なアイデアを見てみる。そして最後にあらためて、臨床教育学の課題として引き受けるべきこと、今後さらに重ねるべき思索の方向性をいささかなりとも示すことができれば、とおもう。

第2節　同行同苦の底において新生する臨床教育学

第1項　臨床教育学の創成の背景にあった問題意識

　元来、臨床教育学はどのような問題意識のもとで創成されたのか。少しばかり、その事情をたどりなおしておく。

　和田修二は、1988（昭和63）年に京都大学大学院教育学研究科に臨床教育学専攻が設置された当時を振り返って、設立の目的を3点にまとめている。すなわち、①「増大する新たな児童や青年の問題に対処するための、より高度の教育相談の専門家の養成」、②「臨床心理学と教育学を統合した、より包括的な

児童や青年の研究と、臨床経験に基づく実践的な教育相談」、そして③「困難のある子どもの援助だけでなく、その子どもと関わっている大人自身、わけても教師やカウンセラー自身の既成の教育観の自己批判と再構築の援助」である[4]。

こうした叙述から、その背後にどのような批判や問題意識が控えていたかを読み取ることができる。たとえば、増加する教育問題や青少年の問題に答えることのできる専門的な能力とはどのようなものかが充分に研究されていない。近代的学問領域の枠組みのもとで知があまりに細分化され、人間をトータルに把握できなくなっている。子どもの側やクライエントの側だけがもっぱら教育や相談の対象とみなされ、一方的な生成変容や成長や治癒が語られ、かかわりの相互作用や相互生成といったダイナミズムが理論からも実践からも欠落している、といった問題意識がそれである。

別の視点で言い換えるなら、①理論の適用ではなく、子どもの抱えている問題の現場から理論を実践的に立ち上げていく専門的能力の養成、②研究と実践経験に基づく新しい統合的な知の構想、そして、③大人やかかわる側を含めた相互生成・成長の援助が、求められていたということになる。これら三つの問題関心は、臨床教育学という新しい学問がどのような知の運動であるのかを端的に示している。

第2項　「教育的」と「治療的」の相克

ところで、ポイントとなるのは、これらの三つすべての根底に「子どもと共に同行同苦する『共感的』で『向上的』な態度と自覚」[5]が要請されていたという点である。

同行同苦とは、共に歩むこと、苦しみを同じくすることを意味する。西国巡礼における弘法大師との「同行二人」を連想させもするし、同行は仏道を共に修めることであるから、仏教的な思想背景を含め、ことばそのものの意味は明らかである。しかし、このような臨床教育学の特性を述べる場面で使われているこの同行同苦という概念は、その内実として、いったい何を示唆しているのか。あらためてきちんと理解しようとすると、案外難しい。

さしあたり、まずは和田自身がこの語をもちだしてきた文脈を確認しておこう。和田は次のように述べる[6]。
　「臨床」という語がもともと医学用語であったこともあって、臨床心理学においては、意識的・無意識的に医学の治療活動をモデルにしてしまっており、「病気」の「診断」と「治療」により健康な原状に「回復」させることに類比的にいとなみになる。ところが、教育相談においては、それ以上のこと、つまり「これまでよりももっと大きな自己と世界に対する展望をもつように助けること、子どもの精神的な『生まれ変わり』、人格的な『成長』」[7]が目標とされる。だからこそ、「子どもと共に同行同苦する『共感的』で『向上的』な態度と自覚」が必要なのだ、と。
　臨床心理学が医学モデルに傾斜しがちであることに比して、臨床教育学が想定するカウンセリングやサイコセラピーはより「教育的（pädagogisch）」なものでなければならない、と和田は述べる。
　ひるがえって、和田は、従来の教育学に対しても批判する。従来の教育学は、「学校教育を中心とする多数の子どもを対象にした知識や技術の『教授』、計画的な『文化化・社会化』に関心が偏重」していて、「無意図的で不随意的な形成」を充分に考慮してこなかった。そればかりか、「問題児」や「病的な子ども」を例外事項として医学や臨床心理学に委ねてきた。臨床教育学は、臨床心理学に学び、若い世代の「無意図的で不随意的な形成」や「例外」的だとされてきた問題を考慮することによって自分自身の依拠する自明性を問い直しながら、「教育（学）自体を自己変革、自己更新してゆく契機」[8]としなければならない、と。
　こうした和田の問題意識のうちに現れているのは、「教育的」であることと「治療的」であることの両極性である。あるいは、別のことばで言い換えれば、ゼロからプラス方向への成長・発達を促す力と、マイナスからとりあえずゼロ地点へ恢復（かいふく）するのを手助けする力の両極性である。
　しかしじつのところ、和田が想定するほどには、両者はそう滑らかには両立しないのではないか。
　単なる「原状回復」以上のものを志向する場合、それは「教育的」ないとな

みとされるわけだが、それは医学や臨床心理学の立場からすれば「越権行為」となるだろうし、むしろ厳しく差し控え、慎まねばならないはずである。

　他方、「治療的」な部分に専念すると、かかわりの様態や目的もかなり限定的なものになるため、その子どもがどのような価値を体現すべきか、いかなる能力を身につけてほしいか、どのような人生を歩んでほしいか、といった「治療行為」以上の規範的な部分に触れることはできない。そのことは、「教育的」意図をもった規範的関係にとっては、もの足りないだけでなく、不充分な行為だということになる。また、治療モデルの解釈図式から出発することが、当人が抱えている現実をありのまま理解するうえで、むしろ妨げとなる可能性もないわけではない。ある現実を「病的」で「問題的」であると意味づけている、その解釈図式の在り方そのものへの省察を含めたかかわり方が、求められることさえある。

　すると、和田の主張する臨床教育学のなかには、「教育的」と「治療的」との相克が抱え込まれていることになるのではないか。だとしたら、この相克が、相克としての緊張感をもちながらも、分断を生むような対立や齟齬におちいることなく、ひとつの有機的な相互作用として機能するためには、その相克自体をいわば包括しうるような何かがさらに必要とされているのではないか。

第3項　寄る辺なさと「同行同苦」

　興味深いことに、和田の説明のなかには、「観察的」（何であるかを知ること）と「助成的」（よりよい方向へ導くこと）というさらに別の相克も見受けられる。これは、諸々の教育学や心理学の関心がどの方向に向いているかを分類的に説明するなかで使われており、とどのつまり、臨床教育学はそのどちらも含む学問だと理解される。「観察的」かかわりとは、対象から距離を取って、そこに一体化しないことによって可能になるだろうし、他方、「助成的」かかわりは、対象にできるだけ寄り添うとともに、その対象自身の成長や生成変容を意図することで成り立つだろう。

　ところで、「教育的」と「治療的」という区別や、「観察」と「助成」という区別によって和田がこだわっている問題は、かつて和田の主著『子どもの人間

学』において、「観察」と「体験」という区別で論じられていたことと、同じとは言えないものの、少なくとも関連がある。和田は、オランダの教育学者ランゲフェルト（Martinus Jan Langeveld）から多くを学んでいるが、当該書のなかでも教育の問題状況を理解するうえで「観察」と「体験」を区別したランゲフェルトの主張を援用し、その重要性を再三強調している[9]。

ランゲフェルト／和田によれば、教育学など人間を対象にした学問は、経験しているところの具体的な状況分析から出発しなければならず、その際に「観察」と「体験」が鍵になる。というのも、状況を「観察」し正しく把握するためには状況の「体験」が必要であるが、他方で、ひとはみな特定のパースペクティヴでしか経験の地平をとらえられないとすれば、「体験」がそのまま「観察」の正しさを保証するわけではないからである。要するに、その両者の相補的・循環的な相互作用が大切になる。

ここで着目しておきたいのは、和田は「体験」を、「自らその状況を共に生きること」、「共に生きる」こと、「共体験」などと言い換えている点である。これは、ニュアンスとしては、あの「同行同苦」を強く想起させる。

そのことを確認したうえで、再度、『臨床教育学』の記述に立ち返ってみよう。和田は「困難を抱えた子どもの相談と指導を病理と治療という観点からではなく、クライエント自身の……『新生』の援助という観点から統合すること」、そこから「困難のある子どもとの臨床経験を媒介として大人自身の既成の教育観や人間観を問い直す」ことを目的とした「実践的教育学」であると臨床教育学を定義していた[10]。そう定義した理由は、臨床教育学が「実用的だが周辺的な応用科学ではなく、すべての教育諸学の根底あるいは中心」[11]にあるべきだと和田が考えたからである。また和田は、教育学を教育科学、教育哲学、教育実践学に3区分したブレツィンカ（Wolfgang Brezinka）に対し、「あらゆる関心がもともと実践的であり、教育研究がそこから発してそこに戻るという意味で実践的教育学が基底である」[12]とまで述べている。

着目すべきは、和田の説明の随所に「統合」や「媒介」、「基底」や「根底」といった、何かを包括する運動が示唆されている点である。そう考えてみるなら、和田がここで「実践的」なる語に込めた意味は、いわゆる「理論と実践」

第9章　パトスの知と臨床教育学―ひとりで在ることと共苦すること

という場合の実践というよりは、むしろあらゆる教育諸学の深い底にあって、教育の理論と実践のすべてを支えている包括的で根源的な何かを指していると考えたほうがよさそうである。

　このあたりは、和田が若いころから抱え込んでいたニヒリズムの克服という課題を、「子どもの人間学」というアイデアによって果しえたという事情に預かっているのかもしれない。『子どもの人間学』においてくりかえし主張されるのは、子どもだけでなく大人自身もまた頼りなく寄る辺のない存在だという事実であり、「成長した人間」とは、「それにもかかわらず……この寄る辺なさに耐えることの中に人間の尊厳とおとなであることの試練があることを知る人間」だという認識である[13]。寄る辺がないこと。にもかかわらず、それに耐えること。その試練を引き受けること。いずれも、パトスというテーマに深くかかわる。和田の人間理解や教育理解が、パトスの思想に裏打ちされていたことがよくわかる。

　そればかりではない。皇紀夫が指摘するように、ランゲフェルトと和田の教育論の根底には「弱者の世界」[14]への感応と応答があったからには、その教育思想は最初から終わりまで寄る辺なき弱者への「同行同苦」の思想、共苦の思想に貫かれていたことになる。

　臨床教育学の創設当初の目的（専門的能力の養成、統合的な知の構想、関係論的な相互生成の援助）はいずれも、「子どもと共に同行同苦する」という営みが欠けてしまえば、それぞれがばらばらに宙に浮いたものになってしまうし、臨床教育学の実践は魂が抜けたように空洞化してしまうだろう。そういう意味では、少なくとも和田において、この「同行同苦」というパトス的契機こそが、臨床教育学の実践を包括する根源であり、その成否の鍵を握るものであったし、それはまた、教育諸学を臨床教育学へと統合的に再構築するための根源的原理だったということになる。

　「同行同苦」なるパトス的契機に裏打ちされて、子ども自身、大人や教師自身、そして教育の理論と実践それ自体が、もろともに「新生」へと開かれる。それが、和田によって構想された臨床教育学の核となる思想であった。

第3節　水俣病という受苦的経験からの示唆

　さて、以下では、「同行同苦」というパトス的契機をさらに広い文脈に開きながら考察するために、その具体的事例として、水俣病という受苦的経験をめぐる思索を参照し、そこから臨床教育学に対して示唆的な主題をいくつか受け取ってみたい。

第1項　祈りが照らしだすもの

　聖書のヨブ記がそうであるように、受難や受苦という出来事はしばしば宗教の重要なテーマとなってきた。ユダヤ人の歴史的な経験も、イエスやブッダたちの経験もまさしくそうである。受難や受苦といわれるようなつらくて悲しいできごとは、しばしば自分の力ではどうにもならない。いや、ほんとうのことを言えば、「生きる」ことにおいて生じるできごとすべては、その濃淡はあれ、つねにそうなのだろう。だからこそ、祈りが生まれるのかもしれない。
　たとえば、命の移ろいのなかで、去り逝く者がつながれた手を握り返しながら残し伝えようとする想い。胸で眠る子どもに宛てられた、幸せに生きていってほしいという願い。信じることができる友や愛するひととの奇跡のような出会い。これらはすべて、自分自身の能動的なはたらきかけや行為だけでは如何ともしがたいもの、いわば恩寵的なできごとであって、自分の力だけではどうしようもないものである。ならば、こうしたできごとに触れる際、わたしたちにできることと言えば、結局のところ祈ること以外にない。
　では、祈りとは、いったいどのような行為なのか。いや、能動的な行為がすべて弾き飛ばされてしまうようなところではじめて生じてくるのが祈りであるとすれば、それはもはや「行為」と呼べるものではないかもしれない。だからむしろ、祈りとはどのようなできごとであるのか、と表現するべきなのかもしれない。
　こうした問いに向き合うとき、ふと、こころに去来するのは、ローゼンツヴァイク（Franz Rosenzweig）というドイツ・ユダヤ人哲学者のことばである。

第9章 パトスの知と臨床教育学—ひとりで在ることと共苦すること

祈りは、それがなにかを照らしだすときには、もっとも遠い目標を眼に見えるものにする[15]。

　同化ユダヤ人の家庭に生まれ、キリスト教への改宗の可能性を前に結局ユダヤ教徒としてとどまったひとで、フランクフルトに自由ユダヤ学院という学校をつくってユダヤ文化の教育に尽力し、ヘブライ語聖書の新しいドイツ語訳や『救済の星』など、数は少ないながらユダヤ思想史に屹立する重要な仕事を成し遂げた。そうした仕事は、しかし筋萎縮性側索硬化症（ALS）の闘病のなかで生み出されたもので、志半ばにして43歳を目前に息を引き取ったのだった。
　この引用のことばにあるような、見えがたいはずの「もっとも遠い目標」がもっとも近くに現われるという、逆説的なできごとを可能にする祈りとは何か。つまり、常識的な〈遠さ〉と〈近さ〉の関係性を組み替えてゆく祈りとは何なのか。
　それを考えることが、「ひとりで在ることと共苦すること」というテーマを考えるうえで、そして、「ひとりで在ることの底においてつながりに開かれる」という出来事を理解するうえで、何らかの示唆を与えてくれるようにおもわれる。
　そこで、石牟礼道子と緒方正人に言及してみたい。というのも、石牟礼も緒方も、この祈りを日々の暮らしの底にとり戻すための思想を切り拓いた、稀有な「パトスの思想家」だとおもえるからである。

第2項　「悶え加勢」

　石牟礼は、水俣病を主題とした『苦海浄土』で知られる。もしこのひとがいなければ、あのような形で水俣病告発の全国的な運動が生じることはなかっただろうと想像させる。近代国家の歪みが濃縮されつつあった時代にあって、いわば人びとと神々の世界とをつなぐ巫女のような役割を、水俣病患者と世界とのあいだで果たしたひとだと言える。その一方で、不知火海の人びとの暮らしや文化、神・ひと・生類がもろともに生きる豊饒な神話的世界を、そして深い哀しみの底なき底に湛えられた生きることの可笑しみと歓びとを、潤いのある

ことばで詩的に表現した数々の作品は、わたしたちが失ったもの・失いつつあるものが何であるのかをまざまざと幻視させる力をもっている。石牟礼の作品と活動によって、水俣の風土と水俣病問題の根にあるものは、つきつめるなら、ある種の宗教性あるいは現代人の霊性（スピリチュアリティ）の問題にほかならないことが明らかにされた。

　その石牟礼がことあるたびに口にする「悶え加勢」や「悶え神」という不思議なことばがある。病や何かで悶えているひとのところへ出かけてゆき、その悶えを前にしてなすすべもなく、ただおろおろとしているようなひとたち。しかし、そうしたなすすべもない無力さが、あたかも届かぬ手で背中をそっとなでるように、あるともなしとも言えず、いつの間にかの力添えをしてしまっているひとたち。そんなひとたちのことを、古くから水俣ではそのように呼ぶのだという。石牟礼自身の文章を、少し長いが引用しておきたい。

　　村のなかに、ある役目をもって、役目といっても、行政が資格を与えた役目じゃなくて、「もだえて加勢する」って言い方があるんです。一軒の家にご病人がでたり、けが人がでたり、とんでもない災悪に見舞われたりしますときに、お見舞いに行くのに、言葉を持っている人は、駆けつけてごあいさつするのに、なんにも加勢ができませんけれども、「もだいてなりと加勢しませんばなあ」といって、言葉のお見舞いを、私はもだえて加勢しておりますって。（中略）はい、そうあいさつできる人もいるんですけれど、そんなあいさつもできないで、ちょっと離れて、心配そうに、起きてる事態はなんとなくわかっているらしい、それでしかしそんな気のきいたあいさつもできない。ちょっと離れて、後ろにいたり横っちょにいたり。（中略）私が来ていますということも言わずに、黙って、なんかしら全身で心配げに立っている人がいるんです。（中略）村の人たちも、「ああ、もだえて加勢してるね」とも言わない。やっぱりそっとしておくんです。それがその人の存在する意味というか、特別には扱いませんがもだえ神さんと言われています[16]。

　人の悲しみを自分の悲しみとして悶える人間、ことにそのような老女のことをわたしの地方では〈悶え神〉というが、同じく人の喜びをわが喜びとする人間のことを〈喜び神さま〉とも称していた。（中略）悶え神という言い方でもわかるように、そのように称せられるものたちは、自分いちにんや、人間のみのことならず、

第9章 パトスの知と臨床教育学―ひとりで在ることと共苦すること

牛・馬・犬・猫・狐・狸の世界や、目に見えぬ精霊たちの世界のこと、天変地異、つまりはこの世の無常の一切について、悶え悲しむばかりの神として在る資質をそのようにいう。／この場合の神格とは、事柄に対して、無力なだけの存在であるという含みがある。つまり無力さの極限によってなにかに関わる存在である[17]。

「悶えてなりと加勢せねば」／という言い方がある。この世には悲しみの種が無限にあるが、ただいちにんの悲しみといえども、それを他者が分け持つことは、つまりそれを救済するなどということは、不可能であるという自他の認識が、そこには深々と横たわっている。もちろんそういう自分のかなしみが根源になっていて、空しい無数の、徒労の体験が、共同墓地のそれのように埋蔵されているのだろう。自分ひとりの埋蔵量だけでなく、ご先祖さま方からの、そのような徒労の遺産を引き継いでいるということを、無自覚なまでに深く知っているゆえ、せめて、悶えてなりと加勢する無力な神、というものが生まれずにはいられなかったのかもしれない[18]。

一読しただけで、考えるべきさまざまなことがらがあふれ出す。紙幅のかぎりもあって、ここではさしあたりその要点だけをわずかに記しておく[19]。

① ひとの悲しみを自分の悲しみとして悶えるという受苦の相互浸透があること
② 有能性や有力さにおいてではなく、むしろ無力さの極限において何かに関わること
③ 救済の不可能性の自覚から生まれる悲しみから出発していること
④ 悶えに際しての無力は個人のみならず祖先の遺産として引き継がれていること

何もできず、ただ悶えに感応しておろおろとしているだけの無力な存在。たしかにそれが、ひとの悲しみや苦しみを癒すうえで力添えとなることはあるかもしれない。だが、それでもさしあたっては、やはり有能性や有力さへの反転は必然ではない。徹底して無力さや弱さの極限であり、「ただいちにんの悲し

みといえども」「それを救済するなどということは、不可能」なのである。

　したがって、むしろどうあってもそのような力強さへの反転は生じえないという深い認識において、この悲しみはいよいよ極まり、その極まりにおいて悲しみの底が割れ、「せめて」悶えが加勢となって誰かの受苦をやわらげることがありえるように、との狼狽(ろうばい)に震える祈りが、そこに生まれ出るのだろう。

　無力さでさえ、寄る辺なき者たちの共同性を生み出していく力となる、ということだろうか。弱き者たちが、弱さにとどまりながら、その弱さそのものを媒介に他者とある種の連帯をつくりあげる、ということなのだろうか。ここにある「悶えの分有」は、苦痛や苦悩の直接の共有ではありえないとすれば、それはどんなものなのか。

　「ひとりで在る」ほかないわたしの存在が、だからこそ同じように「ひとりで在る」ほかない誰かを励ますことがありうるという可能性。「同じわたしたち」という次元を前提としない絶対的な隔たりにおいて、なお、たった「ひとりで在る」からこそ他者にひらかれてゆく可能性。そうした可能性への示唆を、「悶え加勢」というアイデアは含んでいるようにおもわれる。

第3項　命の記憶につながる

　ところで、同じように「ひとりで在ること」について別の角度から考え抜いているのが、先述の緒方正人である[20]。緒方は不知火海沿岸の芦北町女島の漁師で、網元の末っ子として生まれた。幼い頃に父を劇症型の水俣病で亡くし、長じて水俣病認定闘争に身を投じるも、十数年のちにみずからの患者認定申請を取り下げ、認定闘争から身を引く。

　考えてみれば、これはものすごいことである。連帯や共闘など数の原理こそが求められる闘争で、その先頭に立っていた象徴的リーダーが運動から離脱し、「ひとりになる」。そこには、想像を絶する葛藤や苦悩があったとおもわれる。それでも緒方はひとりになる道、「ひとりで在る」道を選ぶ。なぜか。認定闘争のなかで、水俣病問題の本質が何であるのかを見抜いてしまったから。

　水俣病事件の実態は今日でも明らかになっておらず、被害の全容も不明のままである。被害の全体調査さえ怠ったままである理由はもちろん、被害をでき

るだけ少なく見せ、できるだけ早く「風化」させたいという国・自治体・企業の魂胆があるからである。そのような状況にあって、裁判や患者認定闘争を通じて、水俣病は国家による「認定」の問題に切り詰められ、認定の問題はさらに「金銭補償」の問題に切り詰められ、結局は水俣病とはお金を払うかどうか、払うとしたらいくらかという問題に縮減されていった。しかし言うまでもなく、水俣病というできごとはそのようなお金の問題だけに切り詰められるものではないし、そこに生きている人間の生や不知火海の生き物たちの暮らしがそのような金銭補償問題に置き換えられるわけはない。

　緒方は、そうした事態を「責任の制度化」と呼んでいる。誰も「わたしが責任者だ」と言わないシステムがどんどん増幅しているだけで、誰ひとり「わたしがチッソである」と答えてくれない、と。その一方で、塩化ビニール、プラスチック、ペットボトル、液晶テレビなどチッソ製品にかこまれた暮らしをしている自分は何者なのだ、近代化と豊かさを求めた社会に生きる自分は「チッソ的なもの」に加担しているのではないか、と問い始める。そしてとうとう、水俣病の問題の根はもっと深いことに気づき、『チッソは私であった』という認識にいたる。

　緒方は、水俣病の事件をめぐって大切な観点を三つ指摘している。一番目は、それでも魚を食べ続けたこと。つまり、どれほどチッソを恨んでも、魚や海を恨むことはせず、魚に感謝しながら生きたということ。二番目は、それでも子どもを産み続けたということ。たとえ水俣病であったとしても、毒を背負って生まれてくる子を「宝子」として受け止めたこと。三番目は、それでもひとを殺し返さなかったこと。多くのひとが水俣病で殺されたことは事実であり、またそのことを恨みにおもう気持ちもあったが、それでも患者側はチッソの人間を殺し返さなかったこと。これら三つの観点から、緒方は、より根源的な認識へ、つまり水俣病とは「命の記憶」が失われた状態であり、「命のつながり」を取り戻したいという願いへといたる。

　「ひとりで在ること」に還ろうとした緒方は、その苦しい試みを通して、自分こそがチッソであると認識するほどの地平を切り拓き、水俣病問題の根源に行きついた。ただひとりになるということによって、孤立無援の孤独や個人主

義を招きよせるどころか、むしろ水俣病という近代の病的現象によって分断された人びとの命を、それが本来還ってゆくべき大いなる「記憶」や「つながり」のもとに結びつけ直していく道筋を見いだした。

　人間の長い歴史のなかでひとつの道理を踏み外さないという考えがずっとあったはずで、水俣病の問題はそういう深いところから出てきている問題なのだ、という緒方の訴えに対し、わたしたちはこの深さにどう触れうるだろうか。地球の生命誌全体の問題として水俣の事件を考えようという呼びかけには、全体のつながりや連関というものはそもそもいったい何なのかという問いかけが潜んでいる。緒方の示した認識からすると、孤立するということはじつは全体の連環の発見になる。この逆説というべき事態を、どのようにうまく語っていけるのか。そうしたことが、問われている。

第4項　「誰であれば」という問い

　「命の記憶」との関係、「命のつながり」ということを緒方が言うとき、この「関係」や「つながり」をとり結ぶうえで、世のなかのにぎわいや祝祭的できごと、畏れや祈りを含め、自然との直接的な交歓は、もちろん掛け値なしに大切であるだろう。とはいえそれは、豊かな不知火海の自然に包まれて生きてきたという事実だけで充分ということでは、おそらくない。

　以前わたしがお会いしたとき、緒方は、幼少期にお祖父さんやお父さんを通して「海からの愛」を教わった、と語っていた。お祖父さんやお父さんとの（匿名ではなく）固有名をもってかかわる関係が、「海からの愛」の媒介になっているわけである。すると、自然との直接的関係だけでなく、固有の「誰か」を通した自然との媒介的関係もそれに劣らず大切なのだろう。

　つまり、「自然に還れ」というスローガンだけでは充分ではなく、おそらく同時に「人間のもとに還れ」とも言われなければならず、そしてこれら両者は結局のところ、「命の源に還れ」ということを含んだ「ひとりに還れ」へと集約されねばならない所以が、ここにはある。

　幸せは欲しいが不幸はいらない。ましてや毒など絶対にいらない。そういう感情はごく自然なものである。しかし、水俣病や原子力発電所の事故など、は

第9章　パトスの知と臨床教育学—ひとりで在ることと共苦すること

かり知れない不幸や毒を不可避的にもたらしてしまう大きな厄災を前にすると、このごく「普通」の感覚では立ちゆかない事態が出てくる。そのとき、たとえ水俣病患者の杉本栄子・杉本雄が水俣病を指して「すべてはのさり〔水俣ことばで「恵み」の意〕である」と言い切ったほどに達観することはまだできなくとも、その少し手前で、幸せであれ不幸せであれ、恵みであれ毒であれ、「誰を通してであれば受け入れられるのか」、「誰をとおしてであれば納得できるのか」と自問自答することはできる。不幸であれ毒であれ、誰とならば、少なくとも受け入れることに納得がいくのか。この問いは、とても厳しい、峻烈な問いかもしれない。

だが、いずれにせよ言えることは、この問いを前にしてこころにおもい浮かんでくる「誰か」（あるいは「何か」）は、その当人にとって、世界のなりたちの根源的な意味そのものを支える礎でありうるのではないか、ということである。

第5項　つながりなしにつながる

それにしても、水俣につながる、福島につながる、ハンセン病問題につながる、病に苦悩し息を引き取ろうとするひとにつながる、あるいは「命につながる」、そして神につながる……このようにいわれるときに、眼前に在るものがおよそ「つながり」とはおもえない場合、どうすればいいのか。

さしあたり、三つの方向をおもいつく。①「この」つながりを一緒に見つける道を探す方向、②「この」つながりは見えなくてもよいので「別の」つながりを見つけようとする方向、③「つながりを見つけないでつながる可能性」を探す方向である。

いずれも大切なのだが、わたし自身は、とりわけ最後の「つながりを見つけないでつながる可能性」について考え抜いてみたいとおもっている。もちろん、最後のものは表現が矛盾しているのだが、この矛盾がひとつの大切な意味をもつ。少なくとも、その矛盾の意味を考えること自体に、意味がある。それは矛盾を通して、「つながりとはいったい何であるのか」ということを根源的に考え直すよう、わたしたちに迫るからである。

むろん、この最後の方向は、つながりを前提としないので、なかなかつながれないという「弱さ」をもつ。その一方で、つながりを見いださなくてもよいという軽やかさを「強み」としてもっているとも言える。
　たとえば、「同じ人間なのだからわかるだろう？」とか「同じ経験をしたのだからわたしもよくわかるよ」ということばは、日常の場面でもしばしば耳にする。たしかに、「同じ」であるというメッセージが、苦悩する人びとを勇気づけ、安らぎを与え、癒すことは大いにある。この苦しみや悲しみを誰かにわかってほしいという要求に、「同じ」という共通性が基盤を与え、つながりを生み出すことも多い。
　とはいえ、その一方で、連帯やつながりを生み出そうとする試みが、包括的で共通のものを暗々裏に前提としてしまうことで、かえって分断や乖離（かいり）を生み出してしまうことがある。「同じ経験をしたからわかるよ」と他者とのあいだに橋をかけようとする行為が、受苦を訴える者たちの「誰にもこの苦しみがわからない」という一番わかってほしい苦しみをまさしくないがしろにし、連帯そのものを不可能にしてしまうことがあるように。こうした分断や乖離が生み出される力学への感受性を、しかし、この三番目の「つながりを見つけないでつながる可能性」は含んでいる。

第6項　当事者性

　ところで、こうした主題は、いわゆる当事者性という問題にも示唆を与えてくれる。なぜなら、「誰が問題や苦しみの当事者なのか」という当事者性の問題は、いわば問題や苦悩への〈近さ〉と〈遠さ〉の関係性として立ちあらわれてくるからである。
　「当事者である」という認識は、その苦悩の〈近さ〉において自分を発見し、それ以外の他者をその苦悩から離れた〈遠さ〉のうちに置き直す。この「発見」や「置き直し」のいとなみは、それ自体、他者とのつながりを生み出しもすれば、消し去りもする。
　しかも、この〈近さ〉と〈遠さ〉の関係性は、じつはそれほど自明なものではない。たとえば「このわたしは水俣病問題の当事者か」と問えば、答えは

第9章　パトスの知と臨床教育学——ひとりで在ることと共苦すること

YesとNoのあいだで揺れ動く。ごく表面的なレベルで言えば、水俣病の症状があるわけではないし、患者を家族にもっているわけでもない。また、原因企業チッソで働いていたわけでもないし、その家族でもない。その意味では、このわたしは当事者ではない。

しかし、ペットボトルやテレビなどチッソ製品にかこまれて快適な生活を送ってきたし、その快適な生活をやめようともしない。あるいは、水俣病患者の苦悩に対して、また、チッソの行為や国の政策に鈍感であることにより、水俣病を生み出した問題構造（チッソが大日本帝国統治下の朝鮮興南において巨大コンツェルンとして植民地支配を牽引した企業であったことを考えれば、それは文字通り「植民地主義」的なものでもある）の維持に間接的に関与してきたのではないか。さらには、「水俣病は終わった」というプロパガンダに乗せられて、この事件の記憶の封じ込めに結果的に加担しているのではないか。その意味では、このわたしもまた、れっきとした加害の当事者ではないか。

すると、仮に「わたしは水俣病事件の当事者だ」と言う場合、「そうじゃないだろう」という答えと「そのとおり」という答えのどちらもが（留保つきで）正しく、どちらか一方だけに決められない、というのが実態だということになる。そして、この振れ幅こそが、とても肝心な部分だということになる。

災害や厄災、事件や不幸など、非常に苦しい経験があって、その経験を共有するとかその経験に共苦するといったときに、「当事者とは誰なのか」、「その経験を共有できるのは誰なのか」という問いが出てこざるをえないが、その際、どうしても線引きをして、線の向こうとこちらとを分けてしまいがちである。しかし、当事者と非当事者の境目というのは振れ幅があるのであって、もっと言えば、境目には深さもあるし、複数的でもある[21]。

つまり、その加害や被害のさまざまな意味の濃度において、「当事者であるとはどういうことか」という問いへの答えが揺れ動くのである。その揺れ動きは、問題や受苦的経験との〈近さ〉と〈遠さ〉の関係性の動揺であり、その関係性が拠って立つ世界の意味連関の動揺でもある。

第7項　逆説からひらかれる

　あらためて、祈りとは、もっとも遠いものがもっとも近くに現われうるような逆説的なできごとだった。すると、当事者性という問題における「〈近さ〉と〈遠さ〉の関係性の動揺」とは、まさにローゼンツヴァイクの言う「祈り」そのものにかかわっていたことになる。

　そして、「ひとりで在ることと共苦すること」という主題に引きつけるなら、次のようにも言える。「悶え加勢」は、一方で、誰かの苦悩に対して自分がそれを癒すことなどできないという不可能性に裏打ちされていた。つまり、けっして誰かの役に立つことができないという、「ひとりで在る」ことの厳しさを突きつけるものだった。しかし、他方で「悶え加勢」は、それにもかかわらず、せめて、共に苦しむわたしの悶えが、その誰かの苦悩や痛みを和らげ、励ますことがありますように、との祈りであり、その祈りが、その誰かをじっさいに力づけるということがあるかもしれない、ということだった。

　また、緒方の言う「ひとりに還ること」は、チッソや国の加害責任の追及と被害者の認定という闘争の舞台から降りることを意味していたが、それは加害と被害という対立図式の袋小路から解き放たれ、「お前たちばかりが悪いのではない」という「赦し」の舞台へ進む入り口ともなりえる。それは、「命の記憶の忘却」という出来事に対して共に「課題責任」を負うという、ある種の新たな共同性を生み出してゆくことにつながる。

　つまり、石牟礼の場合も緒方の場合も、その「ひとりで在ること」の極限において、それまであった既存の「〈近さ〉と〈遠さ〉の関係性」が動揺し、そのことによって逆説的にも誰かと共にあることの次元や、新しい世界とのつながりがひらかれる。「ひとりで在ること」は、そのようにして、新しいつながりを可能にするできごとなのである。

　この「〈近さ〉と〈遠さ〉の関係性の動揺」を照らしだす祈りについて、受苦的経験をめぐる「つながりなきつながり」の創出可能性を想いながら、考え抜くこと。それが、「ひとりで在ること」と「共苦すること」に共に向き合うという、けっして簡単ではない課題への、わたしなりのひとつのささやかな応

答になるのではないかと考えている。

第4節　残された課題、あるいはこれから考えるべきこと

　本章をむすぶにあたって、これまで示唆された主題以外に、充分に展開しきれなかった論点、臨床教育学の関心から今後考えてみなければならない課題を備忘録風に書きとめ、本章の議論をひらいておきたい。

① 　教育者や臨床家が共苦するといったとき、それはどんな類の共苦で、どのような専門的能力が要請されるのか。ただ一緒に時間を共にし、そばにいるだけでいいのか。Yes であり、No である。そのとき、どこまで巻き込まれていくのか。パトスとアパテイアの加減、ないし二重性をどうするか。ことは、精神分析でいうところの「転移－逆転移」問題にもかかわるだろう。さらに、共苦することに共感はどのようにかかわるか。あるいは、共苦と共感はどう違うか。共感の倫理と共感の暴力の両面を見定めること。そして、共苦の倫理と共苦の暴力の両面の可能性を考えること。
② 　共苦することと他者の承認とはどのようにかかわるか。ヘーゲル（Georg Wilhelm Friedrich Hegel）『精神現象学』から現代ドイツの社会哲学者ホネット（Axel Honneth）『承認をめぐる闘争』にいたる、承認論の系譜を読み解く試み。同時にまた、承認のまなざしを奪い合う「闘争モデル」で構想された彼らの承認論を乗り越える視点の探究。確認、同調、寛容、尊敬、愛等々と承認との差異を解きほぐすこと。属性の承認、可能性の承認、実存の承認等々の相互に入り組んだ関係を見てゆくこと。人格論やアイデンティティ・ポリティクス、固有名論といった哲学的問題、エロスとアガペーという古くて新しい問題が、この場合にもかかわってくる。
③ 　相手を理解し尽くさないという技術はどのようなものか。そのような関心において、共苦することと他者認識論との関係を検討すること。たとえば、フッサール（Edmund Husserl）の『デカルト的省察』から始まる一連の論争、つまり、現象学における「他我」（alter ego）をめぐる論争。レヴィナス

(Emmanuel Lévinas)、デリダ（Jacques Derrida）、リクール（Paul Ricoeur）などが主題化した、他者が他者として現象するとはいかなることかという大きな問い。他者は自我に我有化されてはならないし、他者は逃れゆく痕跡であるが、他者は他者として自我の前に現象しなければ意味をなさない。このアンチノミーをどう考えるべきか。アガンベン（Giorgio Agamben）の「残りもの」というアイデアとあわせて、ひきつづき丁寧に考えてゆくべき主題である。

④　受容することと確証することはどう異なるか。他者の受容は他者の理解の大前提となる。だからこそカウンセリングの厳しい現場で、たとえばロジャーズ（Carl Rogers）のようなひとが、クライエント中心の全面的な受容にもとづく療法を構想した。では、カウンセラーや教師は、ただ相手を受容すればいいのか。むろん、それだけで済むわけではない。だが、何が必要なのか。その問いが、ロジャーズとユダヤ思想家ブーバー（Martin Buber）との有名な対話の主題のひとつとなっていた[22]。ブーバーによれば、単なるありのままの他者の受容だけでは充分ではなく、「生成するように創造されている人格」、「生成するべく予定されていること」を確証することが必要だという。ならば、適切に確証するためにはどのような専門性や能力が必要なのか。また、何らかの役割を帯びたかかわりと赤裸々な実存そのものから出発するかかわりとはどのように異なるか。

⑤　何を承認し、何を確証するのか。「生成するべく予定されていること」を確証するという行為は、しかし、どのように可能なのか。そのとき、カウンセラーや教師は何を観ているのか。「生成するべく予定されていること」とは相手のもっている可能性のことか、潜在的能力のようなものか、あるいは現実そのものか、それとも何かもっと別のものなのか。それは、相手の「かけがえのなさ」の確証となるのか、それとも相手を「なんであれかまわない」存在として遇することなのか。アリストテレス以来の可能性／能力の思想の検討。アガンベンの言う「非在の歓待」という倫理についての考察。あるいは、ヌスバウム（Martha Nussbaum）らの正義論におけるケイパビリティ概念の検討がさしあたり考えられる。

第9章 パトスの知と臨床教育学―ひとりで在ることと共苦すること

⑥ 「悶え加勢」の「加勢」とは何か。制度化可能なものか。否、制度をはるかに超えたもののはずである。しかしそうだとしても、それは制度に対してどのようにきりむすびうるか。あるいは習慣とどのようにかかわっているか。あえて問うなら、それは訓練や修行が可能なものか。技術化、制度化、システム化、マニュアル化との相克という普遍的なテーマが控えている。

⑦ ただ共苦することで受苦する者に対する支援ならぬ支援になるという可能性について。そこから、無意味さの意味、弱さの極点において「強さ」に反転しないままの「弱さの力」の意味という主題へとひらかれてゆくこと。ヴァッティモ（Gianni Vattimo）の『弱い思考』やレヴィナスの「絶対的受動性」の思想との交叉可能性。

⑧ あるいは、受苦的経験の共有可能性という大きなテーマ。他者の経験を共有することは可能なのか。できるとしたら、どこまで、どんなふうにか。「つながりなきつながり」と連帯の思想。リンギス（Alphonso Lingis）の言う「何も共有していない者たちの共同体」やナンシー（Jean-Luc Nancy）の「分有」の思考とどこまで共鳴しうるか。

⑨ 無力な「悶え神」という石牟礼のことばからは、「共苦する神」や「無力な神」の系譜を想起する。共苦するのは人間ばかりではない。神もまた、あるいは神こそが共苦する。キリスト教にも、ユダヤ教にも、仏教にも、そして日本にも存在してきた思想。北森嘉蔵『神の痛みの神学』やボンヘッファー（Dietrich Bonhoeffer）らのケノーシス論、ユダヤ人虐殺のショア／ホロコーストを経たのちのヨナス（Hans Jonas）『アウシュヴィッツ以後の神』やメッツ（Johann Baptist Metz）『受難の記憶』など。あるいは法蔵菩薩の第十八願や地蔵信仰、あるいは親鸞などの悪と救済の思想。パトスを媒介とした霊性学へ地平を拡げてゆくこと。

⑩ 受苦的経験と「赦し」の思想について。緒方正人の『チッソは私だった』における被害者／加害者図式の脱構築。赦し－赦されの関係性の変容。あるいは、放射能汚染や公害による生類の死滅は、人間世界だけの話では済まない。その「済まなさ」をどのように真剣に考えてゆくか。人間が赦す／赦さないと言うことさえできない悲惨なできごとにどう向き合うか。デリダ『赦

すこと』や石牟礼や緒方をはじめとした水俣病をめぐる「赦しの思想」の可能性。あるいは、苦悩や悲嘆からの恢復をめぐるグリーフケア学。災害や戦争といったカタストロフィに関する証言論や記憶論との交叉。

こうしたことを、臨床教育学の守備範囲に含めて考えてゆくこと。あるいは少なくとも、思考の地平をできるだけ拡げてみて、そのうえで、何が臨床教育学にとって根源的かをあらためて丁寧に考えてゆくこと。「ひとりで在ることと共苦すること」という主題は、そのようにして臨床教育学が「新生」してゆくための大切な契機となるはずである。(本講座第6巻第2章第2節参照)

[注記]
　本章は、水俣病センター相思社編『三人委員会水俣哲学塾』(2015年)での発言、同志社大学キリスト教センター主催「今出川水曜チャペル・アワー」(2016年1月20日)の「奨励」の内容をもとに、さらに臨床教育学を主題に増補する形で執筆したものである。

〈注〉
(1) パトスの知に関しては、臨床の知を提唱した哲学者・中村雄二郎がまず何よりも参照されなければならない(中村雄二郎『中村雄二郎著作集Ⅵ　パトス論』岩波書店、1993年)。パテイ・マトスという経験の思想が教育学に対して有する意義について、次の拙論を参照のこと。小野文生「序章　教育学のパトス論的展開のために」、および小野文生「第6章　〈経験とパトスのむすぼれ〉の追想—アーレントとアガンベンの思索から」(いずれも岡部美香・小野文生編『教育学のパトス論的転回』東京大学出版会、2018年刊行予定に所収)。
(2) 「ホモ・パティエンス(homo patiens)」に関しては、フランクル(Viktor Emil Frankl)の同名著書(フランクル、ヴィクトール・E(山田邦男・松田美佳訳)『苦悩する人間』春秋社、2004年)を挙げねばならないが、それに限らず、古今東西の宗教思想や生老病死をめぐるさまざまな言説のなかに膨大な考察の蓄積がある。フランクルのそれとはニュアンスが異なるが、下程勇吉はhomo patiensをニーチェの「運命愛」に方向づけて「もちこたえる人間」と表現している(下程勇吉『宗教的自覚と人間形成』

第9章　パトスの知と臨床教育学―ひとりで在ることと共苦すること

広池学園事業部、1970年)。ホモ・パティエンスについては、そのほか、戦争、貧困、カタストロフィ、差別、虐待、心身の病、老い、介護、障碍、死、喪やグリーフケアといった多種多様な問題群と教育的関心が触れ合うところに、臨床教育学の対象とすべき主題が浮かびあがってくる(小野、前掲論文)。

(3) 和田修二・皇紀夫編『臨床教育学』アカデミア出版会、1996年、7-30頁。
(4) 和田・皇編、同上書、10頁。
(5) 和田・皇編、同上書、18頁。
(6) 和田・皇編、同上書、17頁以下。
(7) 和田・皇編、同上書、18頁。
(8) 和田・皇編、同上書、19頁。
(9) 和田修二『子どもの人間学』第一法規出版、1982年、83-88頁。
(10) 和田・皇編、前掲書、21-24頁。
(11) 和田・皇編、同上書、24頁。
(12) 同上。
(13) 矢野智司が指摘するように、この「にもかかわらず」は、新しい「意味」の発見ではなく「意味」の希求そのものから解脱する絶対的な転回を表している。矢野智司「『子どもの人間学』の新たな転回に向けて―ランゲフェルト－和田の教えへのオマージュ」和田修二・皇紀夫・矢野智司編『ランゲフェルト教育学との対話―「子どもの人間学」への応答』玉川大学出版部、2011年、43-44頁。
(14) 皇紀夫「臨床教育学から観たランゲフェルト教育学」、和田・皇・矢野編、同上書、79頁。
(15) ローゼンツヴァイク、フランツ(村岡晋一・細見和之・小須田健訳)『救済の星』みすず書房、2009年、418頁。
(16) 石牟礼道子『石牟礼道子全集・不知火』16巻、藤原書店、2013年、721頁。
(17) 石牟礼道子『石牟礼道子全集・不知火』9巻、藤原書店、2006年、403-404頁。[／は改行を表す：引用者]
(18) 石牟礼、同上書、404頁。
(19) この点について、次の拙論でより詳しく論じている。小野文生「〈非在のエチカ〉の生起する場所―水俣病の記憶誌のために」山名淳・矢野智司編『災害と厄災の記憶を伝える―教育学は何ができるのか』勁草書房、2017年、31-69頁。
(20) 以下、緒方正人『チッソは私であった』葦書房、2001年を参照。
(21) 境目の深さや複数性という点について言えば、当事者性の問題だけでなく、個々人の日々の決断にも同様のことが言える。たとえば被災地に住み続けるのか避難・移住

227

するのかという決断。ときに複雑な事情を抱えながら、放射能汚染に向き合い、何かを食べるときにも、どこかで子どもを遊ばせるときも、日常の一つひとつに伴うリスクに向き合う決断。そこには、何を選ぶのか、あちらとこちらの境目を決める行為が伴う。しかしそこでは、それぞれの人生の設計があり、責任のとらえ方があり、すべてを十把一絡げに理解して済ませることはできない。数々の決断のなかで「境目」はさしあたり決めたけれども、しかしそれは暫定的なものであって、ひとりの個人のなかにも複数の境目があり、複数の決断があって、その結果、いまここにいる、という部分をどのように見ていくか。ひとりの人間のもつ複雑な悲哀のリアルに、どのようにして迫っていくか。

(22) アンダーソン、ロブほか編（山田邦男監訳）『ブーバー ロジャーズ 対話（解説つき新版）』春秋社、2007年。

〈推薦図書〉

石牟礼道子『石牟礼道子全集　不知火』全17巻＋別巻1、藤原書店、2013年。
緒方正人『チッソは私であった』葦書房、2001年。
中村雄二郎『中村雄二郎著作集Ⅵ　パトス論』岩波書店、1993年。
フランクル、ヴィクトール・E（山田邦男・松田美佳訳）『苦悩する人間』春秋社、2004年。
和田修二・皇紀夫・矢野智司編『ランゲフェルト教育学との対話―「子どもの人間学」への応答』玉川大学出版部、2011年。

あとがき

　小中高の教員になる前には、教育実習がある。ところが、大学の教員には、教育実習がない。大学の教師は、何の準備もないまま、ある日、教壇に立つ。

　30年前の私がそうだった。ある４月、突然に職を与えられた私は「教育学概説」という名の講義を命じられた。途方に暮れた私は誰かを真似るしかないと思った。モデルとすべき先生を求めたのである。ところが真似できそうなモデルが見つからない。それまでにも感銘を受けた講義はあったのだが、それらは大抵、老教授の講義であって、新米教師に真似ることなどできようはずがなかった。ところが、そうやって探していると（まことに失礼なのだが）「真似したくない講義」はたくさん思い出された。顔をあげることなくノートを棒読みする教師、逆に、説教臭く熱く語る教師。「心が籠っていない」教師も嫌だったが、「思い入れが強すぎる」教師も嫌だったのである。

　そうした状態だったから、結局、困惑と緊張のまま、100人を超える学生の前に立った。私は無防備のまま人目に曝される恐怖を感じた。そして自分が「からだ」であることを痛感した。「からだ」として学生の前に立たねばならない。この「からだの声」を学生たちに届けなければならない。そして実はそうしたことが今まで何もわかっていなかったことに気がついた。「教師は、武器も楽器も持たずに、生徒たちの前に立たねばならない」。尊敬するある先生の言葉が身に沁みた。

　今思うと、私は、そうした私自身の体感を、学生たちに伝えようとしていた。ある種の人体実験にも似て、授業をするとはどういう体験なのか、教師になるとはどういうことなのか、何が気になり、何が困難なのか。そうした自分の困惑をそのまま学生たちに伝えながら、教師として立つためには何が必要なのか、いかなる準備が有益なのか、自分に問いかけ、学生たちに問いかけ、一緒になって混乱しながら悪戦苦闘の日々を送っていたことになる。

　教師になるという出来事に直面して初めて自分の「からだ」が感じた、あの原点。もしかすると、これまでの教育学も様々な言葉でその原点を伝えていた。

しかし私にはそれでは足りなかった。本当は「からだ」と言っても足りなかった。何らか、自分がそれまでまったく知らなかった、切迫した「からだ」の実感。本気になる・覚悟を決める・肚をくくる。そんな言葉をいくら重ねてみても仕方がない。この「からだ」で学生たちを受けとめないことには、自分の言葉が「もみ殻」に過ぎないように感じられたのである。
　この『第3巻』の執筆者たちは、皆それぞれ、そうした自分なりのこだわりをもっている。その焦点は異なるのだが、皆、それぞれ固有の切迫した問いを抱えている。そしてそうした問いは、おそらく、順調な教師生活を続けている限り意味をなさない。考える必要のないこと、考えても仕方のないこと。健康な人が自分の「からだ」を気にしなくてすむように、教師が「からだ」であるなどということは、あまりに自明のことであり過ぎて、考える必要がない。
　ところが何かの拍子に立ち止まる。今までのようにはうまく進まなくなり、何らか立ち止まって考え直す時が来る。
　臨床教育学はそうした時に顔を出す。と言っても、明確な指針を提示できるわけではなくて、ただ立ち止まる機会を提供する。あるいは、先人たちがいかに「問い直し」を繰り返してきたか、その悪戦苦闘の痕跡を示すことによって、問い直しに居場所を確保する。
　しかしそれは学問なのか。むしろ酒を酌み交わしながら語るべきことではないか。そう言われてしまうとそんな気がしないこともないのだが、しかしそうであればこそ、こうした「教職シリーズ」という公の舞台の一角に、こうした居場所を確保しておくそのこと自体が、とても貴重なことであるように思われるのである。

　　　　　　　　　　　　　　　　　　　　　　　編著者　西平　直

索引

【ア行】

アーレント（Hannah Arendt）……… 162, 175
アイスナー（Elliot Wayne Eisner）
　………………………… 140, 143-149, 153
アガンベン（Giorgio Agamben）
　…………………………………… 28, 29, 224
ホネット（Axel Honneth）…………… 223
浅野智彦……………………………………… 66
味わう………………………………………… 42
遊び…………………………………………… 88
アトキンソン（Dennis Atkinson）…… 151
アドバイス………………………………… 100
アリストテレス（Ἀριστοτέλης）…… 15, 16
イエス・アンド……………… 122, 124, 133
池田晶子………………………………… 193
意志（volonté）…………………………… 78
石牟礼道子…………………………… 4, 213
いのち…………………………… 187, 189, 195
命の記憶………………………………… 216, 217
命のつながり……………………………… 217
祈り………………………………… 201, 212
イプフリング（Heinz-Jürgen Ipfling）…… 117
意味………………………… 63, 64, 91, 119
インファンス………………………………… 58
ヴァッティモ（Gianni Vattimo）……… 225
ヴァン＝マーネン（Max van Manen）… 118
ヴェイユ（Simone Weil）……… 5, 65, 72-79
内と外………………………………………… 41

器 ……………………………………………… 48
ウパスターナ………………………… 192, 193
永遠の現在………………………………… 186
演劇……………………………… 2, 113, 120
演劇体験…………………………………… 43
演出………………………………………… 95
大いなるいのち……………………… 187, 201
緒方正人…………………………… 213, 216
怖れ…………… 121, 126, 128, 130, 134, 135
おのれを示す………… 163, 165, 168 171, 175
おのれを示すもの………………… 165, 168
オルタナティヴ・ストーリー
　（alternative story）…………………… 65

【カ行】

カウンセリング…………………… 184, 197, 201
科学批判…………………………………… 174
学 …………………………………………… 164
確証すること……………………………… 224
攪拌………………………………………… 41
仮象………………………………………… 164
型の稽古………………………………… 46, 60
語り…………………………… 63, 66, 80, 165
括弧に入れる……………………… 166-167, 175
カッシーラ（Ernst Cassirer）………… 21
悲しみ………………… 185, 186, 188, 190, 192,
　　　　　　　　　　　　 193, 200, 201, 215
カルース（Cathy Caruth）……………… 70

ガレーゼ（Vittorio Gallese）	172
環境世界論	20
観察者問題	176
環状島	68-70
カント（Immanuel Kant）	18, 19, 140, 187
危機	162, 177, 189
北森嘉蔵	225
逆擬人法	31
逆説からひらかれる	222
逆説的なできごと	213
教育相談	64, 197, 208
「教育的」と「治療的」との相克	209
教育人間学	5, 22-24
共演者	116, 130, 131, 135
共感（compassion）	75
共感力	201
共苦して知にいたる	204
共苦すること	203
共苦の暴力	223
共苦の倫理	223
協働	121, 124, 130, 131, 135
曲	48, 61
空白地帯	67
『苦海浄土』	213
グッドマン（Nelson Goodman）	146, 147
苦悩	185, 192
供養	187, 188, 200
ケア	78, 79, 200, 201
経験	64, 65, 76, 82, 92, 117, 119, 135
芸術	3, 96, 139, 145
ゲーテ（Johann Wolfgang Von Goethe）	161, 177, 179
言語論的展開	64
現象	163-164, 173
現象学	6, 161-165
現象学運動	162
現象学的還元	166
原子力時代	175, 179
業縁	196, 199
『行人』	197
心のケア	189, 197
心の理論	171
事柄	165-169, 171, 172
事柄そのものへ	165
言葉	5, 32, 191, 192, 193
言葉にならない深み	45
子どもの人間学	23
コメニウス（Johannes Amos Comenius）	17, 18
根拠	165
根源語	193

【サ行】

西光義敞	197
サルトル（Jean-Paul Sartre）	162
死	4, 184, 185, 187, 188, 195, 197
シェーラー（Max Scheler）	20, 21, 22
仕掛け	2, 42
時間を掛ける	39
志向の弓	107
志向性（intentionnalité）	90
自己変容	7
自殺	195-199
死者	185, 187, 188, 193, 200, 201
自然体	121
自然的態度	167, 169

実験	94
実存	105
質的思考 (qualitative thought)	147
質的知性	147, 149, 153
慈悲	188, 201
自閉症	171, 174
社会構成主義 (social constructionism)	64
宗教	183, 187, 193, 197
習得	97
自由への教育	49
宿業	198, 199
熟練	92
シュタイナー学校	2, 4, 38
受動の立場	78
受容すること	76, 78, 224
循環構造	178
状況	92
承認論	223
ジョンストン (Keith Johnstone)	120
『新生』の援助	210
身体	2, 89, 171
身体技法	88
スイッチを切る	166, 169, 171
スクールカウンセラー	184, 188, 189, 201
図式	106
皇紀夫	63, 142
世阿弥	48, 147
生	184, 185
生／死	6
精巧な道具	176-177, 179
省察 (reflection：ふりかえり)	119, 135
生と死	186
世界内存在	107
責任の制度化	217
専心没頭 (engrossment)	78
先入見	166, 173, 175
創作	104
想像 (imagination)	82
創造性	82, 120, 131, 134
ソーヤー (Robert Keith Sawyer)	131
疎外	73
即応	92
ソクラテス ($\Sigma\omega\kappa\rho\acute{\alpha}\tau\eta\varsigma$)	15
即興	2, 113, 114, 120
卒業生調査	51
存在	168
存在しないもの	75
存在者	168

【タ行】

体験	44, 70, 71, 77, 78, 80
対称性	14, 31, 32
タイムスパン	37
対話	64, 79, 81, 82, 105, 117, 130
高尾隆	120
タクト (Takt)	114
他者性	70
他者理解	170-172
多声的	79
脱学習 unlearn	50
『歎異抄』	198
〈近さ〉と〈遠さ〉の関係性の動揺	221
『チッソは私であった』	217
注意 (attention)	5, 75, 163
超越論的主観	167, 169
調査者	57

跳躍……………………………………107
沈黙…………………66-71, 172, 191, 192, 195
つながりを見つけないでつながる可能性
　………………………………………219
デカルト（René Descartes）………16, 17
出来事………………68, 69, 71, 73, 151, 152
哲学的人間学……………………………24
デューイ（John Dewey）
　………………………25, 26, 30, 146, 147
デリダ（Jacques Derrida）……25, 26, 30, 224
同行同苦……………………………………206
当事者性……………………………………220
動物………………………………………3
動物−人間学………………5, 14-17, 25, 28
ドゥルーズ（Gilles Deleuze）……………27
ドミナント・ストーリー（dominant story）
　………………………………………65
トラウマ……………………………………68

【ナ行】

中村雄二郎………………………………226
ナチズム…………………………………117
夏目漱石…………………………………197
ナラティヴ・アプローチ……………64, 141
ナンシー（Jean-Luc Nancy）……………225
二人称の死………………………………196
人間／動物………………3, 6, 13, 23, 25-30, 33
人間／非人間……………………………3, 13, 30
人間学………………………………………16
人間性……………………………………200, 201
人間存在論………………………16, 22, 23, 24
人間中心主義……………………13, 14, 29, 32
人間の固有性……………………………17, 26, 32

ヌスバウム（Martha Nussbaum）………224
脳神経科学………………………………172
ノーエスゲーム…………………………128
ノール（Herman Nohl）…………………116
ノディングス（Nel Noddings）…………78

【ハ行】

ハイゼンベルク（Werner Karl Heisenberg）
　…………………………………176, 178
ハイデガー（Martin Heidegger）
　………………………21, 22, 24, 27, 30, 162, 168
パターナリズム……………………………58
働きかけのアート…………………………43
パテイ・マトス（pathei mathos）
　［受苦を通じて学ぶこと］……………205
パトス（受苦）……………………………205
パトス的契機………………………………211
パトスの知…………………………………205
バロン（Tom Barone）………………140, 151
非隠蔽性……………………………………164
光……………………………………164, 172, 179
非在の歓待…………………………………224
人の好さ（good nature）…………………129
ひとりで在ること………………………203
ひとりに還れ………………………………218
表現………………………………………89, 170
表情…………………………………93, 171, 172
平川和子……………………………………81
フーコー（Michel Foucault）……………24
ブーバー（Martin Buber）…………193, 224
不幸（malheur）………………5, 65, 72-80
不在…………………………………………70
不在性………………………………………72

234

フッサール（Edmund Husserl）
　　　　　　　　　　　161, 165-167, 223
プラトン（Πλάτων）　　　　　　　15
フランクル（Viktor Emil Frankl）　　226
プレゼントゲーム　　　　　　　　124
ブロッホマン（Elisabeth Blochmann）　115
ベイトソン（Gregory Bateson）　　　31
ヘーゲル（Georg Wilhelm Friedrich Hegel）
　　　　　　　　　　　　　　　223
ペスタロッチ（Johann Heinrich Pestalozzi）
　　　　　　　　　　　　　　　　19
ヘルバルト（Johann Friedrich Herbart）
　　　　　　　　　　　　　115, 117
変容　　　　　　　　　　　　　　90
放棄（renoncement）　　　　　　 76
方法論的困難　　　　　　　　　　57
ポスト・ヒューマニズム　　　　13, 28
仏の大悲　　　　　　　　　4, 187, 201
ホモ・パティエンス（苦悩する人間）　205
ボルク（Lodewijk Bolk）　　　　　20
ポルトマン（Adolf Portmann）　　　20
ボンヘッファー（Dietrich Bonhoeffer）　225

【マ行】

学び　　　　　　　　　　　　　　87
水俣病という受苦的経験　　　　　212
身振り　　　　　　　　　　　　　102
宮澤賢治　　　　　　　　　　　　31
宮地尚子　　　　　　　　　　　　68
ミラーニューロン　　　　　172-175
ムート（Jakob Muth）　　　　　　116
無縁の慈悲　　　　　　　　　　　201
無力さの極限　　　　　　　　　　215

メッツ（Johann Baptist Metz）　　225
メディア　　　　　　　　　　　2, 7
メルロ＝ポンティ（Maurice Merleau = Ponty）
　　　　　　　　　　21, 90, 162, 172
問え加勢　　　　　　　　　　　　214
問えの分有　　　　　　　　　　　216
物語論　　　　　　　　　　　64, 66
模倣　　　　　　　　　　　　　　101

【ヤ行】

野生児　　　　　　　　　　　　　19
やり取り　　　　　　　　　　　　104
幽霊　　　　　　　　　　　187, 188
ユクスキュル（Jakob von Uexküll）
　　　　　　　　　20, 22, 27, 28, 110
赦し　　　　　　　　　　　　　　222
ヨナス（Hans Jonas）　　　　175, 225
余白　　　　　　　　　　　　　　98
寄る辺のない存在　　　　　　　　211

【ラ行】

ライフサイクル　　　　　　　　　37
ラカン（Jacques Lacan）　　　　　25
ランガー（Susan Katherina Langer）
　　　　　　　　　　　　　140, 141
ランゲフェルト（Martinus Jan Langeveld）
　　　　　　　　　　　　19, 23, 210
ランシエール（Jacques Rancière）　150, 151
理解し尽さないという技術　　　　223
リクール（Paul Ricœur）　　　　　224
理性　　　　　　　　　　165, 170, 199
理論と実践　　　　　　　　　115, 170
リンギス（Alphonso Lingis）　　　225

臨床·································· 90
臨床教育学······ 1, 3, 7, 63, 139-143, 153, 170
リンネ（Carl von Linné）··············· 17
霊魂································· 187
霊性（スピリチュアリティ）·········· 214
レヴィナス（Emmanuel Lévinas）··· 25, 225
ロゴス·························· 164-165, 175
ロゴス中心主義················· 13, 29, 32
ロジャーズ（Carl Rogers）········ 197, 224

【ワ行】

わざ···························· 3, 88, 108
和田修二··························· 206
ワンワード························· 126

【アルファベット】

anonyme ····························· 79
Arts-based research
 ············ 139-143, 145, 148, 149, 151-153
facilitation ···························· 132

教職教養講座　第3巻　臨床教育学
編著者・執筆者一覧

[編著者]

矢野智司（やの　さとじ）………………………………………………第1章
　京都大学大学院教育学研究科教授、1981年京都大学大学院博士課程中退、博士（教育学）。大阪大学人間科学部助手・香川大学教育学部助教授を経て現職。単著『贈与と交換の教育学――漱石、賢治と純粋贈与のレッスン』（東京大学出版会、2008年）、『幼児理解の現象学――メディアが開く子どもの生命世界』（萌文書林、2014年）など。

西平直（にしひら　ただし）………………………………………………第2章
　京都大学大学院教育学研究科教授、1991年東京大学大学院教育学研究科博士課程修了、博士（教育学）。立教大学専任講師・助教授、東京大学教育学部助教授・准教授を経て現職。単著『世阿弥の稽古哲学』（東京大学出版会、2009年）、『誕生のインファンティア』（みすず書房、2015年）など。

[執筆者]

池田華子（いけだ　はなこ）………………………………………………第3章
　天理大学総合教育研究センター教職課程講師

奥井遼（おくい　はるか）…………………………………………………第4章
　日本学術振興会　海外特別研究員

井谷信彦（いたに　のぶひこ）……………………………………………第5章
　武庫川女子大学文学部講師

小松佳代子（こまつ　かよこ）……………………………………………第6章
　東京藝術大学美術学部准教授

田端健人（たばた　たけと）………………………………………………第7章
　宮城教育大学教育学部教授

坂井祐円（さかい　ゆうえん）……………………………………第8章
　　南山宗教文化研究所非常勤研究員・スクールカウンセラー・僧侶
小野文生（おの　ふみお）……………………………………………第9章
　　同志社大学グローバル地域文化学部准教授

［索引制作協力者］
後藤悠帆（ごとう　ゆうほ）
　　京都大学大学院教育学研究科博士後期課程

教職教養講座　第3巻
臨床教育学

平成29年10月2日　第1刷発行

監修者　高見　茂
　　　　田中耕治
　　　　矢野智司
　　　　稲垣恭子
編　者　矢野智司ⓒ
　　　　西平　直ⓒ
発行者　小貫輝雄
発行所　協同出版株式会社
　　　　〒101-0054　東京都千代田区神田錦町2-5
　　　　　　　　　　電話 03-3295-1341
　　　　　　　　　　振替 00190-4-94061

乱丁・落丁はお取り替えします。定価はカバーに表示してあります。

ISBN 978-4-319-00324-2

教職教養講座

高見 茂・田中 耕治・矢野 智司・稲垣 恭子 監修

全15巻　A5版

第1巻　教職教育論
　　京都大学特任教授　高見 茂／京都大学名誉教授　田中 耕治／京都大学教授　矢野 智司 編著

第2巻　教育思想・教育史
　　京都大学教授　鈴木 晶子／京都大学教授　駒込 武／東京大学教授・前京都大学准教授　山名 淳 編著

第3巻　臨床教育学
　　京都大学教授　矢野 智司／京都大学教授　西平 直 編著

第4巻　教育課程
　　京都大学教授　西岡 加名恵 編著

第5巻　教育方法と授業の計画
　　京都大学名誉教授　田中 耕治 編著

第6巻　道徳教育
　　京都大学名誉教授　田中 耕治 編著

第7巻　特別活動と生活指導
　　京都大学教授　西岡 加名恵 編著

第8巻　教育心理学
　　京都大学教授　楠見 孝 編著

第9巻　発達と学習
　　京都大学名誉教授　子安 増生／京都大学教授　明和 政子 編著

第10巻　生徒指導・進路指導
　　放送大学大学院教授・前京都大学准教授　大山 泰宏 編著

第11巻　教育相談と学校臨床
　　京都大学教授　桑原 知子 編著

第12巻　社会と教育
　　京都大学教授　稲垣 恭子／京都大学教授　岩井 八郎／京都大学教授　佐藤 卓己 編著

第13巻　教育制度
　　京都大学特任教授　高見 茂／京都大学教授　杉本 均／京都大学教授　南部 広孝 編著

第14巻　教育経営
　　京都大学特任教授　高見 茂／京都大学准教授　服部 憲児 編著

第15巻　教育実習 教職実践演習 フィールドワーク
　　京都大学准教授　石井 英真／新潟大学教授・京都大学特任教授　渡邊 洋子 編著

協同出版